Hans Fallada
Heute bei uns zu Haus

AF204728

atb aufbau taschenbuch

Rudolf Ditzen alias Hans Fallada (1893–1947), zwischen 1915 und 1925 Kassenverwalter auf Rittergütern, Hofinspektor, Buchhalter, zwischen 1928 und 1931 Adressenschreiber, Annoncensammler, Verlagsangestellter, 1920 Roman-Debüt mit »Der junge Goedeschal«. Der vielfach übersetzte Roman »Kleiner Mann – was nun?« (1932) machte Fallada weltberühmt. Sein letztes Buch »Jeder stirbt für sich allein« (1947) avancierte rund sechzig Jahren nach Erscheinen zum internationalen Bestseller. Weitere Werke sind u.a.: »Bauern, Bonzen und Bomben« (1931), »Wer einmal aus dem Blechnapf frißt« (1934), »Wolf unter Wölfen« (1937), »Der eiserne Gustav« (1938), »Geschichten aus der Murkelei« (1938).

»Alles in allem: dies ist eine kleine Welt, die ich mir geschaffen habe. Ich gestehe offen: sie gefiel mir – beim Schreiben sowohl wie beim Überarbeiten.« – So kündigte Hans Fallada 1943 seine »Bilder aus dem Familienleben eines Schriftstellers auf dem Lande« an. Der Untertitel »Ein anderes Buch. Erfahrenes und Erfundenes« nimmt Bezug auf die zwei Jahre zuvor veröffentlichten Kindheits- und Jugenderinnerungen »Damals bei uns daheim. Erlebtes, Erfahrenes und Erfundenes«. Eine Autobiographie ist weder das eine noch das andere, auch wenn das Haus am Wasser große Ähnlichkeit mit Falladas Anwesen in Carwitz aufweist, Suse und die Kinder an seine Familie erinnern und viele der geschilderten Alltagsdetails mit den tatsächlichen übereinstimmen.

Hans Fallada

Heute bei uns zu Haus

Ein anderes Buch
Erfahrenes und Erfundenes

atb aufbau taschenbuch

Der Text dieser Ausgabe
folgt der maßgeblichen Werkedition:
Hans Fallada. Ausgewählte Werke in Einzelausgaben.
Herausgegeben von Günter Caspar.
Band X. Aufbau-Verlag Berlin und Weimar,
2. Auflage 1983.

MIX
Papier aus verantwor-
tungsvollen Quellen
FSC® C083411

ISBN 978-3-7466-2863-9

Aufbau Taschenbuch ist eine Marke der Aufbau Verlag GmbH & Co. KG

3. Auflage 2018
© Aufbau Verlag GmbH & Co. KG, Berlin
Bei Aufbau erstmals 1982 erschienen
Aufbau ist eine Marke der Aufbau Verlag GmbH & Co. KG
Umschlaggestaltung Mediabureau Di Stefano, Berlin
unter Verwendung eines Motivs von ullstein bild - Max Ehlert
Druck und Binden CPI books GmbH, Leck, Germany
Printed in Germany

www.aufbau-verlag.de

Inhalt

Dieses Buch gibt Bilder aus dem Familienleben eines Schriftstellers auf dem Lande, in unserer Zeit, will sagen, von etwa 1929 bis 1942. Für meinen Geschmack ist es reichlich privat geraten, aber ich hatte keine Wahl: es mußte so geschrieben werden, wie es in mir war.

So möge es denn in die Welt hinaus gehen, wie es geworden ist. Wer aber meint, jetzt den Verfasser zu kennen, der irrt sich! Denn hier ist niemand auf »Ähnlichkeit« porträtiert – nicht einmal der Autor. Manche Gestalt ist aus zwei, manche aus fünf Menschen zusammengesetzt, denen ich einmal begegnete; manche ist auch völlig erfunden. Ganz zu schweigen von all den erdachten »Pointen«, die das Leben uns meist vorenthält, während sie doch der Leser vom Bücherschreiber erwartet.

Alles in allem: dies ist eine kleine Welt, die ich mir erschaffen. Ich gestehe offen: sie gefiel mir – beim Schreiben sowohl wie beim Überarbeiten. Möge es vielen ähnlich gehen – beim Lesen!

H. F.

Mit dem Heiraten fängt es an

Am Anfang und am Ende dieses Buches und auf allen seinen übrigen Seiten ist von meiner Frau Suse die Rede – auch wo nicht von ihr gesprochen wird. Sie erst hat mich zu dem gemacht, was ich geworden bin, sie hat einen Verbummelten wieder das Arbeiten gelehrt, einen Hoffnungslosen die Hoffnung. Durch ihren Glauben, ihre Treue, ihre Geduld wurde aufgebaut, was wir heute besitzen, was uns alle Tage freut. Und das alles geschah ohne viele Worte, ohne Aufhebens, ohne Schulmeisterei, einfach dadurch, daß sie da war, daß sie in guten und schlimmen Stunden zu mir hielt. Daß sie an mich glaubte. Daß sie so war, wie sie war. Güte und Geduld und Verzeihenkönnen, auch wo sie nicht verstand.

Heute, da ich diese Zeilen schreibe, feiern wir unsern vierzehnten Hochzeitstag, das heißt, wir feiern ihn nicht, wir denken daran, daß wir jetzt dreizehn Jahre zusammengehören. Keiner menschlichen Gemeinschaft, die so lange gedauert hat, bleiben Stürme und Enttäuschungen erspart. Manches Jahr gab es, da konnte ich stolz sagen: »Wir haben uns noch nie gestritten. Wir sind immer einer Ansicht gewesen. Was ich wollte, wollte auch sie.«

Nun kann ich das nicht mehr sagen. Doch, wir haben uns gestritten. O ja, wir waren manchmal sehr verschiedener Ansicht. Und vor allem: da wir beide keine redseligen Menschen sind, so haben wir uns auch angeschwiegen. Das Anschweigen durch Wochen, durch Monate ist ein furchtbares Kampfmittel. Wir sind beide Wasserkantenmenschen, wir konnten zur Vollendung schweigen. Kein noch so wilder

Zank ist auch nur halb so schlimm wie Schweigen. Diese ewige tote Stille im Haus, dieses trockene Schlucken statt eines ersten einlenkenden Wortes, dieses verstellte Parlieren vor den Kindern und den Haustöchtern und den Gästen – und dieses abgrundtiefe Schweigen, sobald wir beide wieder allein miteinander waren! Monate! Schreckliche Monate! Doch mit Glanz und Gloria stieg aus alledem wieder unser Zusammengehörigkeitsgefühl auf. Sie vergaß es auch in den dunkelsten Tagen nicht, daß wir zusammengehörten. Ich mochte noch so schwierig, noch so unleidlich sein, ich mochte mit allen Streit anfangen, wegen jeder Kleinigkeit wüten: sie bekam mich wieder zurecht. Einfach dadurch, daß sie da war. Daß ihre Güte, ihre Geduld, ihre Liebe über alles triumphierten. Daß sie unermüdlich wieder von vorn anfing, aufbaute, wo alles zerstört schien.

Da ich davon erzählen will, wie wir zu unserm kleinen Landeigentum kamen, muß ich zuerst berichten, wie ich zu Suse kam. Denn ohne Suse wäre nie etwas mit einem Eigentum geworden.

Es war im Jahre 1928, und ich saß in einem möblierten Zimmer in der Stadt Hamburg. Die Arbeitslosigkeit war schon ziemlich schlimm. Auch ich war arbeitslos, aber stempeln ging ich darum doch nicht. Ich brauchte ja so wenig zum Leben, nach einer Zeit der Verschwendung hatte ich mir fast völlige Bedürfnislosigkeit angewöhnt. Ich war der stolze Herr einer alten Schreibmaschine, und wenn gar kein Geld mehr im Hause war, lief ich die Hamburger Exporthäuser ab, bis ich Adressenaufträge hatte. Ich schrieb Adressen in allen Sprachen, deutsche zu zwei Mark fünfzig das Tausend, ausländische für einen Taler. Ich glaube, ich war konkurrenzlos billig.

Außer der Schreibmaschine besaß ich noch einen Anzug, einen Handkoffer mit ein bißchen Wäsche und drei oder vier Büchern und einen völligen Mangel an Ehrgeiz. Es war mir ganz egal, ob etwas aus mir wurde und was aus mir wurde. Ich war mittlerweile fünfunddreißig Jahre alt geworden und hatte eingesehen, daß sich alles Abstrampeln nicht lohnte. Ich hatte eben kein Glück. Wozu sich anstrengen? In meinen Papieren stand von Geburt an: Pechvogel.

Sechs Tage in der Woche bestand mein Essen aus Brot, zwei Bücklingen und einem halben Liter Milch, am siebenten Tag aß ich an einem Mittagstisch warm. Wenn ich nicht grade Adressen tippte, was möglichst selten geschah, trieb ich mich in der Stadt umher, am Hafen, im Gängeviertel. Ich kannte die seltsamsten Menschen und die anrüchigsten Kneipen; es machte mir Vergnügen, recht hundeschnäuzig mit mir und andern umzugehen. Meine Familie, will sagen, meine Eltern hatten mich noch immer nicht ganz aufgegeben, so oft und so gründlich ich sie auch entmutigt hatte. Aber ich hatte meine Familie aufgegeben, ich schrieb nur selten und kaum der Wahrheit gemäß.

Kurz gesagt: ich war mit aller Welt böse, weil ich noch immer nichts war. Nur mit mir war ich nicht böse, ich fand mich als Gesellschaft völlig ausreichend. Ich wohnte bei einer alten Frau in Hammerbrook, fünf Treppen hoch unter dem Dach. Meine Stube war hell und luftig, mit weißen Möbeln und buntgeblümten Bezügen, alles immer blitzsauber. Es war eigentlich das Zimmer der Tochter, in dem ich hauste, aber von dieser Tochter hatte ich noch nie etwas zu sehen bekommen. Ihre Kleider hingen noch in meinem Schrank, und dort konnten sie auch meinetwegen ruhig hängen bleiben. Ich brauchte den Schrank nicht, meine Kleider trug ich auf dem Leibe.

Allmählich erfuhr ich, was mit dieser ständig abwesenden Tochter los war. Sie war schon lange nierenkrank, und nun war sie von der Versicherung in ein Bad geschickt worden. Sie war eigentlich Lageristin in einem Engros-Geschäft für Damenputz, ein sehr fleißiges Mädchen, wie ihre Mutter stark betonte. Ihre Mutter, meine Wirtin, hielt nicht viel von mir, sie war auch fleißig, und ich war meistens stinkfaul. Morgens lag ich noch um zehn im Bett und sah mir die Stubendecke an. Wäre ich nicht ein so pünktlicher Zahler und ein so nüchterner Mensch gewesen, ich wäre nicht lange der Mieter dieser arbeitsamen Frau geblieben. So ließ sie mich hausen, nicht ohne Schelten, und an spitzen Bemerkungen über meine Bücklinge und den halben Liter Milch fehlte es nie.

Eines Tages nun teilte mir meine Wirtin mit, daß ich binnen vierundzwanzig Stunden mein Zimmer zu räumen habe, denn nun komme ihre Tochter zurück. Das war mir ganz egal, ob ich wohnen blieb oder weiterzog. Einen Winkel, in den ich meinen Handkoffer setzen, ein Bett, in das ich mich legen, eine Stubendecke, die ich anstarren konnte, fand ich überall. Hamburg war mir sowieso über, und der Hafen war mir über, und so bummelte ich auf den Hauptbahnhof und suchte mir ein Reiseziel. Ich wählte es nach meinem Barbestand, zu weit ab durfte es nicht liegen, eine Anzahlung auf die Zimmermiete mußte auch da sein, und das übrige würde sich schon finden. Das übrige hatte sich noch immer gefunden.

Der Morgen kam, und vom Hamburger Hauptbahnhof fuhr wohl mein projektierter Zug. Ich aber lag noch in meinem Bett und starrte die Decke an. Des Lebens Überdruß hatte mich wieder einmal besonders kräftig angefaßt, ich fand es so sinnlos, irgendwohin zu fahren, um was zu finden? Die Fortsetzung dieses Lebens? Also nichts!

Schließlich aber wurde ich doch aufmerksam auf ein ungewohntes Huschen und Wispern draußen auf dem Gang und dachte: »Aha!«

Darauf dachte ich: »Das ist aber noch zu früh. Heute abend erst sollte ich rücken!«

Ich stand langsam auf, stopfte, was ich besaß, in mein Köfferchen und ging in die Küche. Meine Wirtin war völlig allein. »Hören Sie«, sagte sie ein wenig aufgeregt, die Suse ist schon gekommen. Können Sie das Zimmer nicht gleich räumen?«

»Der Koffer steht schon auf dem Gang«, antwortete ich. »Wieso überhaupt Suse? Ich denke, Ihre Tochter heißt Anna?«

»Heißt sie auch, aber wir haben sie immer nur Suse genannt, weil sie so susig ist.«

»Auch noch susig!« dachte ich. »Wenn Suse wenigstens von Sausen herkäme! Aber susig und dann noch zu früh kommen!«

Laut aber sprach ich: »Also denn tjüs! Ich haue ab!«

»Aber wohin denn?« rief die Schlummerollsche. »Ich muß doch die Post nachschicken können!«

»A. O. I.«, sprach ich würdig. »Alles ohne Interesse. Lassen Sie die Post an die Absender zurückgehen oder stecken sie hinter den Spiegel. Ich komme vielleicht mal wieder längs. Tjüs, Ollsche!«

»Oller verrückter Kerl!« rief sie mir noch nach.

Ich trällerte die fünf Treppen hinunter mit meinem Köfferchen, aber auf dem Gang unten sauste mich ein großes, helles, blondes Mädchen fast über den Haufen.

»Hoppla!« rief ich. »Ich denke, Suse kommt von susig, und nun kommt es doch von Sausen!«

»Ach so, Sie sind der Herr, der bei Mutter wohnt! Das ist aber gar nicht so eilig, daß Sie ausziehen, ich richte mich ganz gut eine Weile in Mutters Stube ein.«

Sie sah mich ziemlich neugierig an, die Ollsche hatte ihr wohl schreckliche Geschichten von mir erzählt. Und ich sah sie auch ziemlich neugierig an.

»Hätte ich das vor einer Stunde gewußt, wäre ich noch eine Weile im Bett liegengeblieben«, sagte ich schließlich. »Aber nun ist es doch ein angebrochener Tag, und ich ziehe!«

»Dann also alles Gute!« sagte sie, schüttelte mir unvermutet die Hand und sauste die Treppe hinauf.

Ich starrte ihr nach. Ich weiß sehr wohl, ein feiner Mann

starrt einer Dame, die die Treppe hinaufläuft, nicht nach, und noch dazu derart unverschämt! Aber ich muß es leider sagen, daß ich nie ein feiner Mann war und auch nie ein feiner Mann werde. Ich starrte ihr unverschämt und mit Vergnügen nach. Ihre Beine liefen so schlank und blank die Treppe hoch, das Klipp-Klapp ihrer Absätze klang wie Geläut: Tripp-trapp-treppe!

Was eigentlich mit mir passiert war, davon habe ich keine Ahnung und kann also auch nicht davon berichten. Immerhin war ich fünfunddreißig Jahre alt und bei weitem nicht mehr das, was man einen heurigen Hasen nennt ... War es nun Liebe auf den ersten Blick, oder war sonst was Rätselhaftes dabei, jedenfalls fuhr ich in einer völlig veränderten Stimmung in eine Stadt, die wir nach berühmten Mustern »Altholm« nennen wollen. Nein, solche Geschichten machte ich natürlich nicht, daß ich nun in der Stadt Hamburg blieb, alle meine Dispositionen über den Haufen warf und jede Gelegenheit suchte, die junge Dame wiederzusehen. Nichts derart. Natürlich fuhr ich.

Aber etwas hatte sich doch verändert in mir, und wenn ich nur das lange Bettliegen aufgab. Ich hatte in Altholm irgendwelche Bekannte, und durch sie bekam ich dann auch eine Stellung. Plötzlich war ich ein tätiger Erwerbsmensch mit einem Bruttoeinkommen von hundertzwanzig Mark im Monat bei vierteljährlicher Kündigung. Ich hatte so lange in der Flaute gelegen, es überraschte mich selbst, wieviel Spaß es mir machte, daß jetzt wieder ein bißchen Wind in meinem Segel stand.

Du lieber Gott, ich lief nun nicht etwa herum und dachte immerzu an jenes kurze Kennenlernen im Treppenhaus. Ich stellte mir auch nicht die Beine vor, wie sie die Treppe hinaufgelaufen waren, ich war auch nicht stählern entschlossen, jetzt etwas Rechtes zu werden und dann vor meine verflossene Schlummermutter zu treten und sie um die Hand ihrer Suse-heißt-Anna zu bitten!

Nichts von alledem! Ich lief durch die Straßen Altholms und warb Anzeigen und Abonnenten für ein sachte dahinsterbendes Blättchen. Ich aß alle Tage warm im Guttempler-Haus, und nach dem Essen zwickerten wir einen Kaffee aus. Zwickern ist ein ziemlich gerissenes holsteinisches Bauernspiel mit zweiundfünfzig Karten und einem Joker. Abends ging ich dann müde ins Bett und schlief ohne alle Träume von einer ferne ersehnten Geliebten.

Aber der Wind in den Segeln, der war es! Daß mir nach einer langen Periode der Schlaffheit und Gleichgültigkeit das Leben wieder Spaß machte! Hundertzwanzig Mark im Monat waren gewiß nicht erschütternd, ich hatte als zweiundzwanzigjähriger Bengel schon tausend Mark im Monat verdient (was mir gar nicht gut bekommen war), aber ich war wieder was, ich tat wieder mit. Abends lag ich im Bett und griente. Daß ich heute den Teppich-Bolle herumgekriegt hatte, uns doch ein Inserat zu geben, das freute mich! Teppich-Bolle hatte es ganz und gar nicht gewollt, aber ich hatte ihn weich gequatscht!

Die ganze Welt sah anders aus, wenn man zu einer richtigen Arbeit aufwachte. Es war bei mir, wie wenn über totes, ausgefrorenes Land der Frühling gekommen ist, plötzlich wurde es überall grün. Plötzlich fand ich es störend, daß ich gar keine Nachrichten mehr aus dem Elternhaus bekam. Jawohl, ich hatte meiner Wirtin gesagt, sie solle die Briefe zurückgehen lassen oder hinter den Spiegel stecken – vielleicht waren sie wirklich hinter den Spiegel gesteckt worden?

Schwindelte ich mir was vor, ging es mir um etwas ganz anderes als um Elternbriefe? Ich weiß es nicht mehr zu sagen, genug, ich fuhr über Sonntag nach Hamburg. Ob wirklich Briefe am Spiegel steckten, daran erinnere ich mich nicht, aber das weiß ich noch, daß die Ollsche nicht zu Hause war, wohl aber die Suse.

Was ist da noch viel zu erzählen? Wir beide haben einander vom ersten Augenblick an gern gemocht. Es war Winter, naßkalter, schmutziger, nebliger Hamburger Winter. Aber wir waren jede Stunde miteinander unterwegs. Wir gingen nebeneinanderher, wir froren, aber wir dachten gar nicht daran, daß wir froren. Wir hatten uns so unendlich viel zu erzählen, unser ganzes Leben hatten wir uns zu erzählen, wir vergaßen darüber alles.

Ach, diese Liebe auf den Straßen einer großen Stadt, die kein Heim hat! Manchmal jetzt sehe ich die jungen Lieben-den nebeneinanderher gehen, dicht und doch noch nicht eingehängt, und miteinander sprechen. Dann fällt die lange Stille zwischen sie, in der sie nur aneinander denken, aus-ruhen in dem Gefühl, zueinander zu gehören. Dann fangen beide wieder an zu reden, als hätte keines geschwiegen.

Und dabei wandern sie, sie streifen so viele Menschen und sehen nur sich. Ihre Füße gehen über die von tausend Füßen abgeschliffenen Granitplatten, und ihnen ist, als gin-gen sie einen ganz neuen Weg, den noch niemand vor ihnen gegangen. Manchmal bleiben sie vor einem Schaufenster stehen, aber sie sehen nichts. Sie stehen nur so da, vielleicht berühren sich ihre Hände einen Augenblick, dann ist es, als zitterte durch sie ein elektrischer Schlag.

Heute wie einstens wandern sie durch die Straßen der großen Städte, viele, viele Kilometer, beieinander. Ihre Füße brennen, aber es treibt sie immer weiter, es ist, als er-reichten sie gehend, miteinander redend und miteinander schweigend stets neue Bezirke ihres Innern, die das andere jetzt kennenlernen muß. Liebe auf den Straßen – wie sie mich an den, der ich einstmals war, erinnert! Hungrig und arm, zu arm, um sich auch nur eine Stunde in ein Café zu setzen, unsagbar reich!

Immer brachte mich Suse zum letzten Zug nach Alt-holm. Sie stand auf dem Bahnsteig und winkte mir nach. Aber kaum allein, fiel mir schon ein, was alles ich ihr zu er-zählen vergessen hatte. Beim trüben Licht des Gasstrumpfs im Abteil des fahrenden Zuges fing ich an, ihr den ersten

Brief nach unserer Trennung zu schreiben. Ich schrieb immer weiter, in Gedanken, im Halbschlaf, im Traum. In dieser Zeit habe ich ihr jeden Tag einen Brief geschrieben und manchen Tag zwei.

Und was waren das für Briefe! Nicht solche Zettelchen, kaum angefangen schon zu Ende, nein, es waren richtige Briefe, für einfaches Porto nahm die Post keinen von ihnen an! Ich glaube, mein Rekord war ein Brief von sechsunddreißig engzeiligen Schreibmaschinenseiten – wie ich daneben noch meine Tagesarbeit erledigte, ist mir heute rätselhaft. Wahrscheinlich schlief ich kaum noch, ich war mager wie ein Windhund, und wie ein Windhund jagte ich auch durch die Straßen, auf der Jagd nach Abonnenten und Inserenten. Ich mußte doch Geld verdienen!

Ein so ausgedehnter intensiver Verkehr konnte nicht lange vor den Augen von Suses Mutter verborgen bleiben. Ich habe es ja schon deutlich genug gesagt, daß Suses Mutter meine ganze Person mißbilligte, ich war ein geborenes Faultier, ein Mann, der morgens noch um elf im Bett lag und die Decke anstarrte! Ich sehe es noch, wie die gute Ollsch ihre Fäuste über den Küchentisch weg gegen mich schüttelte: ich sollte ihr Mädchen nicht in Schanden bringen, ich nicht! Oh, meine liebe dermaleinstige Schwiegermutter nahm kein Blatt vor den Mund, sie sagte mir gründlich Bescheid!

Uns aber fiel es wie Schuppen von den Augen, und selten hat ein Paar so vergnügt einer zornigen Standpauke gelauscht! Selbstverständlich, wir konnten ja heiraten! Eine großartige Idee – schönen Dank, liebe Schwiegerollsch! Selbstverständlich, Sie haben vollständig recht, ich verdiene nicht annähernd genug, um einen Hausstand zu begründen, und ich besitze noch immer nicht mehr als einen Handkoffer mit ein bißchen Wäsche. Aber was macht das? Sie arbeitet weiter im Damenputz en gros in Hamburg und ich als Zeitungswerber zu Altholm – aber dann gehören wir doch zusammen!

Selten hat ein Paar mit so völlig unmotivierter Hast gehei-
ratet wie wir. Ich glaube, wir haben uns ganze acht- oder
neunmal bis zu unserer Heirat gesehen. Wir konnten es gar
nicht abwarten, uns in Ketten zu schlagen. Selbstverständlich stießen wir mit überwältigendem Ungeschick unsere gesamte Verwandtschaft, auf beiden Seiten, mit unserer Heirat
vor den Kopf! Alle stellten wir vor die vollendete Tatsache,
niemand erfuhr vorher etwas davon. Das war natürlich wieder einmal meine Idee, ich bin mein Lebtage der unge-
schickteste Diplomat von der Welt gewesen. Natürlich
konnte ich Verwandtschaft nicht ausstehen! Ich hatte sämtlichen Verwandten, am meisten aber meinen lieben Eltern,
soviel Sorgen gemacht, daß ich ihnen das nun schon gewaltig übelnahm! Sollten sie sich um ihre eigenen Angelegen-
heiten kümmern – was ging das die an, ob wir heirateten!
Und ganz selbstverständlich bezog ich auch Suses sämtliche
Verwandtschaft in diese Abneigung ein – größtenteils ohne
sie überhaupt zu kennen. Und ebenso selbstverständlich
brauchten wir lange Zeit, um die Verwandtschaft wieder zu
versöhnen.

Nur mit Suses Mutter machte ich eine Ausnahme –
warum, weiß ich eigentlich nicht. Bei ihr hätte ich den meisten Grund gehabt, sie aus der Verwandtschaft zu ver-
stoßen, denn noch immer hatte sie keine Sympathien für
den fünfunddreißigjährigen Mann, der es noch zu nichts im
Leben gebracht hatte. Öfter sagte sie es mir recht deutlich,
gar nicht durch die Blume, daß ihre Tochter nicht mutig,
sondern »mall«, das ist verrückt, sei, sich mit so einem, wie
ich war, einzulassen.

Im stillen gab ich ihr sogar recht. Das heißt, ich fand zwar
nicht, daß Suse mall, wohl aber, daß sie geradezu tollkühn
war, auf den Heiratsvorschlag einzugehen. Tief im geheimsten Innern habe ich bis zur letzten Stunde geglaubt, es
würde noch etwas dazwischenkommen, sie würde sich besinnen und abspringen. Und wer weiß, ob mir das – trotz all

meiner Liebe – nicht ganz recht gewesen wäre. Denn zum erstenmal im Leben hatte ich Angst, wie das alles weitergehen würde, wenn es wirklich zu einer Heirat kam.

Für mich hatte ich nie Angst gehabt, aber jetzt kam sie – die Angst vor der Verantwortung. Suse erwartete so viel von mir, sie hielt mich wirklich für etwas, das spürte ich, trotzdem sie nie ein Wort darüber sprach. Was aber war ich? Ein Mann, der mit einem seltenen Geschick sich selbst alle Lebensmöglichkeiten zerstört, der alle hilfreichen Hände müde gemacht hatte. In einem Alter, wo alle meine Schulgefährten schon in sicheren Stellungen saßen als Ärzte, als Anwälte, als Oberstudienräte, als Sanskritforscher und Professoren – da war ich der kleine Anzeigenwerber eines dahinsterbenden Blättchens!

Aber Suse sprang nicht ab! Am Sonnabend vormittag um neun Uhr sagte ich der gänzlich überraschten Schwiegermutter, um halb elf würden wir auf dem Standesamt getraut, und sie möge doch als Trauzeugin ihr gutes schwarzes Kleid anziehen. Suse hatte sehr zu trösten an ihrer Mutter, die war ganz verzweifelt, kein Festessen vorbereitet, keine Gäste geladen, die Schwestern der Braut wußten gar nichts. »Ihr lauft ja zusammen wie die Wilden in Afrika, und ebenso werdet ihr in vier Wochen wieder auseinanderlaufen!«

Zwischen den Tröstungen Suses setzte ich der Schwiegermutter auseinander, daß weder Essen noch Gäste notwendig seien, wir führen direkt hinter der Trauung nach Berlin. Es war ein Sonnabendvormittag, der Sonntag lag vor uns, und den Montag hatten wir beide freibekommen, wir planten eine Hochzeitsreise von zwei und einem halben Tag!

Ich sehe meine Schwiegermutter noch vor dem Standesamt stehen: Es war ein kalter, regnerischer Tag, dieser fünfte April 1929. Die Trauung hatte sich etwas verspätet, wir hatten zu tun, unsern Zug auf dem Hauptbahnhof zu erreichen. Überstürzt kletterten wir auf die nächste Elektrische. Sie stand da, mit einem grimmigen Gesicht, dem das Weinen doch so nahe war. Da kam dieser fremde Kerl und schleppte ihre geliebte Jüngste mit sich fort. Es war nicht abzusehen, was daraus wurde! Gutes aber gewiß nicht.

Wir aber fuhren nach Berlin. Im Zuge saß ich, betrachtete heimlich den schmalen goldenen Ring – mit vereinten Kräften hatte es sogar zu echt goldenen Ringen gereicht. Das erste Glied einer langen Kette, das einzig sichtbare Glied einer unsichtbaren Verkettung – wie würden die anderen Glieder aussehen? Würden sie sehr drücken? Würde ich wünschen, dieses erste Glied nie auf mich genommen zu haben?

Ich begegnete Suses ein wenig gespanntem Blick. Sie dachte an Berlin und an meine Freunde, die uns dort erwarteten: ihr Debut in einer neuen, ganz anderen Welt. Sie hatte Lampenfieber. Ich nickte ihr zu, und wir traten beide auf den Gang des D-Zuges hinaus, hielten uns dort bei der Hand, fühlten, daß wir zueinander gehörten, und die Welt glitt an uns vorüber.

Natürlich wurde Berlin ein Erfolg, will sagen, Suse wurde bei meinen Berliner Freunden ein Erfolg. All jene, die mich einmal jung und hoffnungsfroh gekannt hatten, die dann mit Bekümmernis meinen Niedergang erlebt und sich doch noch ein Stück Glauben an meinen Stern bewahrt hatten – all diese, ach, es waren nicht mehr viele, begrüßten Suse mit einer Freude und mit einer Herzlichkeit, als habe sie immer zu ihnen gehört.

Für Suse war es eine fremde Welt, Menschen dieser Art hatten nie zu ihrem Verkehrskreis gehört. Lange fühlte sie sich unsicher, sie war sehr still. Aber sie *hatte* immer zu ihnen gehört, sie besaß ihr Bürgerrecht in der Welt allen wahrhaften Menschentums, wo Auszeichnungen verliehen und Liebe und Vertrauen gegeben werden unabhängig von Stellung und erlerntem Wissen. Ich war sehr stolz auf meine Suse, ich fühlte mich jenen Hamburger jungen Männern sehr überlegen, die nie gemerkt hatten, mit wem sie da alle Tage umgegangen waren.

Gute zwei Tage – und zurück in das kleine Leben, sie kehrte heim zum Damenputz und ich zu meiner Zeitung. Wir würden sparen, sparen, sparen, arbeiten und sparen, bis wir endgültig in die Stadt Berlin heimkehren konnten! Eiliger Abschied auf dem Hamburger Hauptbahnhof, zwei junge Eheleute trennten sich.

»Schreib auch bald, Junge!«

»Ich fange sofort im Zuge an. Den ersten Brief stecke ich schon ein, wenn ich in Altholm ankomme!«

Habe ich es nicht erwähnt, daß es in Hamburg bei unserer Trauung nieselte und daß es in Berlin regnete, jede gesegnete Stunde? Nun, wir waren beide mehrfach um die Füße herum gründlich naß geworden, und viel Zeug zum Wechseln hatten wir nicht in unserm gemeinschaftlichen Köfferchen. Das Schicksal spuckte uns beiden gleich zu Anfang unserer Ehe kräftig in die Suppe. Mit dem Sparen wurde es nichts, das Geldausgeben gelang uns schon besser. Erst war die Suse verschnupft, dann hustete sie, dann blieb sie im Bett, und dann wurde sie krank geschrieben: Nierenentzündung. Wieder einmal, nachdem sie gerade sechs Monate auf der Nase gelegen hatte!

Aber das konnte ich nun wirklich nicht einsehen, daß sie da in Hamburg einsam und verlassen in ihrem Bett liegen sollte! Mußte sie krank sein, konnte sie das ebensogut und zehnmal besser bei mir in Altholm. Hundertzwanzig Mark sind nicht viel, aber wie die klugen Leute, die es nie versucht haben, mitteilen, lebt ein junges Ehepaar ja eigentlich billiger als ein Junggeselle. So mietete ich denn ein möbliertes Zimmer auf dem Kuhberg zu Altholm, mit Küchenbenutzung.

Es hat ja doch seine Vorteile, wenn man so ein Werber ist, immer auf den Beinen, immer in der Stadt herum. Kein Chef kann einen kontrollieren. Alle Augenblicke brach ich zwischen zwei Werbungen auf dem Kuhberg ein, da lag meine Frau im Bett. Man denke sich dies: nach sechsunddreißig einsam verbrachten Jahren eine Frau, die nur auf mich wartete, die für alles, was ich erlebte, Interesse hatte, die immer Partei für mich nahm!

Ich fegte und wischte Staub, ich pflegte und küchelte, ich kaufte ein und packte aus – und dann stürzte ich wieder los auf mein nächstes Opfer, mit einem Elan, keines widerstand mir! Ich schaffte Geld ins Haus, unsere Abonnentenzahl stieg sprunghaft, jeden Tag um drei oder vier, das waren Zeiten! Ich sehe mich da noch in der kleinen Küche stehen, die unter der Dachschrägung eingebaut war, gradestehen konnte ich nicht, und da komponierte ich die wunderbarsten Diätgerichte, die alle salzlos sein mußten. Wie sich das festgesetzt hat in mir! Noch heute kann ich kein normal gesalzenes Gericht essen, mir schmeckt alles versalzen, Suse hat die salzlose Kost längst über, ich nicht!

Und das Leben geht weiter, Suse läuft wieder herum, aber nun ist natürlich kein Gedanke mehr an Trennung. Wir haben uns so aneinander gewöhnt, was wir Jahre ertrugen, die Einsamkeit, scheint uns nun nach ein paar Monaten Umlernens untragbar. Sie sollte wieder in ein Geschäft gehen –? Keineswegs! Hier bist du, bei mir bleibst du – von nun an bis in alle Ewigkeit!

Zwar das Geld, dieses verdammte Geld! Ich quetsche aus meinem Blättchen heraus, was nur möglich ist. Wir kochen Erbsen für die halbe Woche, und weil unser Appetit auf Erbsen stark nachläßt, reichen die Erbsen für eine ganze Woche – und dann feiern wir eine Orgie in frischen Krabben aus dem fettigen Papier und verschwenden alle Ersparnisse!

Der Kuhberg, diese Tauentzienstraße Altholms, ist zu teuer für uns, wir ziehen in eine Dachwohnung, wiederum möbliert, denn Möbel haben wir natürlich immer noch nicht. Rechts wohnt eine Arbeiterin aus der Lederfabrik, links eine uralte Oma – was hatten wir für gute und getreue und hilfreiche Nachbarn!

Wir nehmen auch ein Kind an, Hulemule, eine kleine verstoßene Straßenkatze, die sich naß und verhungert zu uns gefunden hatte. Sie machte uns viele Sorgen, die Hulemule, sie konnte das Herumtreiben nicht lassen. Suse putzte sie, Suse hatte ihr ein Sandkistchen eingerichtet, Hulemule hatte es gut und warm und satt bei uns. Aber immer wieder riß sie aus, blieb zwei, drei Tage fort und kam naß und stinkend und verhungert wieder zu uns zurück. Dann schalt Suse die böse Hulemule aus, sie rieb sie trocken und putzte sie und machte sie warm, bis sie wieder schnurrte, und dabei schalt sie das böse, das unverbesserliche, das herumstrolchende Kind.

Ich aber dachte vielleicht ein bißchen an einen Sohn, der sich auch immer wieder herumgetrieben hatte und der nur nach Hause gekommen war, um wieder satt und warm zu werden, und der dann wieder ausbrach, ohne alle Dankbarkeit. Ich dachte vielleicht auch ein bißchen an meine eigenen Kinder, die ich doch eines Tages haben würde – ob die eines Tages auch so böse wie die Hulemule sein würden? In dieser Zeit lernte ich ein wenig anders über meine Eltern denken, wir kamen uns wieder etwas näher. Vielleicht machte es die Hulemule, vielleicht aber auch die Suse, daß der ewige alte Egoist ein wenig anders fühlen lernte.

Wie sollte es weitergehen? Trotzdem wir sehr sparten, reichte das Geld immer nur grade hin. Kein Möbelstück konnte angeschafft werden, Berlin lag ferner denn je. Ich lief durch die Straßen, ich drückte hundert Klingelknöpfe, ich leierte mein ewiges Sprüchlein ... Alle vier Wochen war ein Paar Schuhsohlen durchgelaufen, und was ein Mann, der bei jedem Wind und Wetter draußen sein muß, an Kleidung verbraucht, ist einfach niederschmetternd.

Da ist unser alter Chefredakteur – wollen wir ihn Stuff nennen? Nun gut, Herr Stuff, dieser Chefredakteur, der zugleich Lokalreporter, Gerichtssaal-Berichterstatter und Kritiker für Film, Theater und Konzerte ist, sagte eines Tages zu mir: Ich habe da für Sonntag zwei Freikarten von der Reichsbahn für eine Tagesfahrt ins Blaue. Wollen Sie die Karten haben, meine Frau will nicht. Sie müßten aber eine Viertelseite über die Fahrt schreiben.«

»Da muß ich erst meine Frau fragen«, antwortete ich.

»Heute nachmittag kriegen Sie Bescheid.«

Am liebsten hätte ich gleich ja gesagt, aber wir gingen stark auf Ultimo zu, und in unserer Kasse war tiefe Ebbe. Suse und ich rechneten hin und her, die Fahrt war frei, aber schließlich mußten wir ja auch was essen. So ganz ohne Geld loszufahren, das wagten wir doch nicht. Schließlich erwies sich der Drang, aus der Stadt herauszukommen, als zu groß: wir wagten unsere letzten fünf Mark und fuhren!

Es war ein strahlend heller Sommertag, der ganze Zug war vollgestopft mit vergnügten Menschen, die rieten, wohin wir wohl fuhren. Nun, wir fuhren über den damals noch neuen Hindenburgdamm auf die Insel Sylt. Wir stiegen aus in Westerland, ich nahm Suse bei der Hand, und wir liefen zum Strand. Wir sind beide immer Wassermenschen gewesen, Berge, nun meinetwegen, ganz schön, aber Wasser, du lieber Gott, Wasser, das Herrlichste von der Welt! Und Altholm war gänzlich wasserfrei.

»Los, Suse, ich rieche die See schon! Lauf!«

Aber am Strande harrte unser eine grimmige Enttäuschung, der Strand war durch Wälle und Draht gesichert gegen uns. Da waren kleine Einlaßpforten mit Schildern: »Tageskurtaxe pro Person eine Mark« stand darauf zu lesen. Drunten sahen wir in der Sonne die See blitzen, aber sie war sicher vor uns. »Zwei Mark von unsern fünf Mark opfern, bloß um in das Gitter gelassen zu werden? Kein Gedanke daran! Komm, Suse, mal muß ja dieser dämliche Drahtzaun ein Ende nehmen!«

Und wir marschierten los.

(Wie sich das alles verknüpft! Diese beiden Karten von der Reichsbahn, diese Frau Stuff, die keine Fahrtlust hatte,

unsere Geldknappheit, die uns die zwei Mark Kurtaxe verbot – und nun marschieren wir beide, noch völlig ahnungslos, dem Wendepunkt unseres Lebens zu. Wären diese Zeilen je geschrieben worden, wenn wir die zwei Mark ausgegeben hätten? Ich ahne es nicht! Aber es ist alles doch recht
rätselhaft!)

Wir marschieren durch Sonne und Sand am Draht entlang, wir wandern durch die ein wenig extravagante Bade-
eleganz Westerlands mit Brusttüchlein und scharf gebügel-
ten Strandhosen als ein paar städtisch gekleidete Leute.
Suse trägt ihr Kashakleid – weiß der Henker, was ein Kashakleid ist, woher es seinen Namen hat. Aber ich habe nie ein
Kleid so geliebt wie dieses Kashakleid mit seinen zarten,
pastellhaften Farben. Sie trug es die ganze erste Zeit unserer Bekanntschaft und Ehe, an den schönsten Tagen. Wie
viel ist uns aus dieser Zeit abhanden gekommen, ich denke
nicht mehr daran, aber manchmal grolle ich noch heimlich
mit Suse, daß sie nicht wenigstens ein Fitzelchen von dem
Stoff aufbewahrt hat. Mir ist, als müßten bei seinem Anblick die alten goldenen Tage wieder aufleuchten, da wir
uns noch so neu waren, da wir ein ganz anderes, ein ganz
ungeahntes Leben zu zweien begannen. Aber es ist fort, ich
kann es mir noch vorstellen, ich sehe sie noch darin, jung,
lachend, unbekümmert, unenttäuscht. Und dann vergeht
alles, und das Gesicht von heute kommt mit den Kleidern
von heut. Ich erinnere mich nur.

Ich hatte es ganz richtig geahnt: auch der böswilligste
Drahtzaun nimmt einmal ein Ende, und durch eine verlas-
sene Dünenwildnis gerieten wir in einen Ort, der sich
Kampen nannte. Wir aßen zu Mittag, Entenbraten – nie
werde ich diesen köstlichen Entenbraten vergessen! Und
nachdem wir die Zeche bereinigt hatten, erwies sich, daß
wir noch Geld genug besaßen, um mit der Bahn von Kampen nach Westerland zurückzufahren. So gingen wir einmal
ans Außenwasser und dann ans Binnenwasser, wir saßen

still und rochen die See, die Wolken wanderten über uns hin, Wind kam auf, die Wellen hatten plötzlich weiße Köpfe, es wurde kühl …

»Komm, Suse, laß uns noch einmal auf das hohe Ufer gehen und zur See hinabschauen. Wir haben noch gute zwanzig Minuten, bis unser Zug fährt.«

Unser Schicksal hat sich wirklich alle Zeit gelassen, in der letzten Minute griff es zu. Denn als wir da nun an das hohe Ufer kamen, stand dort ein großer braungebrannter Mann mit einer Baskenmütze auf dem Haupt. Er sah mich an, ich sah ihn an.

»Fallada!« sagte er.

»Ja, sind Sie das denn wirklich?« fragte ich staunend. Und nach zehnjähriger Trennung und Schweigen schüttelten sich Verleger und Autor die Hand.

Hier muß ich es gestehen, und ich lege dieses Geständnis nur in aller Eile und mit einer gewissen Beklommenheit ab, daß ich bereits in den Jahren 1919 und 1920 zwei Romane veröffentlicht hatte – als gänzlich unausgegorener junger Dachs. Es waren so eine Art Pubertätsromane, den Zeitverhältnissen entsprechend in etwas gestammeltem Deutsch geschrieben – und ich habe mich nie überwinden können, auch nur eine Zeile dieser Selbstbeschau wieder zu lesen. Längst habe ich sie aus dem Buchhandel zurückgezogen, sie sind eingestampft, auch meine ältesten Freunde tun umsonst Kniefälle, sie bekommen doch kein Exemplar davon zu sehen.

Aber mein Verleger hatte diese beiden Bücher nicht vergessen; nach so vielen Jahren des Schweigens erkannte er seinen Autor wieder, der doch nur einer von vielen war (der aber einen nie abgearbeiteten Vorschuß erhalten hatte).

»Mensch, Fallada, was machen Sie denn eigentlich?«

Wir wurden der Frau des Verlegers vorgestellt, und zu vieren strebten wir nun dem Kampener Bahnhof zu. Ich stand stark unter dem Eindruck, daß die Verlegerin nicht grade

gnädigen Auges auf diese so plötzlich aufgetauchten litera-
rischen Bekanntschaften ihres Mannes schaute, die selbst
für Kampen ein wenig schäbig gekleidet waren. (O Kashakleid, geliebtes!) So fiel mein Bericht etwas eilig und dürftig
aus.

»Aber das ist doch nichts für Sie!« rief der alte Menschen-
kenner, der auch Ungesagtes zu hören verstand. »In so einem
Kaff rumlaufen und Abonnenten werben! Sie müssen nach
Berlin, Mensch!«

Ich tauschte mit der Suse einen eiligen, aufglühenden
Blick. Dann bemerkte ich, daß ich kaum aufs Blaue hinaus
nach Berlin ziehen könne ... die Arbeitslosigkeit ... ohne
die geringste Reserve ...

Jetzt warf er einen abschätzenden Blick auf uns beide.
»Was würden Sie in Berlin als Minimum zum Leben gebrauchen?« fragte er.

Wieder ein rascher Blicktausch mit Suse. »Das müßten
wir uns erst ausrechnen. Dürfen wir es Ihnen schreiben?«

»Schön, schreiben Sie mir das möglichst bald. Ich besorge Ihnen dann eine Stellung, abgemacht!«

»Aber denken Sie bitte daran, daß ich sechs Wochen vor
dem Quartalsersten kündigen muß!«

»Natürlich, natürlich! Wird gemacht! Verlassen Sie sich
nur auf mich! Und nun Hals- und Beinbruch!«

Schon in der Bahn fingen wir beide zu rechnen an. Wir
rechneten noch, als wir in Altholm waren. In der Wohnung
rechneten wir weiter, und bis in den Traum hinein verfolg-
ten uns Zahlenkolonnen unter den Titeln: Inventar – Wäsche – Brot – Fleisch – Gemüse – Kolonialwaren – Licht –
Fahrgeld ... Es war gar nicht so einfach. Schon war uns klar
geworden, daß die Hulemule nicht unser einziges Kind
bleiben würde. Im nächsten Frühjahr ...

Das komplizierte die Rechnung außerordentlich, wir
würden *zwei* möblierte Zimmer brauchen. Was kosteten in
Berlin *zwei* möblierte Zimmer? Wir setzten den Mietspreis

auf hundert Mark fest und kamen endlich auf ein Bruttogehalt von zweihundertfünfzig Mark. Es schien uns eine unverschämte Forderung, aber billiger war es nicht zu machen. Wir mußten ja so viel anschaffen, besonders auch für das Baby – wir hatten rein nichts! Mit Zittern und Zagen setzte ich die Zahl 250 in meinen Brief, mit Bangen steckten wir ihn in den Kasten – und nun warteten wir auf die Antwort. Wir warteten eine Woche, zwei Wochen, wir warteten auch länger. Am 15. August hätten wir auf den 1. Oktober kündigen müssen, aber ich wagte es nicht: Berlin schwieg. Weiter rannte ich auf der Jagd durch die Straßen Altholms, und nach den Tagen überwältigenden Hoffens überfiel mich die schwärzeste Verzweiflung.

Der Oktober ging vorüber, grau und naß empfing uns der November, immer grauer wurde meine Stimmung. Manchmal horchte ich drauf hin, wenn Suse bei ihrer Arbeit sang. Sie hoffte immer noch, die Arme! Es gab gar nichts mehr zu hoffen, weiter hieß es durch die Straßen Altholms zu traben, auf der Jagd nach den immer seltener werdenden Abonnenten. In Kürze würde unsere Zeitung dahinsterben – und was dann? Ich kann es auf meinen Eid nehmen, daß ich in diesen Monaten kein sehr fröhlicher junger Ehemann war. Suse lernte es gleich von Anfang an kennen, was trübe Stimmungen waren.

Der 15. November, der Kündigungstermin auf den 1. Januar, nahte. Ich entschloß mich zu einem zweiten Brief, den ich hinter Suses Rücken absandte. Dieser Brief war schon beweglicher gehalten, auch erniedrigte ich meine Gehaltsforderung auf zweihundert Mark. *Ein* Zimmer tat es schließlich auch – trotz Baby.

Neues Warten – und nichts erfolgte! Langsam verblaßten unsere einst so goldenen Hoffnungen. Meine Stimmung wurde wieder besser. Ich mußte mich eben mit meinem Schicksal abfinden. Auch in Altholm ließ es sich leben. Wenn die Zeitung einging, würde sich schon etwas anderes finden.

Dann, am 23. Dezember, als wir überhaupt nicht mehr an Berlin dachten, kam ein Brief in grünem Umschlag, auf grünem Papier. Es kam *der* Brief. Kurz und bündig: ab 1. 1. hätte ich eine Stellung für zweihundertfünfzig Mark in Berlin, am 2. Januar hätte ich mich um acht Uhr morgens auf dem Verlag zu melden.

Suse und ich, wir waren wie mit der Keule erschlagen! Da war das Glück, die große Chance, die hundertfach ersehnte, auf die wir längst nicht mehr zu hoffen gewagt hatten – und wir hatten nicht gekündigt! Eine gute Woche nur noch bis zum Antrittstermin!

»Ach!« sagte Suse. »Sie werden dich hier schon gehen lassen. Erzähle ihnen nur alles, sie werden deinem Glück schon nicht im Wege stehen!«

»Hätte er nur sechs Wochen früher geschrieben!« stöhnte ich.

»Er hat uns eben eine Weihnachtsfreude machen wollen«, meinte Suse.

»Natürlich, aber ...«

Später lernte ich, daß mein Verleger nicht im geringsten an Weihnachtsfreude gedacht hatte. Vielmehr hatte er die Einrichtung des Komposthaufens: alle Dinge, die er nicht gleich erledigen konnte oder wollte, kamen auf einen ständig wachsenden Haufen und lagerten dort ab. »Sie haben keine Ahnung«, sagte er mir später oft, »wieviel Sachen sich durch bloßes Lagern von selbst erledigen! Mein Komposthaufen ist eine wunderbare Einrichtung!«

Nahte aber irgendein verlegerischer Urlaub (in diesem Fall ein längerer Weihnachtsurlaub), so trat des Verlegers Sekretärin in Tätigkeit. Schon seit Jahrzehnten war sie bei ihm. Im Verlage hieß sie nur Anita, die Holzkuh, und sie war stolz auf diesen Namen. Mit unerschütterlicher Ruhe ertrug sie das ganze Jahr hindurch alle Temperamentsschwankungen ihres Chefs. Und ebenso unerbittlich hielt sie ihn zur Erfüllung seiner Pflichten an. Vor jedem Urlaub mußte der Komposthaufen abgetragen werden, da half ihm gar nichts. Anita war von zähem Holz.

Vor diesem Urlaub hatten auch meine beiden Briefe im Komposthaufen gelegen. Letzten Endes verdanke ich also die Änderung meiner Lebensumstände und meinen Wiedereintritt in die deutsche Literatur Anita, der Holzkuh ...

Ich ging also meinen schweren Gang zu dem derzeitigen Altholmer Brötchengeber. Schließlich konnte der Gang so schwer nicht sein. Der Mann hatte mir oft genug versichert, daß ich der überflüssigste Mensch unter der Sonne sei und daß er keine Ahnung habe, warum er mir eigentlich mein Gehalt zahle. Aber nun hörte ich es natürlich ganz anders, ich hatte schon das Richtige geahnt. Plötzlich war ich vollkommen unersetzlich. Jawohl, ich konnte gehen, aber erst nach ordnungsmäßiger Kündigung, am 1. April. Oder ich besorgte einen Stellvertreter, einen Ersatzmann, zu den gleichen Bedingungen, unter denen ich gearbeitet hatte, mit meinen plötzlich so ausgezeichneten Fähigkeiten ...

Nun, nachdem ich Ängste genug ausgestanden hatte, gab er mich frei. Schließlich war er doch nicht »so«, Suse hatte es richtig geahnt, er wollte meinem Glück nicht im Wege sein. Am letzten Dezember, am Silvestertag, trafen wir in Berlin ein, mit sehr wenig Geld und mit zwei Handkoffern. Den letzten Tag des alten und den ersten des neuen Jahres verbrachten wir auf der Zimmersuche. Sie erwies sich als erstaunlich schwierig. Sobald eine Vermieterin – und leider waren es alles Frauen – meiner lebhaft gerundeten Frau ansichtig wurde, waren die Verhandlungen schon am Ende. Wir wurden nicht einmal zur Besichtigung der Räumlichkeiten zugelassen. Kindergeschrei? Windelwäsche? Danke bestens – nicht für uns!

Schließlich – Suse konnte schon keine Treppen mehr steigen – fanden wir zwei alte Leutchen in der Gegend von Alt-Moabit, die entweder keinen Blick für den Zustand meiner Frau oder gegen Kinder nichts einzuwenden hatten, wahrscheinlich weil sie selbst nie Kinder gehabt hatten. Es waren sogar zwei Zimmer, anständige große Räume; die Brandmauer des Hauses zeigte gegen den Bahnhof Belle-vue, noch heute ist sie mit einer Reklame für »Kupferberg Gold« bemalt.

Noch heute, wenn ich auf dieser Strecke fahre, betrachte ich nachdenklich diese Malerei. Hinter »Gold« haben wir über ein Jahr gehaust, aber das war auch das einzige Gold, das wir in diesem Jahr zu sehen kriegten. Denn die beiden Zimmer kosteten einhundertvierzig Mark im Monat, und netto bekam ich etwa zweihundertzwanzig Mark. Achtzig Mark blieben uns fürs Leben. Wir haben es ja irgendwie ge-schafft, wir haben sogar noch die Aussteuer für das Baby gekauft, aber wie wir das fertiggebracht haben, ist mir heute noch ein Rätsel. Ich weiß nur, daß wir immerzu rech-neten und daß ein fehlender Groschen zu langen Diskus-sionen führte.

Am 2. Januar war ich natürlich pünktlich um acht Uhr auf dem Verlag; wenn wir privatim schwerste Sorgen hat-ten, dort sollte man nichts davon merken! Noch hatte ich keine Ahnung von der Art der Arbeit, die mich erwartete, ich wußte nicht einmal, ob ich auf dem Verlag selbst arbei-ten sollte.

Aber nun war es doch der Verlag selbst. Ein bleichge-sichtiger, etwas fetter Herr mit einer schwarzen Zigarre im Mund, die er halb rauchte, halb kaute, jedenfalls aber auch beim Sprechen nicht aus dem Munde nahm, führte mich mit ein paar genuschelten Worten in meine Tätigkeit ein: ich sollte das Besprechungswesen neu ordnen. Der Verleger selbst war noch in Urlaub.

Kommt in einem Verlag ein neues Buch heraus, so wer-den Besprechungsexemplare an Zeitungen und Zeitschrif-ten versandt. Manche Blätter, die und deren Kritiker der Verlag kennt, erhalten die Bücher von selbst, andere for-dern sie sich an. Nun möchte der Verlag natürlich gerne, daß seine Neuerscheinungen auch wirklich besprochen werden. Damit haperte es aber oft. Es schlichen sich auch Büchermarder dazwischen ein, die überhaupt nicht daran dachten, die Bücher zu besprechen, die gar keine Gelegenheit dafür besaßen. Bei andern Blättern forderte erst die Zeitung, dann die Feuilletonredaktion, dann noch jeder einzelne Kritiker ein Exemplar an. Paßte man nicht auf, so war der Verlag im Handumdrehen viele Hunderte von Exemplaren los, ohne irgendeine Leistung dafür zu erhalten.

Mein Amt sollte es nun sein, übersichtliche Listen über den Versand dieser Besprechungsexemplare anzulegen, aus denen auf einen Blick zu ersehen war, wer wann was erhalten hatte. Weiter mußte ich dann die von zwei Ausschnittbüros übersandten Kritiken aus den Zeitungen ordnen und in ebendiesen Listen abbuchen, so daß allmählich klar zu erkennen war, was die Böcke, was die Schafe waren.

Eine solche genaue Organisation aufzuziehen (und sie auch in Ordnung zu halten), das hat mir immer viel Spaß gemacht. Mit Eifer entwarf ich ein Listenformular und konstruierte Heftmappen dazu. Alles fiel etwas überlebensgroß aus, sehr handlich waren diese Mappen nicht, aber was mußten sie auch alles enthalten! Hunderte von Zeitungen und Zeitschriften, sämtliche Neuerscheinungen mußten auf Jahre hinaus eingetragen werden können. Ich entwarf also, legte alles dem bleichen Herrn mit der Zigarre vor, erhielt eine genuschelte Billigung, und nun wurde gedruckt, gebunden, beschriftet, eingerichtet ...

Worauf ich mich auf wahre Berge von Zeitungsausschnitten stürzte. Ich las, ordnete, klebte ein, buchte – kurz, aus dem Straßenläufer war ein Bürositzling geworden! Mir gefiel das ausgezeichnet.

Meinem Verleger weniger. Es kam der Tag, da er aus seinem Urlaub zurückkehrte, es kam die Stunde, da ich vor meinen Chef befohlen wurde. Stolz auf meine vorzügliche Organisation, ergriff ich die ungeheuern Mappen, ein freundliches Mädchen öffnete und schloß hinter mir die Türen, und ich trat in das Allerheiligste.

Ich konnte meinen Chef nicht sehen, er mich auch nicht: die Mappen verbargen die Hälfte meines Leibes. Er sah nur zwei Beine hereinwandeln, sehr dünne Beine. Aber ich hörte ihn. Du lieber Himmel, wie schrie er!

»Sie sind wohl wahnsinnig geworden!« schrie er. »Was bringen Sie denn da an?! Das sollen Besprechungslisten sein? Mist ist das! Ich soll mich wohl auf den Bauch legen, wenn ich darin was nachsehen will?! Um solchen Bockmist anzurichten, habe ich Sie also aus Altholm geholt! Mit Idioten hat man zu tun! Nur mit Idioten! Herr Meyer! Herr Müller! Herr Schulze! Herr Schmidt! Fräulein Bauch! Fräulein Lauch! Fräulein Tauch! Kommen Sie doch mal her! Haben Sie das gesehen, was der Fallada da angerichtet hat?! – Und das haben Sie zugelassen?! Ich sage es ja, alles Idioten, mein ganzer Verlag besteht aus Idioten! Kaum kehrt man einen Augenblick den Rücken ...«

Mein guter alter Verleger! Niemand von seinen Angestellten nahm seinen Wutausbruch tragisch, er brauchte von Zeit zu Zeit so etwas! Aber ich, sein neuester Angestellter, kannte diese Ausbrüche noch nicht. Bleich stand ich hinter meinen Mappen, ich sah uns schon auf der Straße, und wir »erwarteten« in knapp anderthalb Monaten!

Trotzdem war ich noch immer von der Vorzüglichkeit meiner Organisation überzeugt. Schwach gegen das starke Löwengebrüll anmeckernd, versuchte ich hinter den Mappen zu erklären, zu zeigen, zu verteidigen – so sehr meine Kollegen auch abwinkten.

Man mußte den Löwen brüllen lassen, dann hörte er von allein auf. Ich machte ihn nur immer wilder. Schließlich flog ich mit meinen Mappen aus dem Allerheiligsten. Zerschmettert, schlimmster Ahnungen voll. Der erste Lichtblick in der allgemeinen Finsternis meiner Lebensaussichten war unser Kontorbote Männe, der im Durchgangszimmer damit beschäftigt war, Post fertigzumachen. Bei meinem Anblick hob er den Kopf und sagte als echter Berliner: »Fallada, morgen früh kommen Se aber mit frisch jewaschener Brust: morjen früh erschießt der Chef Ihnen!«

Ein bißchen atmete ich auf. Also wurde dieses Gebrüll nicht so tragisch genommen, noch war unsere und des Ungeborenen Existenz nicht bedroht. Ich habe es dann auch erlebt, wie der Chef sich allmählich mit den unhandlichen Mappen abfand. Langsam gab er zu, daß sie auch Vorteile hatten. Dann, als die gedruckten Formulare erschöpft waren, sagte er mit einem halben Lächeln: »Na, lassen Sie wieder welche drucken. Schließlich haben sich die Untiere doch bewährt.«

Aber bis wir soweit waren, hatten wir noch über manchen Berg zu klettern. Vorläufig beherrschte mich noch völlig die Sorge um unser Auskommen. Es war klar, von dem Gehalt konnten wir nicht leben, ich mußte etwas dazuverdienen. Nun hatte mein Brotgeber eine seltsame Einrichtung getroffen, ohne ein Wort zu mir, ohne eine Erklärung. Auf dem ganzen Verlag wurde bis abends fünf oder sechs gearbeitet, ich aber hatte jeden Tag um zwei Uhr Büroschluß, so hatte er es angeordnet. Dieser listige alte Verleger! Nie hatte er mit einem Wort meine früher erschienenen Bücher erwähnt (auch nicht den Vorschuß). Nie hatte er sich erkundigt, ob ich wohl Lust hätte, etwas Neues zu schreiben. Aber er schickte mich um zwei Uhr nach Haus, er gab mir den halben Tag frei. Er war ein großer Menschenkenner, er las es mir an der Nase ab, daß ich zu den Menschen gehörte, die immer beschäftigt sein müssen, die stets etwas vorhaben müssen. Die Zeit meines Nichtstuns war eine Zeit des Gelähmtseins, von Krankheit gewesen, nun war ich wieder gesund. Wenn mir kein anderer Arbeit auftrug, machte ich mir selber welche.

Hinter »Kupferberg Gold« setzte ich mich an den Schreibtisch und fing an, Papier vollzuschreiben. Oh, ich hatte meinen Stoff, ich hatte in Altholm so einiges gesehen, erlebt, gehört. Ich fing an, einen Roman zu schreiben, des Titels »Ein kleiner Zirkus namens Monte«.

Ich schrieb mit tausend Zweifeln, oft ganz mutlos. Ich hatte es mir technisch so schwierig wie nur möglich gemacht. Nach meinen ungeliebten Erstlingen, die gar zu persönlich gewesen waren, sollte der Autor diesmal im Buch ganz fehlen. Mit keinem Wort sollte er andeuten, was er selbst über das Erzählte dachte, das war Sache des Lesers. Wie ich geächzt habe! Wie ich darüber verzweifelt bin, daß ich nie »beschreiben« wollte, daß die ganze Entwicklung in Dialogform gegeben werden sollte! Sagte er, sagte sie – ich konnte das schon nicht mehr sehen.

Daß ich das Buch je zu Ende geschrieben habe, verdanke ich nur meiner niederdeutschen Hartnäckigkeit. Ich war überzeugt, es war alles Mist – aber ich war hartnäckig wie ein Maulesel. Es mußte zu Ende geschrieben werden, da es einmal angefangen war. Halbe Geschichten habe ich nie gemocht.

Dann wanderte das Manuskript, da es nun einmal geschrieben war, auf den Verlag. Die Lektoren lasen es, der Verleger las es. Ich muß sagen, daß er nach jenem ersten Zornausbruch wegen meiner überdimensionierten Mappen der angenehmste Chef gewesen war. Er hatte nie den Arbeitgeber herausgekehrt, sein Ton war immer freundschaftlich gewesen. Aber nun klang er doch noch anders. Er hatte richtig getippt, er hatte eine gute Nase gehabt: in diesem halb verbummelten Menschen steckte etwas. Ein Verlagsvertrag wurde geschlossen ...

Und dann kam der große Glücksschlag: eine illustrierte Wochenschrift entschloß sich zum Vorabdruck des Romans, der in »Bauern, Bonzen und Bomben« umgetauft war. Das war damals eine sehr mutige Tat, denn einmal wimmelte dieser Roman von den deftigsten Derbheiten, zum andern mußte er »oben«, »bei den Roten« heftigsten Anstoß erregen. Aber die Zeitung entschloß sich, sie wollte sogar zwölftausend Mark für das Wagnis zahlen! Liebe Leute, zwölftausend Mark – Suse und ich gerieten ja wohl völlig aus dem Häuschen! Zwölftausend Mark, das war Reichtum, das bedeutete Sorgenlosigkeit – dafür konnte man sich die halbe Welt kaufen! Unterdes war unser Erstgeborener längst eingetroffen und schrie die Wände hinter der Sektreklame dauerhaft an. Natürlich würden wir nun aus der Steinwüste hinausziehen. Wir würden uns in irgendeinem Vorort ein Häuschen kaufen. Wir würden Möbel anschaffen, Wäsche, Kleidung! Und Bücher, natürlich Bücher! Es war wie ein Taumel! So viel Glück war eigentlich gar nicht möglich!

Meiner zweiflerischen Veranlagung entsprechend, war ich natürlich nicht ohne Befürchtungen. Würden die illustrierten Herren nicht noch zurückweichen? Würden sie auch zahlen? Eigentlich war es ja unmöglich, einen so derben Roman in einer Illustrierten zu veröffentlichen! Suse sollte schon sehen, wir hatten uns umsonst gefreut. Ich sah streng darauf, daß an unserer sparsamen Lebenshaltung nichts geändert wurde!

Aber die Wochenschrift zahlte, es kam die Stunde, da das Geld beim Verlag einging. Ich fand mich auf der Kasse ein. Der Verlag war damals »ein bißchen klamm«, ich bekam eine Abschlagszahlung, fünfhundert oder tausend Mark, weiteres würde ich später erhalten. Aber was kümmerte mich das weitere?! Wir hatten eine ungeheure Barsumme in der Hand. Wir gingen einkaufen.

Nie hatten Suse und ich einkaufen können, was man so richtig einkaufen nennt. Nun konnten wir es, nun taten wir es, nun genossen wir es. Wir kauften Wäsche und Kleidung und Bücher und Schuhwerk und Gardinen – alles auf Abzahlung. Wir kauften in der Strausberger Gegend ein Einfamilienhaus mit zweieinhalb Zimmern und einem Garten – auf Abzahlung. Das Häuschen hatte zweiundfünfzig Quadratmeter Wohnfläche, der Garten sogar über hundert Quadratmeter.

Wir waren Herren über hundertzweiundfünfzig Quadratmeter! Eigentum, meine Lieben, Eigentum! Aus den Hand-
kofferbesitzern waren Grundeigentümer geworden!

Erinnert sich noch jemand an die düsteren Julitage des
Jahres 1931? Weiß jemand noch, was für ein unheilvoller
Tag es war, als der große Bankenkrach kam, als eine Firma
nach der andern die Zahlungen einstellte? Ich habe immer
Glück im Unglück gehabt, aber ich hatte auch stets Pech
im Glück. Mein Verlag stellte seine Zahlungen ein. Ich war
mit elftausend Mark Forderungen an dieser Zahlungsein-
stellung beteiligt, aber ich hatte ungefähr achttausend Mark
Abzahlungsschulden! Das waren Zeiten! Das waren Stunden tiefster Bekümmernis! Statt vorwärtsgekommen zu
sein, steckten wir bis über die Ohren, bis über die Haare in
Schulden! Wir ertranken in Schulden! Wir hatten nichts –
nur Sorgen und schlaflose Nächte!

Wie habe ich meinen »Leichtsinn« verflucht. Damals
habe ich mir zugeschworen, nie wieder Schulden zu machen, nie wieder etwas auf Abzahlung zu kaufen. Der
Schreck jener Zeit sitzt heute noch so fest in mir, daß ich
jede Rechnung sofort am Tage ihres Eingangs bezahle. Es
darf ruhig daraufstehen »Zahlbar in vier Wochen«, ich zahle
sie doch heute. Ich ängstige meine Lieferanten, daß sie mir
ihre Rechnungen auch schnell genug schicken. Ich kann
mein Geld nicht rasch genug loswerden, wenn es jemand
anders gehört! Das sitzt alles von damals her in mir!

Als sei es noch nicht genug des Unheils, verliere ich meine
Stellung auf dem Verlag. Dort war irgend so ein Treuhänder
eingesetzt, der begann seine Tätigkeit damit, daß er erst einmal die Gehälter der Angestellten heruntersetzte. Wer nicht
damit einverstanden war, der konnte gehen. Ich war nicht
damit einverstanden, ganz und gar nicht. Schon bisher hatte
es nicht hin und her gereicht, und nun sollte ich noch auf ein
Viertel verzichten?! Nein, meinen allerschönsten Dank, alles
oder nichts! Natürlich war Suse mit meiner Entscheidung

zufrieden, sie hielt immer zu mir durch dick und dünn! Freilich hatte sie die Hauptlast zu tragen.

Nun wohnten wir schon draußen in Altenhagen, in unsern zweiundfünfzig plus hundert Quadratmetern, von denen die erste Rate anbezahlt war, zwischen unsern neuen Möbeln, dito, ganz nett versorgt mit Wäsche und Kleidung, dito. Wir saßen in einem Paradies, das uns mit Brennesseln brannte: jeden Tag konnten wir wieder ausziehen müssen, mit zwei Handkoffern und unserm Sohn Ulrich, genannt Uli, genannt Murkel, genannt Muxe-Puxe, genannt Ulli-Bulli, genannt … genannt …

Jeden Morgen, wenn Suse den Hausstand besorgte, zog ich mit meinem Sohn im Kinderwagen los. Er lag darin, spielte mit seinen Fingern oder seiner Nase und sah mit blauen Augen in den blauen Himmel. Manchmal schrie er, meistens war er friedlich.

Ich schob den Wagen, ich schob ihn durch Altenhagen, ich schob ihn durch Neuenhagen, ich schob ihn durch Bollensdorf, durch Hoppegarten, ich schob ihn bis Altlandsberg. Leise schaukelnd und ächzend, fuhren wir durch ganz neue, herrlich gepflasterte Straßen, über Kopfsteine, durch Straßen, die es erst dem Namen nach waren, über Feldwege, Grasraine, Chausseen. Überall tauchten wir auf, der Kinderwagen und ich, wir gehörten zum Straßenbild der Gegend. In einer Gemüsehandlung erfuhr Suse, daß wir schon einen Namen hatten, ich hieß nur »Der arme Arbeitslose mit Kind«.

Was lag in einer solchen Situation näher, als ein Buch zu schreiben des Titels: »Kleiner Mann – was nun?«. An den Nachmittagen und Abenden, in den bedrücktesten Tagen meines Lebens, schrieb ich dies Buch. Ich war ziemlich hart gewöhnt, aber bis dato hatte nur mein eigener Buckel die Schläge des Schicksals hinnehmen müssen. Jetzt hatten wir beide daran zu tragen, und auch der Sohn war bedroht. Das war viel schwerer. Für seine eigenen Torheiten zahlen müssen, das leuchtet ein. Aber wenn andere für den allerpersönlichsten Blödsinn büßen sollen, das ist bitter.

Und doch sind wir glücklich gewesen, auch in diesen Tagen, unendlich glücklich, genau wie wir in unsern beiden Zimmern hinter »Kupferberg Gold« glücklich gewesen waren. Wir sind nicht etwa immer mürrisch und versorgt und rechnend herumgeschlichen. Nein, ein Glanz lag auf diesen Tagen, Sternenlicht. Unser Häuschen in Altenhagen, wer wohnt heute darin? Wird er auch so erfolgreich Tomaten bauen wie wir? Wir hatten sechs Tomatenpflanzen im Garten, und wir ernteten über einen Zentner Tomaten! Wir pflanzten unsere ersten Obstbäume, zwei an der Zahl! Wir führten einen erbitterten Krieg wegen der wirtschaftlich untragbaren Zentralheizung. Wir stritten und freuten uns zusammen, wir lebten *ein* Leben, wir bewunderten unsern Sohn und waren sehr streng mit ihm, um ihn nicht zu verwöhnen!

Und alles lief sich zurecht. Über die schlimmste Zeit halfen meine guten Eltern fort, es halfen auch Beiträge für Zeitungen, ich schrieb Geschichten, immer wieder kam ein bißchen Geld ein. Unterdes war »Bauern, Bonzen und Bomben« in der Zeitung erschienen, an allen Anschlagsäulen hatte das große schwarzweißrote Plakat geklebt: Hans Fallada: Bauern, Bonzen und Bomben! Ich hatte davorgestanden, keinen Groschen in der Tasche, und hatte gedacht: Das ist also der Ruhm! Dein Name auf jeder Anschlagsäule und der Gerichtsvollzieher im Anmarsch! Dies erinnerte doch ein bißchen gar zu sehr an den armen Dichter in der Dachkammer, dem der Hunger den Pegasus beflügelt. So genau hatte ich es eigentlich gar nicht erleben wollen. Außerdem war ich ein Schriftsteller und kein Dichter.

Alles lief sich zurecht! Der Verlag wurde saniert, ich bekam mein Geld, bezahlte meine Schulden, ich behielt sogar noch Geld über. Wir waren Herren auf eigenem Grund und Boden, mit den beiden Handkoffern war es vorbei! Wenn wir das nächste Mal umzogen, brauchten wir schon einen Möbelwagen. Und unterdes war »Kleiner Mann – was nun?« fertig geworden, und mein Verleger schwor, dies Buch werde ein Welterfolg sein!

Die Gefahren, die uns von außen drohen, sind gering gegen die aus unserm Innern. Wir selbst bereiten uns immer wieder die größten Überraschungen. Der Kleine Mann *wurde* ein Welterfolg – ich muß leider sagen: leider. Das Geld strömte nur so herbei. Wir hatten von zweihundertzwanzig Mark glücklich gelebt, unsere Sorgen fingen an, als wir plötzlich über große Summen zu verfügen hatten. Suses Sorgen fingen da an, ich selbst verlor völlig den Kopf.

Der Übergang war zu plötzlich, aus dem Sparsamen, dem Überängstlichen wurde ein Verschwender. Ich gab das Geld auf die sinnloseste Weise aus, es konnte ja nicht alle werden, es strömte immer weiter. Nicht schnell genug konnte ich es ausgeben. Nächtelang saß ich in den dümmsten Bars, hielt das halbe Lokal frei und fuhr mit einem schweren Kopf heim. Ich bekam für mein Geld nichts anderes als Kopfschmerzen, Arbeitsunlust, Reue, Gewissensbisse. Und fing doch wieder an.

Suse hielt getreulich zu mir. Sie machte alle diese Fahrten mit, sie brachte mich nach Haus, sie legte mich ins Bett, sie tröstete mich in meinem Kater. Sie verlor nie den Mut. Sie erhob nie Einwendungen gegen die Art, wie ich das Geld verschwendete: es war ja mein Geld, ich hatte es verdient.

Und dabei brachte sie es allmählich fertig, daß ich zur Einsicht kam, so konnte es nicht weitergehen. Sie faßte mich bei meiner Liebe zum Landleben, ich war viele Jahre meines Lebens Landwirt gewesen. Sie erzählte mir von einem Haus auf dem Lande, von einem Garten, vom Vieh, vom Wasser, an dem wir wohnen würden. Wahrhaftig, der Grüne Winkel in Altenhagen, wo wir hausten, war ihr ans Herz gewachsen. Aber der Grüne Winkel lag zu nahe bei Berlin, bei Bars, sie war bereit, ihn aufzugeben.

Schließlich fing ich an, nach »etwas« zu suchen, noch ohne rechte Überzeugung, in großen Zeitabständen. Ich inserierte, ich verhandelte mit Maklern, ich fuhr über Land. Aber ich fand nichts Geeignetes. Was uns vorschwebte, mußte so viel vereinen. Es mußte ganz still und ländlich liegen, nur keine Siedlung, nichts Halbstädtisches. Es mußte Wasser haben, direkt am Hause, und Wald. Es mußte eine kleine Landwirtschaft dabei sein, grade soviel, daß sie mir neben meiner Schreiberei Beschäftigung gab, ein Gegengewicht gegen das Papier. Und das Wohnhaus mußte etwas mehr als ein Häuschen sein: wir waren wieder im Begriff, unsere Familie zu vergrößern. Wir brauchten fünf, sechs Zimmer, endlich sollte der Hausherr ein Arbeitszimmer für sich allein haben.

In jener Zeit waren wir beide eigentlich krank. Der Suse, die Zwillinge erwartete, machte ihr Zustand rechte Beschwerden, und ich hatte meine Nerven und meinen Schlaf ziemlich durch mein unsinniges Nachtleben ruiniert. Wir führten gar keinen Haushalt mehr, Altenhagen war verlassen, wir hausten in einer Berliner Pension und warteten auf den Landsitz, der da kommen sollte. Er mußte jetzt ziemlich rasch kommen, sonst war unser Geld alle. Die erste große Flut war vorüber, das Geld floß sachter, andere »Welterfolge« hatten den meinen abgelöst.

Unterdes mußte Suse in eine Klinik, und ich hauste allein in der Pension mit meinem Sohn und einer Betreuerin. Das Alleinleben bekam mir gar nicht, ich konnte es nicht mehr vertragen, allein zu sein. So suchte ich Gesellschaft, und wo findet man nettere und bereitwilligere Gesellschaft als in Bars? Ich konnte alle Tage den Abend nicht abwarten. Es war verdammt, daß die Bars so spät aufmachten!

Dann lag ich eines Morgens im Bett, ziemlich erledigt. Seit Tagen plagte mich ein ununterbrochener Schlucken, er kam so regelmäßig wie das Ticken der Uhr, jede Minute soundsoviele Male. Der Arzt hatte mir Eisstückchen mit etwas Kognak dagegen verordnet, eine sehr erwünschte Verordnung, denn nun konnte ich schon am frühen Vormittag Kognak trinken. Das Eis, na, meinetwegen, ab und an auch ein Stückchen, aber ich vergaß nie, daß Eis eigentlich Wasser ist …

Da tat sich die Tür auf, und unser Freund Peter trat ein. Ich hatte Peter auf dem Verlag kennengelernt, einen echten Kavalier alter Schule, einen wahren Grandseigneur; hätte er die Mittel gehabt, wäre er der größte Mäcenas aller Zeiten geworden. So war er der getreueste Freund und Anhänger.

»Hören Sie mal, Fallada«, sagte er. »Ich war eben bei der Suse. Sie meint, dieses Angebot ist endlich das richtige. Stehen Sie auf, wir wollen gleich hinfahren.«

»Ach was!« sagte ich und versuchte mit Mühe, die Beschreibung des Maklers zu lesen. »Das ist ja doch wieder nichts. Außerdem bin ich krank und kann nicht fahren. Mecklenburg? In meinem Zustand Mecklenburg, kommt ja gar nicht in Frage!«

»Fallada!« sprach Peter. »Ich habe von der Suse den Auftrag, Sie dorthin zu bringen, und ich bringe Sie dorthin! Da hilft Ihnen alles nichts! Ich habe einen Tag Urlaub genommen, ein Auto steht vor der Tür, in einer halben Stunde fahren wir!«

»Ich bin krank, ich kann unmöglich fahren«, stöhnte ich, immer von Schlucken unterbrochen. »Eben war der Arzt hier. Ich soll immerzu dies Zeug trinken.«

»Was ist das? Kognak, schätze ich. Nun gut, Sie sollen im Auto soviel Kognak trinken, wie Sie wollen, aber mit müssen Sie! Ich habe von der Suse den Auftrag.«

Und mit mußte ich, es half mir alles nichts. Ich wurde in ein Auto gesetzt, neben mir saß Peter, zwischen uns war die Kognakflasche, und los fuhren wir. Aber weiter weiß ich auch von dieser Fahrt fast nichts, da ist ein großes Loch in meinem Gedächtnis. Ich erinnere mich einzig und allein daran, daß ich in einem grünen Kaffeegarten sitze und ziemlich aufgeregt sage: »Dies kaufe ich. Auf der Stelle kaufe ich. Gleich kann ich noch nicht kaufen? Dann wollen wir wenigstens einen Vorvertrag machen!«

Peter hat mir später manches Mal versichert, daß ich den Eindruck eines vollkommen nüchternen, besonnenen Mannes gemacht habe. Der Schlucken war weg. Ich habe alles angesehen, besprochen. Ich habe aus der nächsten Stadt einen Baumeister kommen lassen, der mir einen Kostenvoranschlag über den Ausbau des Hauses machen mußte. Kein Mensch, auch Peter nicht, ist auf die Idee gekommen, daß ich völlig ohne Besinnung war. Aber in diesem völlig besinnungslosen Zustand habe ich meinen heutigen Besitz, die geliebte Heimat unserer Kinder, gekauft. Wundersam ergeht es einem im Leben.

Natürlich habe ich am nächsten Tag bei Suses Bett eine verdammt schlechte Figur gemacht. Ich sollte ihr erzählen, was ich gekauft hatte, wie es dort aussah, wieviel Zimmer, was für Vieh, Wassernähe und Garten? – Ich wußte nichts. Sie hatte allen Grund, über mich verzweifelt zu sein, sie war es sicher auch, aber sie ließ sich nichts merken.

»Fahr möglichst bald mit Uli hin«, sagte sie, »und sieh, daß die Bauerei rasch fertig wird. Wenn die Zwillinge da sind, möchte ich gerne im eigenen Heim wohnen. Nicht wahr, du gibst dir rechte Mühe?«

Dies war der Wendepunkt, von nun an gab ich mir wieder Mühe. Der Goldrausch war vorbei, jetzt hieß es arbeiten.

Ich weiß ein Haus am Wasser

Es ist Sommer geworden, wir wohnen im Hotel »Schwarzer Bär« zu Bergfeld, der Sohn Uli, seine Pflegerin Wendehals und ich. Suse liegt noch immer in der Klinik; die Zwillinge sind gekommen, aber nur eins der beiden kleinen Mädchen lebt, das andere starb schon nach wenigen Stunden. Das hat mich sehr erschüttert, im geheimen messe ich mir eine Schuld am Tod des kleinen Mädchens bei: Suse hatte zuviel Aufregungen in der letzten Zeit.

Auch dies wurde zu einem Wendepunkt, so vieles kann Wendepunkt werden, wenn man nur empfänglich ist. In diesem Sommer wendete sich vieles, in diesem Sommer war ich für Besinnung und Einkehr sehr empfänglich. Solch kleines Wesen – es hatte nur ein paarmal kläglich geschrien, dann war es gestorben – ein Stück von uns.

Jede Woche zwei-, dreimal fahre ich mit Fräulein Wendehals und Uli auf unsern Besitz hinaus, um die Bauarbeiten zu kontrollieren. Nun kenne ich, was ich gekauft habe. In meinen Briefen bereite ich Suse darauf vor, daß bis zum Herbst noch nicht alles in Ordnung kommen wird. Es bleibt Bauerei genug für das nächste Jahr, um das Haus in einen wohnlichen Zustand zu versetzen, von Stall und Scheune ganz zu schweigen. Trotzdem finde ich, ich habe nicht schlecht gekauft.

Andere sind darüber anderer Ansicht. An einem heißen Sommertag trete ich in eine Wirtschaft der Stadt Bergfeld, ich lasse mir ein Glas Bier geben. Ein paar Leute sitzen da, ich kenne sie nicht, sie kennen mich nicht, ich bin ein Kurgast für sie. Eine Stimme erhebt sich und spricht: »Da hat ja so 'n Berliner Dösbartel das Haus von dem Pendel in Mahlendorf gekauft. Zwölftausend Mark soll er dafür gegeben haben. Daß die Dummen nicht alle werden!«

»Dat segg man, Päule!« stimmt der Wirt eifrig zu. »Zwölfdusend Mark – und is doch bloß ne Baracke, die alle Tage einfallen kann! Herrgott, wie groß ist dein Tiergarten!«

»Meine Herren!« sprach ich hoheitsvoll. »Der Dösbartel aus unsers Herrgotts Tiergarten – der bin ich!«

Sah sie alle der Reihe nach sehr an und verschwand unter tiefem Stillschweigen.

Alle drei fahren wir nun durch das sommerliche Land Mahlendorf zu. Das Land sieht flach aus, ab und zu liegt zwischen den reifenden Feldern ein dunkler Waldstreif. Wer es nicht weiß, kann nicht ahnen, daß jeder dieser dunklen Waldstreifen einen tief ins Land eingeschnittenen langen See bedeutet, Seen mit dem tiefsten, klarsten Wasser, von einem bezaubernden Türkisgrün oder Azurblau. Wir sind hier in einem Endmoränengebiet, hier endeten die Gletscher der Eiszeit, tief schnitten ihre Zungen in das Land ein. Heute noch hat das Wasser etwas von der Frische und Klarheit des Eises, unsere Seen sind wie Hochgebirgsseen.

Und das ganze Land, jedes Stückchen Acker ist durchsetzt von Steinen, Blöcken, Felsen: das sind die Geröllmassen, die von den Gletschern aus Schwedens Gebirgen herabgetragen wurden. Sie werden uns noch viel zu schaffen machen, diese Steine und Felsen. Im Dorf behaupten sie, es sei zwecklos, sie aus dem Boden zu schaffen, »sie wüchsen nach«. Das werden wir ihnen schon beibringen, das Nachwachsen!

Am Eingang des Dorfes drehte damals noch eine Windmühle ihre Flügel. Die Windmühle war und ist scheußlich, ein schwarzgeteerter Stumpf aus Mauersteinen, wie eine verräucherte Fabrikesse, allein die Flügel versöhnten ein wenig mit ihr. Unterdes sind diese Flügel abgefault und heruntergefallen, und die Windmühle, für die alle Winde umsonst wehen, ist nur noch scheußlich.

Kurz nachdem wir an der Mühle vorbei sind, sage ich zu dem Chauffeur »Hupen!«. Er hupt kräftig, und auf dieses Gehupe eilt aus einem Haus eine Frau mit fliegenden Haubenbändern heraus, eilig laufend bindet sie ihre Schürze um. Das ist Frau Tschermak, die bei mir im Tagelohn steht, sie soll den Garten in Ordnung bringen. Da ihr Arbeitgeber aber nicht am Ort wohnt, gibt sie sich immer wieder der Hoffnung hin, ihren Tagelohn empfangen, dafür aber zu Haus sitzen bleiben zu können. Immer wieder denkt sie, ich komme zu meinen Kontrollen mit einer gewissen Regelmäßigkeit. Wenn ich heute da war, werde ich morgen nicht schon wieder kommen. Wenn es regnet, werde ich auch nicht kommen. Aber schon Frau Tschermaks wegen komme ich ganz unregelmäßig, und immer wieder erwische ich sie.

Nun eilt sie in fliegender Hast hinter meinem Auto her. Fünf Minuten nach mir wird sie auf meinem Besitz eintreffen, stets eine höchst plausible Entschuldigung auf den Lippen. Ihre Sau ist krank, der Briefträger bringt ihr heute Geld, sie mußte nur mal schnell andere Schuhe anziehen. Ich bin immer gespannt, was sie diesmal vorbringen wird, aber ihr Vorrat an Ausreden ist unerschöpflich. Als sie mir aber einreden will, sie habe nur oben in ihrer Wohnung nach der Uhr sehen wollen, weil die Uhren von den Maurern unten alle falsch gingen, trenne ich mich von ihr und mache mir eine Feindin im Dorf. Gute Frau Tschermak, schließlich hat sie mir doch vergeben: heute, nach neun Jahren, fängt sie schon wieder an, mich zu grüßen!

Unten auf dem Bau wird fleißig gearbeitet. Es wimmelt von Maurern, Zimmerleuten und Handlangern. In diesem Jahr wird noch nichts Neues gebaut, nur wohnlich wird das Wohnhaus gemacht.

Als ich mir die Geschichte näher ansah, hatte ich ein langgestrecktes altes Fachwerkhaus von Herrn Pendel gekauft, das äußerlich gar nicht übel aussah. Früher – es soll 1848 nach einem großen Brand erbaut worden sein – war es ein Zweifamilienhaus, zwei Landarbeiterfamilien wohnten darin. In den letzten Jahrzehnten hatte aber immer nur eine Familie darin gewohnt: ein Viehhändler, ein Seradella-Händler, schließlich Herr Pendel, von dem noch zu reden sein wird. Alle diese Leute hatten wenig Forderungen an Behaglichkeit gestellt. Daß keine Wasserleitung im Hause war, ist verständlich, natürlich gab es überhaupt keine Wasserleitung im ganzen Dorf, nur Brunnen. Daß aber dieser Brunnen bei uns direkt neben einem grün schillernden Jauchetümpel lag, war weniger schön. Auch die bewußten Herzhäuschen direkt bei der Küche gefielen mir nicht so recht, ich mußte immer an die muntere Zirkulation der Fliegen denken. Keine Diele war heil, nur zwei Stuben heizbar, die Räume entweder preußischblau oder schweinfurtergrün gekalkt, soweit der Kalk noch an den Wänden saß. Zum Boden führte eine wacklige Stiege empor. Dort oben gab es Heureste, einen zertretenen Lehmboden und einen Verschlag für das etwaige Mädchen.

Heil war nichts, aber auch gar nichts, in Haus und Hof. Selbst das Vieh – von der Erikuh erzähle ich an anderer Stelle – war voll Überraschungen und Tücken. Noch ein Jahr später lachten Suse und ich, wenn wir irgend etwas aus dem Besitz des Herrn Pendel in die Hand bekamen: es war so sicher kaputt, wie das Amen in der Kirche fällig ist. Da war kein Schaufelstiel, der nicht angebrochen, kein Baumpfahl, der nicht abgefault war. Von den Hämmern flogen die Köpfe durch die Luft, die Wagen wieder waren mit Stricken geflickt und brachen boshaft zusammen, sobald man eilig zur Bahn mußte, und Klositze rutschten überraschend unter einem fort.

Die vornehmste Leidenschaft des Herrn Pendel aber hatte den Nägeln gegolten. Er muß eine wahre Leidenschaft für Nägel gehabt haben. Wo ein andrer Mensch einen Nagel eingeschlagen hätte, schlug er deren zehn ein – worauf die Sache bestimmt nicht hielt. Man mußte sich verdammt vorsehen: überall spießten Nagelspitzen. War man unachtsam, hatte man sie gleich in irgendeinem Körperteil.

Er nagelte alles, was es nur auf der Welt gab: Tische, Stühle, Zäune, Schaufelstiele, Sensen, Fässer, Klodeckel, aber vor allem Obstbäume. Ich ahne es heute noch nicht, warum dieser Mann Dutzende von Nägeln in jeden Obstbaum gehauen hat. Vielleicht reagierte er seinen Zorn auf diese Welt, in der er nicht zurechtkam, damit ab. Manchmal stelle ich ihn mir vor, wie er nach seinem (gänzlich mißglückten) Tagwerk des Abends in den Garten geht, ein gutes Nagelsortiment in der Tasche, einen loseköpfigen Hammer in der Hand. Und nun fängt er an zu nageln, Kirschen, Pflaumen, Äpfel, Birnen – es kam ihm nicht darauf an. Diesen Nagel für die Sense, die in einen Stein ging. Und diesen für die Erikuh, die mich schlug. Und diesen für die Hella, die wieder mal gebockt hat. Und diesen und diesen und diesen für die Patzigkeit meiner Frau!

Noch nach vielen Monaten fanden wir immer neue Nägel in den Obstbäumen. Ja, als wir längst damit durch zu sein glaubten, als der böse Winter 39/40 viele unserer Obstbäume erfrieren ließ, die wir dann zerschnitten, geriet unsere Säge noch tief im Innern der Bäume auf längst verwachsene Nägel. Dann dachte ich wieder an Herrn Pendel …

Mit Bewußtsein habe ich Herrn Pendel ein erstes und einziges Mal bei der Übergabe seines Besitzes an mich gesehen. Da machte er keinen schlechten Eindruck, ein großer Mann Mitte der Dreißiger, mit einem schwarzen Bärtchen. Ich kam nicht auf den Gedanken, daß dies der Urtypus eines nicht glückhaften Menschen sei. Er hatte ein sonores Organ, er kam mir recht sicher vor. Aber er war es nicht, noch weniger als ich, der bei dieser Übergabe immer von dem Gedanken geplagt war, Herr Pendel könne vielleicht doch gemerkt haben, daß ich ihn und meinen Besitz zum erstenmal sah.

Ein wenig sehr geldgierig kam er mir vor. Ich hatte Haus und Hof mit allem lebenden und toten Inventar gekauft, und ich hatte sofort, ohne alles Handeln, den Preis bewilligt, den er gefordert hatte. Nun aber, bei der Übergabe, kam Herr Pendel mit einer langen Liste von Dingen hervor, die ich noch extra kaufen sollte, die nicht zum Hofinventar gehörten, die sein persönlicher Besitz seien:

Zum Beispiel: der Hofhund, der ein rauhhaariger Airedale war und darum den schönen Namen »Rautendelein« führte.

Zum Beispiel: die Kette zu dem Hofhund.

Zum Beispiel: die Hütte zu dem Hofhund.

Zum Beispiel: der Futternapf für den Hofhund.

Zum Beispiel: die Hundesteuer.

Zum Beispiel: eine Obstbaumspritze, die nachher nicht ging.

Zum Beispiel: ein Ruderboot – später erwies es sich als verfault.

Zum Beispiel ... Zum Beispiel ... Zum Beispiel ...

Mit einer gradezu schafsmäßigen Geduld kaufte ich alles; ich wollte mit Herrn Pendel fertig werden, ich wollte endlich Selbstherrscher aller Reußen sein.

Zum Schluß kam Herr Pendel noch mit einem kleinen, flachen blauen Karton an. Er tat sehr geheimnisvoll mit diesem Karton. »Da habe ich noch etwas ganz besonders Schönes für Sie – grade weil Sie Schriftsteller sind!«

Der Inhalt des blauen Kartons erwies sich als eine Kupferplatte zum Druck von Ansichtspostkarten, darstellend das »Haus Pendel am Mahlendorfer See«.

»Von einer ersten Künstlerin gestochen«, flüsterte Herr Pendel aus seinem schwarzen Bart. »Ganz was Künstlerisches – grade für Sie!«

Und er drückte mir den Karton in die Hand.

»Danke schön, Herr Pendel«, sprach ich. »Es freut mich, daß Sie mir das verehren wollen!«

»*Alles* will ich Ihnen nun aber auch nicht verehren«, sprach Herr Pendel gekränkt, aber sonor. »Die Platte kostet dreißig Mark!«

Dies mir, dem er eben sein verfaultes Boot angedreht hatte! Und ich bezahlte die dreißig Mark! Später, als ich einmal wirklich Ansichtskarten nach der Platte drucken lassen wollte, zeigte sich natürlich, daß sie einen Riß hatte! Bei Herrn Pendel war eben nichts heil.

Er war einer jener unseligen Stadtmenschen, die eine tiefe Liebe zum Lande haben und doch nicht das geringste Geschick für das Landleben. Er war schon zu sehr verstädtert. Als er sich den kleinen, hoch mit Hypotheken belasteten Besitz gekauft hatte, war er wohl des Glaubens gewesen, er könne mit Weib und Kind von sechs und einem halben Morgen Land leben. Bald sah er ein, daß dies für einen Landwirt nicht möglich war, vielleicht aber für einen Gärtner. So legte er ein Frühbeet an und zog Gemüsepflanzen zum Verkauf. Aber in dieser ländlichen Gemeinde gab es keine Käufer für Gemüsepflanzen, oder aber die Gemüsepflanzen mißrieten auch; bald verfaulte das Frühbeet.

So hat Herr Pendel noch manches angefangen, er nahm Sommergäste und Ferienkinder, er verlegte sich aufs Angeln, schließlich holte er sich die sogenannte kleine Konzession und machte einen Kaffeegarten auf. »Haus Pendel« lag so schön am Mahlendorfer See, die Sommergäste aus Bergfeld mußten doch kommen. In den Obstgarten wurden geliehene Gartentische und Stühle gesetzt, Kaffeegeschirr wurde angeschafft, Selterswasser und Brause beim nächsten Bierverleger entnommen, Ansichtspostkarten gedruckt – alles war bereit, nur die Gäste blieben aus.

Es ist rührend und kläglich anzusehen, wie sich solch unglückhafter Mensch tausendfach abmüht und erreicht doch weniger als der erste beste Dummkopf. Die Leute im Dorf haben's mir später erzählt, wie es bei Pendels zuging, wenn sich doch einmal eine kaffeedurstige Familie in den Pendelschen Garten verirrte. Kaffeebohnen waren nie im Haus, dafür war die Kasse zu klein, also eilte Frau Pendel fliegenden Fußes ins Dorf und borgte von einer Nachbarin ein Achtelchen oder ein Sechzehntel Bohnen. Unterdes entfachte Herr Pendel ein Feuer im Herd, ließ das Wasser sieden und stürzte mit einem Sahnekännchen in den Stall, eifrig bemüht, der widerspenstigen Erikuh ein wenig Milch abzulisten. Kuchen war nie da. Zum Schluß hatten die Kaffeegäste für achtzig Pfennige verzehrt und die Wirtsleute zwei Arbeitsstunden versäumt. *Die* Rechnung konnte nie aufgehen!

Am wenigsten Talent aber hatten Pendels, mit ihrem Vieh umzugehen. Die Schweine wurden bei ihnen nie fett, dafür mästeten sich aber die Ratten, die in ganzen Scharen auf dem verfallenen Hof hausten, fraßen auch einmal, war das Futter knapp, einer Sau die Zitzen an, so daß sie notgeschlachtet werden mußte. Pendels besaßen ein Pferd, genauer gesagt ein Doppelpony, eine Zwischengröße also zwischen Pferd und Pony. Es war ein munteres und vor allem freches Tier, ich habe es noch jahrelang gefahren. Bei Pendels hieß der Gaul Hella, ich nehme an, nach Pendelschem Sprachgebrauch, weil er so hell in der Farbe war. Hella war ein Apfelschimmel, und ein schlaueres Tier habe ich nie kennengelernt.

Begleiten wir einmal das Ehepaar Pendel auf einer Ausfahrt in die Stadt Bergfeld. Hundertmal ist mir davon im Dorf erzählt, und an Hand eigener Erfahrungen kann ich die Einzelheiten nachprüfen und bestätigen. Der Wagen, in den Hella gespannt wurde, war ein verdammt hochrädriger Karren, man saß auf ihm wie auf der Zinne eines Turms und sah tief auf Hellas Hinterteil hinab, das sich ganz dicht bei den Füßen des Fahrers befand.

Herr Pendel führte Hella aus dem Stall und spannte sie in die Gabel, was sie sich mit heiterem Ohrenspiel gefallen ließ: eine Ausfahrt mit dem Kutschwagen versprach ihr immer viel Erheiterung. Erkletterten nun die Kutschierenden die Zinne, so drehte sich Hella um und betrachtete genau die Last. Waren es viele, mehr als zwei, so streikte sie von vornherein. Waren es aber nur Frauen, so war sie von Anfang an schamlos frech; wie manche ihrer menschlichen Schwestern verachtete Hella ihr eigenes Geschlecht bodenlos.

Aber wir nehmen an, daß Pendels den Turm bestiegen haben, Herr und Frau Pendel, und Herr Pendel hat die Zügel ergriffen. Er knallt mit der Peitsche, schnalzt mit der Zunge und ruft: »Hüh, Hella!«

Hella besinnt sich auch nicht einen Augenblick, wie aus der Pistole geschossen saust sie vom Hof und trabt eifrig durch das Unterdorf. Herr und Frau Pendel sehen sich an:

Heute wird alles gut gehen. Hellapferdchen ist bester Stimmung!

Zwischen Unterdorf und Oberdorf liegt ein sowohl hoher wie steiler Berg, was man in Mecklenburg eben Berg nennt, sagen wir sechzig Meter Höhe, aber steil. Hella saust über die Brücke, zwischen zwei Höfen durch, trabt den Anfang des Berges hoch – und bleibt stehen!

Herr Pendel wirft seiner Frau einen leicht besorgten Blick zu: Hella wird doch nicht –?

Wieder knallt er mit der Peitsche, wagt sogar einen leichten Streich, aber nun ist es schon geschehen: Hellapferdchen geht rückwärts. Mit arglistigem Bedacht läßt sie den Wagen bergab rückwärts rollen, und zwar so, daß er gegen eine Mauer der eben passierten Höfe anprallen, besser aber noch gegen das Brückengeländer und ins Wasser stürzen soll.

Aber auch Pendels sind nicht das erstemal in dieser Lage. Wie der Blitz sind beide von ihrem Turm herunter. Während Herr Pendel Hella vorn am Kopf nimmt und sie am Zurückgehen zu hindern versucht, bückt sich Frau Pendel eifrig und schmeißt Hella mit Sand. Aus unerforschlichen Gründen ist Sandschmeißen Hellachen besonders unangenehm, viel unangenehmer als Peitschenhiebe.

Hella sieht ein, sie muß nachgeben. Sie hat es nicht schnell genug geschafft, den Wagen an der Hofwand zerschellen zu lassen. Langsam geht sie wieder vorwärts, und so erklimmen sie zu dreien den Berg: Hella in der Gabel, an ihrem Gebiß Herr Pendel, Sand schmeißend hinterdrein Frau Pendel. Schließlich hat Hella ihr Ziel doch erreicht: den Berg hinauf zieht sie grundsätzlich nur den leeren Wagen, keiner darf darauf sitzen.

Sind sie dann im Oberdorf, geht die Fahrt weiter. Pendels thronen wieder oben. Auf ebenem Gelände legt Hella keinen Wert darauf, Wagen rückwärts zu schieben, das ist ihr zu anstrengend. Sie wandert jetzt mürrisch und verdrossen einher, alles ermunternde Rufen und Zügelziehen des Herrn Pendel kann ihr auch nicht den leisesten Trab entlocken.

Wir kommen aus dem Oberdorf an der geteerten Mühle vorbei ins freie Feld. Nehmen wir nun an, in der Nacht ist erfrischender, ausgiebiger Regen gefallen, so ein sanfter Regen von zehn Millimetern, der unsern Feldern so guttut. Die leichten Böden haben den Regen bereits restlos geschluckt, aber die Straße ist in keinem guten Zustand: auf ihr stehen lange und tiefe Pfützen. Herr und Frau Pendel tauschen besorgte Blicke: Hella wird doch nicht –? Herr Pendel sitzt auf der Wacht, die Zügel stramm in der Hand.

Trotzdem gelingt es der Hella natürlich: mitten in der längsten und tiefsten Pfütze angelangt, sinkt sie plötzlich sanft in sich zusammen und legt sich bäuchlings hinein. Da liegt sie, sie grunzt vor Behagen, sie wälzt sich auch ein bißchen, soweit es Gabel und Geschirr gestatten – und oben sitzen Pendels und warten. Sie sind geduldig, sie warten; aus langer Erfahrung wissen sie, daß Hella doch nicht eher aufsteht, bis ihr Bauch tiefgekühlt ist.

Dann steht Hella auf. Das Bad hat sie ermuntert, sie starrt vor Dreck, das Geschirr trieft, aber das macht ihr gar nichts aus: Jetzt trabt sie. Sie ist allerbester Stimmung, und um ihrer Herrschaft doch auch etwas von dieser guten Stimmung abzugeben, fängt Hella an auszukeilen. Ich habe es ja schon gesagt: Pendels sitzen schräg hinten über Hellas Hinterteil, und so wunderbar weiß dieser Apfelschimmel auszukeilen, daß er mit jedem Schlag die Beine der Kutschierten in Gefahr bringt. Ursprünglich war ein Brett als Schutz vorne am Wagen angebracht, aber dieses Brett hat Hella längst zertrümmert. So bleibt Pendels nichts, als die Beine bis zu den Nasen hochzuziehen oder unter den Po zu stecken, so wie Türken und Schneider sitzen.

Allmählich kommen sie nach Bergfeld. Vielleicht nimmt Hellachen noch ein Pfützenbad, geht im zu passierenden

Dorf Althof noch einmal rückwärts, so daß wiederum mit Sand geschmissen werden muß – wer weiß das? Sicher ist nur, daß Hella viel Freude an solchen Ausfahrten hat. Übrigens wird mir von durchaus glaubwürdigen Leuten versichert, daß solche sieben Kilometer lange Fahrt nach Bergfeld mit Hella nie unter zwei Stunden abzumachen war, zu Fuß war's eigentlich schneller, ungefährdeter und bequemer.

So wie Haus und Hof, so wie lebendes und totes Inventar, so sahen natürlich auch Garten und Acker bei Pendels aus. Daß auf seinem Boden die vollständigste Kollektion deutschen Unkrauts voll Macht und Herrlichkeit wuchs, versteht sich von selbst. Daß es überall von Steinen wimmelte, selbst handlichen, leicht zu entfernenden Steinen direkt am Ufer des Sees, in den man sie einfach hineinwerfen konnte, ist ebenso klar.

Dazu bevorzugte Herr Pendel noch etwas, was ich den Wunderknäuelanbau nennen möchte. Vielleicht erinnert man sich: Als unsere Mütter noch jung waren und das Strümpfestricken lernten, bekamen sie solche Wunderknäuel zur Fleißaufmunterung geschenkt. Zwischen der Wolle verborgen gab es Belohnungen: goldene Fingerringe aus Messing mit bunten Glasdiamanten, Zuckerherzchen – und meine Mutter vergaß nie, daß sie im Zentrum eines solchen Knäuels einmal ein winziges Vogelbauer aus gelbem Draht mit einem Kanarienvogel darin sich erstrickt hatte. All so etwas barg ein schlichtes Wollknäuel.

Ähnlich Herr Pendel. Wenn Sie ein Kartoffelfeld von ihm sahen, mußten Sie nicht glauben, es war einfach ein schlichtes Kartoffelfeld. Sahen Sie genauer unter dem Unkraut und den kläglichen Erdäpfeln zu, so entdeckten Sie dazwischen Gurken oder Kürbisse. In einem Roggenstück fand ich einen Fleck groß wie eine Stube, den er mit gelb blühenden Studentenblumen angesät hatte.

Im eigentlichen Gemüsegarten gab es wieder andere Überraschungen. Das klägliche Geschrei meines Sohnes Uli, der damals drei Jahre alt war, lockte mich in eine Spinatrabatte. Vom Sohn war überirdisch nur das rotgebrüllte Haupt zu sehen. Ich griff zu und gab ihn dem Licht und der Luft wieder. Als ich den Fall untersuchte, entdeckte ich, daß Herr Pendel mitten zwischen seinen Spinat zwei leere Zementtonnen eingelassen hatte – warum, ich ahnte es nicht. Ein völlig verquerer Kopf!

Seine Erbschaft hatte nun ich angetreten, für viel Geld, ich, der Dösbartel aus Berlin. Meine Frau, meine Freunde haben später meinen Mut bewundert, »so etwas« zu kaufen. Es hatte keinen Mutes bedurft, bewußtlos, in völliger Ahnungslosigkeit hatte ich einen der schönsten, stillsten Erdenflecke eingehandelt. Ein Haus, es mag noch so verfallen sein, kann man zurechtbauen. Ratten sind zu vertreiben, und auch des Unkrauts wird man eines Tages Herr. Was man nicht ändern kann, ist die Lage. Haust man in einer Sandwüste, hat man böse Nachbarn – gute Nacht, schöne Welt!

Ich sitze im Garten. Drüben im Haus höre ich die Maurer arbeiten. Sie machen aus der Räucherkammer ein Badezimmer, aus einem vergitterten Vorratsloch eine Kinderstube, sie reißen die Dielen auf, setzen Öfen, flicken Schornsteine. Alle Tage berichte ich Suse vom Fortschritt der Arbeit ...

Was ich ihr nicht schildern kann, was ich dir nicht schildern kann, lieber Leser, das ist die Lage dieses Landhauses, ein wenig abseits vom Dorf, zwischen Obstbäumen, von hohen Tannen beschirmt, am Ufer eines großen Sees. Mit fünfzehn Schritten sind wir vom Hause am Wasser. Der See ist sehr tief, sein Wasser kristallklar, noch in der stärksten Sommerhitze bleibt es kühl. Ist im August der Tag sehr heiß, ist es beinahe Essenszeit, so stürzen, gesotten vom Küchenherd, Hausfrau und Haustöchter erst noch einmal in den See. Ein wenig feucht, aber kühl und lächelnd setzen sie sich an den Tisch.

Und dieser See an meiner Tür ist nur einer von fünf Seen, an denen Mahlendorf liegt. Von allen Fenstern aus sehen wir Wasser, lebendiges Wasser, das Schönste auf Erden. Es blitzt auf zwischen den Wipfeln uralter Linden; es verliert sich in der Ferne, begleitet von schmächtigen Ellern; dickköpfige Weiden suchen es zu verstecken, hinter gelben und grünen Schilffeldern breitet es sich weit. In diesen Schilffeldern nistet noch die Rohrdommel, ein immer seltener werdender Vogel. Ich habe ihn nie zu sehen bekommen, aber im Frühsommer höre ich den Ruf der Dommel, einen seltsamen, höchst unmelodischen Ruf, der genau so klingt, als pumpe man mit einer ächzenden, quietschenden Pumpe.

Jenseits unseres Sees sehen wir andere Höfe, auf Hügeln gelagert, dort ist schon Preußen, die Uckermark, Nudelland, wie man hier spöttisch sagt. Denn der Uckermärker nennt Kartoffeln nicht »Tüften« wie jeder anständige Mecklenburger, sondern »Nudeln«. Die Seen sind die Grenze.

Weitab liegt dies Dorf von der Welt, trotzdem Berlin in zwei Autostunden zu erreichen ist. Nicht einen Tag, nicht eine Stunde haben wir es bedauert, uns hier angekauft zu haben. Es ist mit den Jahren, die jedes irgendwelche Bauerei brachten, ein recht teures Haus geworden – ich glaube, für das Geld, das ich in das alte Haus gesteckt habe, hätte ich zwei neue bauen können. Es hat unendlich vieler Arbeit bedurft, um aus der Unkraut- und Steinwüste einen wirklichen Garten, einen ergiebigen Acker zu machen. Aber Haus wie Land haben jede Mühe gelohnt. Jedes Jahr wurde es noch ein bißchen schöner.

Für unsere Kinder ist das schönste auf der Welt Mahlendorf. Fahren wir einmal nach Berlin, so betteln sie: »Ach, nehmt uns doch mit!« Aber kaum sind wir drei Tage in Berlin, so langweilen sie Autos, Zoo und Cafés, sie fragen: »Fahren wir nicht bald wieder nach Haus? Es ist so langweilig in Berlin!«

In Mahlendorf gibt es keine Langeweile. Kein Sommerferientag ist zu lang: Die Kinder finden ihre Beschäftigung. Sie spielen zwischen Torfmull, Kompost und Holz, jagen sich im Obstgarten, verstecken sich auf dem Heuboden, spüren Eier verlegenden Hühnern nach, rudern auf dem See, schwimmen im See, spielen mit dem Hund, rennen ins Dorf – Berlin? Ach was, Berlin! Mahlendorf!!!

Ich habe eben wieder einmal Glück gehabt, grade als ich auf der Kippe stand. Ich habe schlecht gekauft? Ich hätte nicht besser kaufen können!

Das brave und das verflixte Rindvieh

Während ich ansetze, diese Zeilen zu schreiben, hallt meine Stube wider vom bald zornigen, bald klagenden Gebrüll unserer Olsch. Und ich weiß, dieser peinigende Lärm wird mich begleiten über diese Seite und über noch manche folgende, heute, morgen bestimmt auch noch, vielleicht sogar noch übermorgen, wenn wir beide es solange aushalten: ein fast pausenloses Gebrüll, tags wie nachts.

Ich bin eisern entschlossen, dieses Gebrüll zu ertragen, das mir Schlaf wie Arbeit verstört. Ich werde nicht nachgeben! Also muß die Olsch nachgeben. Aber wird sie es wirklich tun? Es klingt nicht danach, so brüllt sie bereits den vierten Tag! Ihr Brüllen klingt schon heiser, seit gestern bekommt sie auch kein Wasser mehr – ich will doch sehen, wer von uns beiden nachgibt: das unvernünftige Vieh oder die Krone der Schöpfung! Das wäre doch gelacht – oder wäre es etwa gebrüllt?!

Wir lebten in Frieden miteinander, mein Kühlein und ich. Wir waren mit ihr zufrieden, sie gab alle Tage an die zwanzig Liter Milch, sie war still und sanft, ohne alle Untugenden. Und auch sie schien zufrieden mit uns, gerne fraß sie ihre Portion Futterrüben und Wruken, darauf einen Arm Heu, darauf Stroh, so viel, daß sie satt wurde. Dann legte sie sich hin, kaute wieder und produzierte Milch. Gott, sie war keinesfalls das Ideal einer Kuh; die Zeiten sind längst vorüber, da wir die beste Kuh landauf und landab im Stalle hatten. Man hat glückliche Zeiten mit seinem Vieh und weniger glückliche, aber so unselige Zeiten, daß wir mit unserer Kuh in Zwietracht lebten, haben wir jetzt zum erstenmal.

Gewiß, sie war immer ein bißchen altmodisch, unsere jetzige Olsch. Was wollen Sie? Sie stammt aus kleinen Verhältnissen, sie ist immer eine Einzelkuh von kleinen Leuten gewesen. Sie kam aus keinem Rittergutsstall, wo man fortschrittlicher denkt. Zum Beispiel war sie immer sehr gegen das Lüften – schien draußen die Sonne und stellten wir das Stallfenster nur ein wenig auf, so nahm sie uns das gewaltig übel, gleich gab sie zwei, drei Liter Milch weniger! Gut, hierin gaben wir nach, wir waren nicht rechthaberisch. Wenn sie ihren Mief für Ozon hielt – bitte schön, von uns aus!

Aber in der Frage des Sauerfutters sind wir eisern, hier sind wir modern, weil wir modern sein müssen. Wir haben Madam nichts anderes mehr zu bieten als Sauerfutter, sieh es doch ein, Olsch, friß!

(Nein, sie sieht es nicht ein, sie brüllt immer weiter, jede Zeile lang mindestens zweimal!)

Ich habe es schon gesagt: bei Rüben, Heu und Stroh hat sich unsere Olsch sehr gut befunden. Aber ich kann auf meinem bißchen Acker nicht Rüben genug für die Kuh anbauen. Für solche Fälle ist das Sauerfutter erfunden. Man baut schön zementierte Gruben in die Erde hinein, in sie wird im Sommer Grünfutter eingestampft – in meinem Fall Süßlupinen –, ein kleiner Säurezusatz, Luftabschluß durch eine Lehmdecke – und nun säuert das Grünzeug angenehm bis in die Zeiten der Futterarmut hinein, eine Art olivgrünes Sauerkraut. »Es wird begierig vom Rindvieh genommen, doch hüte man sich vor Verfütterung zu großer Mengen«, heißt es in meinem Lehrbuch.

Pustekuchen! Die Olsch lehnt dieses moderne Sauerfutter entschieden ab! Wir haben es auf alle Weise versucht, es ihr mit Kleie schmackhaft machen wollen: sie leckt die Kleie ab und läßt das Sauerfutter liegen! Wir haben ihr nach und nach alles andere Futter entzogen, das Heu, das Stroh, schließlich das Wasser – denn das Sauerfutter ist naß, und vielleicht bringt der Durst die Olsch dazu, es zu fressen.

Nichts! Sie fischt eher nach jedem verlorenen Strohhalm ihrer Streu, den sie noch vor fünf Tagen nicht angesehen hätte. Manchmal, wenn der Hunger gar zu groß wird, nimmt sie ein paar Stengel Sauerfutter ins Maul. Sie priemt zögernd darauf herum, dann reißt sie das Maul auf, die Stengel fallen zur Erde, und sie brüllt, sie brüllt herzzerreißend.

Ihre Seiten sind schon eingefallen, der Milchertrag ist von zwanzig auf vier Liter heruntergegangen, und noch immer kein Nachgeben! Vielleicht wird sie morgen überhaupt keine Milch mehr haben, und was mache ich mit einer Kuh ohne Milch? Anderes Futter? Aber wir leben im Kriege, wir stehen am Ausgang eines harten Winters – niemand hat Futter abzugeben! Und da, in den beiden Säuregruben, ist Futter für fast ein Vierteljahr, es reicht, bis Grün genug auf Wiesen und Koppeln ist! So war es ausgerechnet, und nun will die Olsch anders rechnen!

Sieh es doch ein, Olsch, ich kann dir nicht helfen, du mußt das Sauerfutter fressen! Oh, dieses herzzerreißende Brüllen! In einem größeren Stall ist so was kein Problem: unter fünfzig Kühen, ja, schon unter zehn findet sich immer eine, der das Sauerfutter von Natur schmeckt. Darin sind die Kühe wie die Menschen: sie machen nach, was ihnen eine vormacht. Aber meine Olsch hat keine, die's ihr vormacht, sie muß es sich selber vormachen, und grade das will sie nicht!

Natürlich sind auch die Kinder aufgeregt, das Brüllen ist in ihrer Stube nicht zu überhören. Alle Augenblicke kommt eines: »Papa, hat die Kuh jetzt gefressen?«

Ich bin sehr ungnädig: »Ach, laß mich zufrieden! Das hörst du doch wohl, daß sie nicht gefressen hat!«

Und mein armer alter Futtersmann! Er ist schwer zuckerkrank, solchen Aufregungen ist er nicht mehr gewachsen. Ich finde ihn in einem Winkel zwischen Holzfeimen und Torfmull. Er hat die Hände gegen die Ohren gepreßt und starrt pieplings vor sich hin. Von meinem Kommen hat er nichts gemerkt. »Se fret nich, se fret nich!« jammert er mit seiner hohen alten Fistelstimme vor sich hin. »Lewe Herrgott, giv, dat se hüt fret! Mach doch zu, lewe Herrgott!«

Heute nacht bin ich von dem Gedanken (und von dem Gebrüll) wachgeworden, ich könnte mit dem Saatgut angeschmiert sein. Es waren vielleicht gar keine Süßlupinen, es waren vielleicht bittere Lupinen. Dann hätte die Olsch recht: bittere Lupinen darf man auch einer modernen Kuh nicht zumuten.

Der Gedanke ließ mir keine Ruhe. Im Bademantel, mit nackten Beinen, schlich ich zum Stall hinüber. Der Mond stand klar am Himmel, es ist der 31. März. Wir haben wieder fünf Grad Frost, noch immer läßt der Frühling auf sich warten. Noch kein Samenkorn in der Erde, noch keine Furche gepflügt! Sorgen. Sorgen. Durch eine dünne Wand von mir getrennt, brüllt die Kuh. Es klingt erschütternd in der Nachtstille. Ja, ich weiß, du hast Hunger, Olsch, ich würde dir gerne helfen. Jetzt fresse ich erst mal dein Sauerfutter, ich mache es dir vor, Olsch, ich, die Krone der Schöpfung!

Es schmeckt gar nicht unangenehm, schwach säuerlich, ein bißchen salzig. Nicht die Spur von Bitterkeit, mit dem Saatgut bin ich nicht angeschmiert. Du hast unrecht, Olsch! Du mußt nachgeben, dazu bist du verpflichtet, nach allen Fütterungsregeln und nach der ganzen modernen landwirtschaftlichen Wissenschaft!

Ich liege wieder im Bett. Das ungewohnte Sauerfutter grummelt und brummelt in meinem Magen. Mit dem Schlaf wird es wohl nicht mehr viel. Ich überlege, wie lange wir es wohl noch so aushalten, die Olsch und ich. Beinahe möchte ich ein Stoßgebet zum Himmel senden, wie mein alter Futtersmann. Ist man ganz hilflos, erinnert man sich wieder, wie schön es doch damals war, als man noch ungläubig-gläubig beten konnte: »Lieber Gott, ich weiß, ich habe dreizehn Fehler im Extemporale. Mach doch bitte, daß es nur fünf sind, ja? Sonst kriege ich eine Vier!« –

Seit ich als sehr junger Mann Elevendienst auf einem thüringischen Rittergut tat, habe ich eine aufrichtige Vorliebe für Kühe. Da der Zug, der unsere Milch zur Stadt brachte, morgens um sechs Uhr fuhr, fing das Melken schon um drei Uhr an. Ich hatte die Aufsicht über das Melken, und so mußte auch ich jeden Morgen, alltags wie sonntags, um drei Uhr morgens im Stall sein.

Völlig verschlafen kam ich aus dem warmen Bett in den warmen Stalldunst. Am liebsten hätte ich mich zwischen zwei Kühen ins Stroh gehauen und hätte weitergeschlafen. Aber das ging nicht. Ich war Aufsichtsperson, ich hatte die Stallschweizer zu ordentlichem Melken anzuhalten.

Sie waren nicht weniger verschlafen als ich, und oft waren sie geneigt, ihre üble Laune an den Kühen auszulassen. Dann hallte der ganze Stall von unserm Geschimpfe wider, dazu brüllten die Kühe aus voller Kraft. Sie sehnten sich nach ihrem Futter, das erst gegeben wurde, wenn ausgemolken war.

Ich hatte Stichproben zu machen: ich hockte mich unter eine Kuh und strippte das Euter nach, ob die Schweizer auch den letzten Rest Milch ausgemolken hatten. Oder ich jagte nach den Katzen. Zur Melkzeit war der Kuhstall das Stelldichein sämtlicher Gutskatzen. Aus allen Ecken und Winkeln kamen sie geschlichen, begierig auf die kuhwarme Milch. Unser Inspektor, der auf den schönen Namen »Kurzhals« hörte, hatte mich dafür verantwortlich gemacht, daß die Katzen nicht an die Milch gingen. Das sei eine Schweinerei. Er hatte mir auch einen künstlichen Griff gezeigt, wie man solch eine Katze, dieses zähe Tier, dem sieben Leben nachgesagt werden, im Bruchteil einer Minute erledigte, in aller Stille.

Auf die Stille kam viel an, denn jede umgebrachte Katze führte zu endlosen Streitereien, Krach, Feindschaft. Ich habe diesen künstlichen Griff nur einmal versucht, mit völligem Mißerfolg. Die Katze jammerte gellend, und gellend entrann sie mir. Von da an war ich für alle Leute *der* Katzenmörder, jede verschwundene Katze wurde mir in die Schuhe geschoben, und auf diesen Katzen ging es sich nicht wie auf Rosen. Oh, ich war bald der unbeliebteste Jüngling des Dorfes. Von Jugend ab ist mir die schöne Gabe abgegangen, fünf grade sein zu lassen, und ich erntete oft die Früchte davon. Ich litt schrecklich unter meiner Unbeliebtheit und konnte es doch nicht lassen, unermüdlich die sechs Gänge des großen Stalles mit seinen hundertzwanzig Kühen auf der Jagd nach naschenden Katzen abzustreifen.

Aber in meiner Unbeliebtheit und Verlassenheit waren mir schließlich die Kühe ein tiefer Trost. Sie waren so geduldig und sanft, *sie* hatten nicht das geringste gegen mich einzuwenden. Ich lernte sie lieben. Wenn ich mich unter eine von ihnen hockte, den Kopf in ihre Weiche stemmte, die Hände um die Striche des Euters legte – wenn dann der laue, weiche Milchdunst zu mir aufstieg, die Kuh den Kopf wandte und mit ihren großen blauen Augen nach dem ungewohnten Melker sah, der keine rotweiß gestreifte Jacke trug, und wenn sie dabei ein wenig fragend muhte – dann fühlte ich mich geborgen.

Auch in all den vielen Jahren – es sind nun schon dreißig –, die auf meinen ersten Stalldienst folgten, ist mein Verhältnis zu den Kühen ungetrübt geblieben: alle waren sie fromm und sanft. Ich mußte es erst zu einer eigenen Kuh bringen, um zu erfahren, daß es auch bösartige Kühe gibt, wahre Teufelinnen in einer Rindshaut. Eine solche Teufelin überließ mir Herr Pendel. Sinnig hatte er sie Erikuh genannt; es war eine große Schwarzbunte, die schon vier- oder fünfmal gekalbt hatte, den Lauf der Welt und also auch das Melken schon hätte kennen müssen.

Aber weit von dem! Sobald sich nur ein Mensch ihrem Euter nahte, legte sie die Ohren zurück, fing an zu schnauben, und faßte man das Euter nur an, so schlug sie aus – aber wie! Sie tippte nicht etwa ziellos mit dem Hinterhuf ins Gelände, wie es etwa Kühe tun, die eine Euterentzündung haben und denen darum das Melken Schmerz bereitet – nein, die Erikuh zielte haargenau, und dann schlug sie zu! Der Eimer rollte auf den Boden, das bißchen gemolkene Milch versickerte, und glücklich der Mann oder die Frau, die noch Hand und Arme ohne Schaden in Sicherheit gebracht hatten: der Schlag einer Kuh kann einem den Knochen zerschmettern!

Wir ließen das Euter der Kuh untersuchen: keine Entzündung, kein Schmerz, keine Verdickung. Erikuh war einfach böse, wahrscheinlich hatte sie der tüchtige Herr Pendel durch ungeschicktes Melken oder Schläge verdorben. Melken war der Erikuh ein erwünschter Kampf, dies Aas freute sich direkt daran, wie es uns heiß machte.

Leider war Herr Pendel, als ich diese Vorzüge der Erikuh entdeckte, bereits in ferne Bezirke unseres deutschen Vaterlandes verzogen. Wie aber hatte er die Erikuh gemolken? Wir hielten Nachfrage und erfuhren, daß Herr Pendel die Erikuh auf Raten gemolken hatte. Immer wenn Bedarf nach Milch im Hause war, hatte Herr Pendel ein Töpfchen ergriffen und war damit in den Stall gelaufen. Stehend, in einem achtungsvollen Abstand, soweit ihm seine Arme nur erlaubten, hatte Herr Pendel mit einer Hand am Euter gestrippt, mit der andern das Töpfchen darunter gehalten, stets bereit zur Flucht. So hat er eigentlich den ganzen Tag über gemolken, nun ein achtel Liter und jetzt ein viertel Liter, und der streitsüchtigen Erikuh hatte er damit bestimmt ebensoviel Vergnügen gemacht wie dem Hellapferdchen mit seinen Bergfelder Ausfahrten.

Aber für einen gelernten Landwirt wie den Schreiber dieser Zeilen waren das natürlich untragbare Zustände. Meine Kuh wurde dreimal am Tage gemolken, wie sich das gehörte. Wir wollten uns doch nicht lächerlich machen! Wir waren neu zugezogen am Ort, und das ganze Dorf amüsierte sich über den Stadtmenschen, der mit seiner Kuh nicht fertig wurde! Ich ließ bekanntmachen, daß, wer meine Kuh melken könne und wolle, einer fürstlichen Belohnung teilhaftig werden solle.

Und sie erschienen, die Melkfrauen aus dem Dorf. Triumphierend, mit dem Eimer klappernd, ein Lächeln aus Überlegenheit und Mitleid auf den Lippen, so verschwanden sie im Stall. Spätestens fünf Minuten später tauchten sie wieder auf, die Stirne schweißnaß, das Haar in Zotteln hängend, das Kopftuch verrutscht. Hinter ihnen drein klang das triumphierende Brüllen der Erikuh! Die Zornigen empfahlen mir, dieses Mistvieh mit einer Axt aus der Welt zu schaffen, die Sanften schworen darauf, das Aas sei verhext!

Oh, was haben wir mit der Erikuh herumexerziert! Es fand sich ein mutiger Mann, ich setze seinen vollen Namen hierher, er hieß Wilhelm Schmidt, er war schon bejahrt und von Beruf Landarbeiter. Jeden Tag dreimal bestand er den Kampf mit der Erikuh. Er kam aus diesem Kampf schweißtriefend, oft mit zerrissener Weste, mit blutender Hand. Ach, was hat ihm die Erikuh alles versetzt. Aber er hielt durch, er melkte sie dreimal am Tage, wie es sich gehörte! Ein wahrer Held!

Um ihm seine schwere Arbeit zu erleichtern, ersannen wir ein listiges System aus Seilen: um jedes Hinterbein der Erikuh wurde eine Seilschlinge gelegt, am Ende von jedem Seil stand ein Mann. Wollte Erikuh ausschlagen, riß der Mann am Seil dagegen, und Erikuh bekam das Bein nicht hoch. Aber sie war listiger, zog später jemand am Seil, so schmiß sie sich hin – und welches Theater, sie wieder hochzukriegen! Zudem ist das Melken einer Kuh mit drei Männern etwas kostspielig.

Aber schließlich kriegten wir sie doch! Wir zogen ihr einen Ring durch die Nase, wie man es bei Bullen tut, und in der Wand vor ihr, ziemlich hoch über ihrem Kopfe, wurde ein zweiter Ring eingemauert. Vor dem Melken nun wurde die Kuh an diesen Ring in der Wand mit dem Nasenring eingehängt, und zwar so, daß sie den Kopf sehr hoch halten mußte. Wollte sie nun ausschlagen, so tat es einen Riß in der Nase, der ihr weh tat, und sie ließ das Ausschlagen.

Natürlich versuchte sie nach kurzem, das Anhängen an den Wandring zu vereiteln, aber da kriegten wir sie jedesmal. Schwierig und anstrengend blieb das Melken immer. Nachdem wir Sieger geblieben waren, hatten wir deswegen beschlossen, sie dem Fleischer zu verkaufen, wenn sie sich nicht besserte. Wir hofften auf die demnächstige Geburt, auf die milderen Gefühle der Mutter. Aber war sie vor der Geburt eine Teufelin gewesen, so war sie nach ihr des Teufels Großmutter selbst – wir molken sie ein wenig ab, und dann bekam sie der Fleischer. Wir haben Pendels Erikuh keine Träne nachgeweint.

Ich habe es schon früher gesagt: Man hat glückliche Zeiten im Stall und unglückliche. Eigentlich kann man wenig dazu tun. Es folgten ruhige Jahre, in denen der Kuhstall kein Problem war, in denen ein nie versiegender Strom Milch sich ins Haus ergoß, Tag für Tag, als könnte es gar nicht anders sein. Es folgte jene treffliche Kuh, die ein freundlicher Landwirt mich aus den sechzig Kühen seines Musterbestandes aussuchen ließ, und ein guter Engel ließ mich seine beste finden. Nach Jahren mußten wir uns von ihr trennen, weil sie sich weigerte, wieder Mutter zu werden. Sie blieb namenlos, all unsere Kühe hießen von da an nur Olsch. An dem Namen Erikuh hatten wir genug.

Der einen Olsch folgte eine andere Olsch, die noch besser war. Wieder war das Glück mit uns gewesen. Tief in der

Forst, in einem Waldarbeiterhaus, das Saugarten hieß, begeg-
neten wir einem wahren Ungetüm von Kuh, die frischmelkend zum Verkauf stand. Selten habe ich eine so häßliche
Kuh gesehen. Sie war ein wahrer Kleiderständer: überall aus
ihrem Leib standen Knochen hervor, an denen man mit Be-
quemlichkeit Mantel und Hut aufhängen konnte. Aber eine
Ahnung sagte mir: Kauf diese Kuh! Du wirst es nicht be-
reuen!

Ich kaufte diese Kuh, und ich bereute es nicht. Zwar, sie
fraß so viel, wie sonst keine zwei Kühe fressen – und das
war auch der Grund, warum der Waldarbeiter sie verkauft
hatte: diese Kuh fraß einen kleinen Mann arm! Aber dafür
gab sie auch Milch, frischmelkend gab sie fast vierzig Liter
am Tag, und sie fraß alles, was ihr vors Maul kam, sie war
nicht wählerisch. Dabei blieb sie immer knochig und
scheußlich anzusehen! Aber welche Milchfülle, und wie
leicht kalbtest du!

Ja, mit dem Kalben habe ich immer Glück gehabt, nicht
nur bei diesem Knochensack, sondern bei allen meinen
Kühen. Von jenen Jugendtagen an im Thüringer Rittergutsstall hatte ich Geschick für die Geburtshilfe beim Vieh.
Meine Kühe und ich, wir machten die Geburten stets un-
tereinander ab, nie brauchten wir einen Tierarzt oder andere Hilfe.

Aber wie bei allen Dingen meines Lebens mischte sich
ein Tropfen Wermut in jedes Glück. Nur Glück habe ich
nie gehabt, immer war irgendein Haken dabei. Ja, bei meinen Kühen gingen die Geburten stets glatt, aber wie erging
es mir dabei –?

»Junge«, sagte Suse zu mir, »die Olsch muß nun bald kalben. Bitte, paß ein bißchen mit deinen Sachen auf, zieh in
den nächsten Tagen nicht grade deinen besten Anzug an!«

»Natürlich nicht«, antwortete ich. »Ich pass' schon auf,
diesmal soll sie mich nicht drankriegen!«

Und immer kriegten sie mich dran, meine Olschen! Sie

vertrödelten ihre Geburt ganz unbegreiflich, oder sie beeilten sich viel zu sehr. Im Hause saß mir irgendein feudaler Besuch, dem zu Ehren ich mich festlich gewandet hatte. Eine Ahnung trieb mich in den Stall – und da schauten mich schon die wachsgelben Klauen des Kälbleins aus dem Leibe der Kuhmutter an. Sanft, Hilfe erheischend, muhte die Olsch.

Da gab es kein Zögern, da war keine Zeit zum Umziehen mehr, da hieß es zugegriffen und los! Erst wenn ich das Kalb, säuberlich mit Schrot bestreut, der Olschen zum Trockenlecken unter die Nase gelegt hatte, besann ich mich wieder auf meinen Anzug. »Knep und Schet« sagen sie auf Rügen. »Schietig« sagen sie bei uns im Dorf. »Als wenn ich es mir nicht gedacht hätte!« sprach meine Geduldige. »Ich werde den Anzug erst einmal waschen und dann zum Reinigen schicken. So kann ich ihn nicht aus dem Hause geben. Aber das muß dir klar sein, ein neuer Anzug wird dies nie wieder!«

»Na ja!« antwortete ich ein wenig verlegen. »Dafür ist mit dem Kalb aber alles prima gegangen.«

»Es könnte ja mit den Kälbern auch einmal prima gehen«, wurde nun gesagt, »ohne daß du deinen besten Maßanzug einsaust!« –

Als ich vor nun achtzehn Stunden mit der Niederschrift dieses Abschnitts begann, sagte ich, daß meine Stube widerhallte vom Gebrüll der hungernden und dürstenden Olsch. Hat der Leser meine dem Sauerfutter abgeneigte Kuh vergessen? Ich nicht eine Stunde lang! Alle diese Zeit hat sie meine Ohren mit ihrem Gebrüll angefüllt, mahnend, schmerzlich.

Nun ist es still geworden. Hat sie etwa nachgegeben und Saures gefressen? Oder habe ich nachgegeben und ihr andere Speise vorgelegt?

Ehe ich weiter berichte, wie nach den langen glücklichen Jahren mit Wahlkuh und Knochensack das Unheil mit immer schwärzerem Gewölk über meinem Kuhstall aufzog, will ich kurz erzählen, was wir in diesen achtzehn Stunden vorgenommen haben, warum die Olsch plötzlich ruhig geworden ist.

Auf den Rat eines anderen erfahrenen Mannes salzten wir das Sauerfutter und boten es ihr in dieser Form. Sie hob die Nase und brüllte.

Auf den Rat eines anderen erfahrenen Mannes stellten wir eine Mischung aus Heu, Stroh und Sauerfutter her, ließen diese Mischung die Nacht durch stehen und boten sie dann der Kuh an: sie hob die Nase und brüllte.

Über Nacht war mir selbst noch etwas eingefallen: wir haben einen Mann im Dorf, einen echten Hiob, den alle Plagen der Landwirtschaft heimsuchen. Nie hat dieser Mann genug Futter für sein Vieh. Seine Kühe, die wie schulpflichtige Kälber aussehen, werden nie satt. Jetzt, zum Ausgang des Winters, da es noch nichts Grünes gibt, hungern sie meistens.

Zu diesem Mann bin ich heute vormittag gegangen und habe ihn gebeten, mir eine seiner Kühe für ein paar Tage in Pension zu geben. Ich habe die schwache Hoffnung, die Unverwöhnte wird meiner Starrköpfigen das Sauerfutter wegfressen. Und wird es ihr weggenommen, was sie zwar nicht schätzt, wird sie es doch der andern nicht gönnen, sondern es lieber selber fressen – so sind die Kühe! Der Mann sagte gerne ja, war er eine Fresserin für ein paar Tage los!

Vor einer halben Stunde ist die Kuh eingetroffen. »Die Zicke ist dor!« meldete mein Futtersmann. Sie standen nebeneinander und sahen sich an. Für den Augenblick verschlug der unerwartete Besuch meiner Olschen die Sprache, für einen Augenblick vergaß sie sogar ihren Hunger.

Aber jetzt, da ich mit meinem Bericht so weit gekommen bin, brüllt sie schon wieder. Sie brüllt lauthals, und sie wird noch bis sechs Uhr, zur Futterszeit, brüllen müssen. Dann werden wir sehen! (Und wenn sie nun beide das Sauerfutter nicht fressen? Wenn sie sich in ihrer Abneigung bestärken?)

Unterdes fahre ich in meiner Erzählung vom Knochensack fort. Der mutige Kuhmelker Schmidt hat mich seit Jahren verlassen, statt seiner kam der »Opa«. Der Opa war, als er zu mir kam, schon siebzig, auch konnte er nicht melken, ich war recht bedenklich wegen des Opa.

Aber Opa war eine Perle beim Vieh. Gelernt hatte er die Maurerei, und zwar jene heute immer seltener werdende Kunst des Feldsteinmauerns. Wenn das alte verhutzelte Männlein vor solch einem Feldstein von zehn oder zwölf Zentnern saß, den das Geschiebe der Eiszeit aus Schweden in unser Land getragen hat, wenn er den Stein scharf immer wieder ansah, seinen Steinhammer in der kleinen Hand, so dachte man, nie würde er des Steines Herr werden.

Opa aber sagte: »So 'nen Stein muß man kaputt kieken, nich kaputt hauen!«

Und er kiekte den Stein solange an, bis er eine Ader oder eine mürbere Stelle entdeckt hatte, dann erst führte er den Schlag, von dem der Stein zersprang. Unsereiner hätte wohl sinnlos darauflosgehauen und wäre eher kaputt gewesen als der Stein. Viele schöne Steinstufen und Beetkanten aus schwedischem Granit hat der Opa für meinen Garten geschlagen und gemauert, das ist ein Mauerwerk, das noch für meine Enkel hält.

Ich weiß nicht, warum sich's der Opa nicht mit seinem so trefflich ausgeübten Maurerhandwerk genug sein ließ, jedenfalls ging er als junger Mann noch einmal in die Lehre und wurde Sattler. Er flickte uns alles Geschirr auf dem Hof, er machte uns Hundeleinen, und wurden Besen gebraucht, so machte er die auch. Opa war zu allem zu brauchen, er konnte mähen und pflügen und Kunstdünger streuen, nur melken konnte er nicht, und das wollte er auch nicht lernen.

Melken war Weiberarbeit, und Opa hielt mit seinen Siebzig noch streng auf sein Mannestum. Die einzigen Schwierigkeiten, die ich je mit Opa hatte, kamen daher, daß er manche Arbeiten nicht tun wollte. In einer so kleinen Wirtschaft wie der meinen muß jeder eigentlich alles tun, aber Opa weigerte sich, Unkraut zu jäten, Erdbeeren zu pflücken – aber Äpfel pflücken war Männerarbeit – und zu melken.

Schließlich gab ich seinen kleinen Eigenheiten nach. Opa war so nützlich, und wie gedieh das Vieh unter seiner kleinen gichtischen Greisenhand! Kam er nur in den Schweinestall, so grunzten die Säue. Sie schoben sich an ihn heran, um gekrault zu werden, vor Wonne röchelnd sanken sie langsam, hingebend zu Boden. Bei Opa waren die Schweine nie schmutzig, er gewöhnte ihnen ein Klosetteckchen an, weiß der Teufel, wie er es anfing, es grenzte an Zauberei. Und wie nahmen die Schweine bei ihm zu! Wahre Kolosse haben wir bei ihm geschlachtet, ohne erheblichen Futteraufwand!

Wie bei den Schweinen, so ging es bei der Kuh. Sie gedieh, nie Krankheit, nie Futtersorgen, immer blank die Krippe, der Stall, die Kuh! Es gibt eben doch Menschen, die eine glückliche Hand haben! Eine solche glückliche Hand habe ich immer im Haus, seit ich verheiratet bin, unter ihr gedeiht alles, sogar der Mann.

Zu solch glücklicher Hand gehört aber auch ein glückliches Temperament, und das hatte der Opa. Eigentlich redete er nie viel, aber jedesmal, wenn er in die Küche kam, gab es bei unsern jungen Mädchen Gelächter. Opa war nun einmal zu spaßig, er konnte die harmloseste Bemerkung machen, es wurde gelacht!

Am niedlichsten aber war Opa, wenn er am Sonnabendnachmittag zum Einkaufen in die Stadt fuhr. Das Einkaufen war seine Sache, wie der Geldbesitz seine Sache war. Manchmal hatte er das ganze Haus voll Frauen: Eheweib, Tochter, Enkelkinder, allesamt weiblich. Aber von seinen Rechten gab er kein Tittelchen auf, er verdiente das Geld, also gab er es auch aus!

Für solche Besorgungsfahrt war Opa dann ganz glatt rasiert, trug eine schöne grüne Joppe mit einem Rucksack hinten drauf, Stulpenstiefel, spiegelnd geputzt, und er saß auf einem uralten Rade mit weitgebogenem Lenker, kerzengrade. Unter der blauen Schirmmütze funkelten die hellen Greisenaugen nur so von Lebenslust und Humor, die glatten Bäckchen waren knallrot.

Kam dann Opa Punkt sechs von seiner Besorgungsfahrt wieder in den Stall zum Füttern, war's für die jungen Mädchen nicht ratsam, ihm zu nahe zu kommen. Einmal in der Woche leistete sich Opa ein paar Schnäpschen, die machten ihn wieder jung.

Es war ein schlimmer Tag für mich, als Opa mir sagte, er wolle nun nicht mehr weiter bei mir arbeiten. Da war er fünfundsiebzig Jahre alt, die Frau war ihm gestorben, und seine Kinder wollten den alten Vater bei sich haben.

»Ach, Opa!« rief ich. »Was werden wir denn ohne Sie anfangen?!«

Aber der Opa hatte schon alles bedacht. Er hatte mir einen Nachfolger ausgesucht, mit ihm Lohn und Futtermethoden besprochen, die Launen des Chefs, die Fruchtfolge, ich hatte nur ja zu sagen. Ich sagte ja.

Aber mit Opa ist das Glück aus unserm Stall gegangen, trotzdem sein Nachfolger auch ein Opa war, freilich fünfzehn Jahre jünger als der echte. Wir sagen zu ihm auch nicht Opa, alle, auch die Kinder, nennen ihn nur »Herr Mittenzwey«. Es ist jener arme Zuckerkranke, der ein Stoßgebet zum lieben Gott empor schickte, daß die Olsch das Sauerfutter fressen möge. Er gibt sich alle Mühe, er füttert und füttert, aber die Schweine bleiben dürr und sind ewig schietig, die Karnickel krepieren Stück um Stück, die jungen Enten holen die Ratten – unser Glück hat uns verlassen.

Und die Kühe, unsere Olschen? Der Knochensack, der uns so viele Jahre treu gewesen war, blähte sich plötzlich auf, wurde rund wie eine Trommel. Der Trokar half nicht mehr, sie mußte notgeschlachtet werden, die brave Olsch.

Ihr folgte eine kleine, hübsche Bauernkuh, nicht das, was wir besessen hatten, aber immer noch ein nettes Kühlein:

Sie stand keine vier Wochen im Stall, da kamen aus ihrem Euter statt guter Milch Klumpen und Fetzen, Blutgerinnsel. Fort mit der Bauernkuh zum Schlachter!

Eine Bäckerskuh hielt ihren Einzug, hochtragend wurde sie gekauft. Aber beim Transport erkältete sie sich, sie verkalbte, und statt der versprochenen dreißig Liter Milch gab sie nur zehn! Hat man nur eine Kuh im Stall, kann man sich eine schlechte Melkerin nicht leisten. Fort mit der Verkalberin, eine neue her!

Diesmal wollten wir ganz sichergehen, wir wendeten viel Geld an und kauften auf einer Zuchtviehversteigerung eine prämiierte Kuh mit Stammbaum und garantierter Milchleistung. Auch diese Kuh war hochtragend, sie reiste in einem Waggon von Rostock bis zu uns. Auf der einen Seite war sie angebunden, Otter Ia hieß sie, auf der andern Seite war ein Jungbulle festgemacht, den ein Rittergut in der Nähe sich ersteigert hatte.

Ach, es ist Krieg, die Rinderstricke taugen nichts mehr, der Bulle hat sich losgemacht und hat während der langen Bahnfahrt meine Hochtragende mißbraucht. Als wir die Waggontür aufmachen, dampfen die beiden Tiere, sie sind wie aus dem Wasser gezogen! Und wieder kalbt meine Kuh zu früh, wieder melken wir statt dreißig Liter kaum zehn!

Noch nicht genug des Unheils? Noch immer nicht genug Geld ausgegeben?! Sogar die geduldige Suse sagt: »Willst du wirklich noch eine Kuh kaufen?! Hast du noch nicht genug Pech gehabt?! Mach eine Pause, Junge, man kann das Glück nicht zwingen!«

Das wollen wir doch einmal sehen! Ich soll nachgeben? Nie! Und wenn ich mein ganzes Geld in den Kuhstall stecke, ich will eine Milchkuh im Stall haben, kein Trockengestell!

Nach langem Wählen und Prüfen kaufe ich die Kleine-Leute-Kuh. Vor anderthalb Jahren hätte ich solch Kühlein noch nicht angesehen, aber ich bin ja so bescheiden geworden, jetzt erscheint sie mir mit ihren zwanzig Litern schon phantastisch! Aber nun muß sie mir mit diesem Sauerfutter einen Streich spielen. Heute habe ich nur drei Liter in die Molkerei geschickt! Wenn sie sich nur gibt, wenn sie nur nachgibt!

Brüllt sie jetzt, während ich dies schreibe? Nein, sie brüllt nicht, es ist still auf dem Hof, so still, daß ich den Puter bis in mein Zimmer kollern höre. Und der Tauwind stößt gegen mein Fenster. Das Eis des Sees, auf das ich schaue, ist grauschwarz geworden – vielleicht bekommen wir selbst nach diesem endlosen Winter jetzt einen Frühling!

Das Kollern des Puters, jetzt das Krähen eines Hahnes, und immer der Tauwind, das sind die Geräusche, die ich höre – kein Kuhgebrüll. Seit die Hungerkuh ihren Einzug hielt, die ich mir borgte, sind wieder achtzehn Stunden vergangen – wir haben es geschafft! Die Kuh frißt das Sauerfutter, unsere Olsch hat sich zu modernen Fütterungsmethoden bekannt. Die Wandlung setzte mit dem Augenblick ein, als die geliehene Hungerkuh unsern Stall betrat. Das ist nun schon wieder zwei Tage her, heute schreiben wir den 3. April. Aber ich wollte es nicht eher verraten, ich wollte ganz sichergehen ...

Jetzt bin ich ganz sicher.

Neue Kuh und alte Kuh sahen einander an. Dieser unerwartete Besuch im einsamen Stall verschlug unserer Olsch erst einmal das Hungergebrüll. Sie glotzten, beide standen sie vorm leeren Trog. Ach, unsere Kuh, so sehr sie auch nach sechs Tagen Hungerns und Dürstens zusammengefallen war, sah noch fettleibig aus gegen dies arme Geschöpf, das wohl nie in seinem Leben ordentlich satt geworden war. Vorne spitz und hinten gar nichts, Knochen und Löcher, ein Leib wie ausgedörrt und ein Euterchen wie bei einer Sterke!

Aber der Kopf mit dem kleinen Horn war schön, und schön war vor allem das lebhafte Auge, dieses blaue Auge, das immer etwas verwundert und etwas traurig schaut. Sie hatte Anlagen mit auf die Welt gebracht, diese Hungerkuh, man sah es an Kopf und Auge. Sie war nicht von schlechten Eltern, aber sie hatte nie im Leben eine Chance gehabt. So taugte sie nicht einmal was für den Fleischer. Fünf Liter Milch sollte das Prachttier am Tage geben, und es war ziemlich frischmelkend.

Nachdem die beiden miteinander Bekanntschaft geschlossen hatten, fing unsere Olsch wieder mit ihrem Hungergebrüll an, zage und schüchtern mischte die Neue ihre Stimme darein, es klang, als mähte ein Schaf. Ich ließ sie brüllen bis sechs Uhr, bis zur richtigen Futterzeit. Dann nahm ich das Gemisch aus Stroh und Heu und Sauerfutter auf die Gabel und warf es ihnen vor. Ich gestehe, mein Herz klopfte, es war ein spannender Moment: würden sie nun beide streiken und einander in ihrer verhängnisvollen Abneigung bestärken?

Es war einfach lächerlich anzusehen: die Hungerkuh nahm sich nicht einmal Zeit, das Futter zu besehen oder zu beriechen. Es lag noch nicht richtig vor ihr, so hatte sie schon das Maul voll und kaute los! Unsere Olsch, die grade anfing, unmutig muhend in dem verhaßten Futter zu wühlen, warf einen erstaunten Blick auf die Nachbarin: so etwas fraß man also unter anständigen Kühen –?!

Aber es wurde ihr keine Zeit zu langem Überlegen gelassen. Das erste Maulvoll war schon verdrückt, und trotzdem die Hungerkuh einen ganzen Haufen Futter vor sich liegen hatte, langte sie zu der Nachbarin hinüber und riß ihr das Futter vor der Schnauze fort. Dies war unserer Olsch denn doch zuviel, die Hörner klangen aneinander, und die Olsch hatte sich ein Maulvoll Futter von der Hungerkuh geholt. So, im unedlen, futterneidischen Wettstreit, fraßen sie immer eine der andern das Futter weg, in einer Viertelstunde war der Trog leer. Unserer Olsch war dabei gar nicht so recht klar geworden, daß sie das verhaßte Sauerfutter gefressen hatte.

Der Besitzer der Hungerkuh heißt mit Vornamen Paul oder, wie man hierzulande sagt, Päule. »Den Dunner!« sprach mein Futtersmann und kratzte sich den grauen Kopf. »Frißt der Päule unserer Olsch das Futter vor – das hätten wir vor drei Tagen wissen sollen, Päule!«

»Seien wir froh, daß wir es heute wissen«, antwortete ich, erleichtert aufatmend. »Sind wir die Sorge doch wenigstens los!«

Ich habe dem Frieden weiter mißtraut. Mit Begeisterung frißt unsere Olsch das Sauerfutter noch immer nicht, und Päule hat nur einen kleinen Magen. Päule ist immer gleich satt und läßt dann unserer Olsch kampflos das Futter. Aber wir sind wohl über den Berg, auch ohne Konkurrenz priemt die Olsch jetzt langsam weiter. Und Päule bekommt sehr schnell wieder Hunger.

Eben haben wir gemolken. »Na –?« fragte ich die Melkfrau.

»Unsere gibt schon wieder fünf Liter«, meldete sie, »und Päule gibt auch schon einen halben Liter mehr.«

»Guter Päule!« dachte ich und sah liebevoll die spitze Ziege an. Ich hätte nie gedacht, daß ich eine so jämmerliche Kuh so liebevoll ansehen könnte.

Fräulein Bäht und der kleine Herr Pudulle

Lange konnte sich Suse nicht von der Geburt der beiden kleinen Zwillingsmädchen erholen, von denen uns das eine so rasch wieder verließ. Suse hatte es mit den Beinen – eine Thrombose, und so mußte sie gestützt werden – im Haushalt.

Eine Stütze war bald in der Gestalt von Fräulein Bäht gefunden; es war noch in jenen heute schon sagenhaften Zeiten, da die Leute nach Arbeit schrien. Also hielt das warm empfohlene Fräulein Bäht bei uns seinen Einzug. Mitte der Fünfziger, spät, aber um so stärker erblondet, mit einer meistens blauleinen bekleideten Vollbüste und vor allem mit Bettina, ihrem einzigen Herzenskind, einer echten Pekinesin.

Fräulein Bäht und ihre Bettina gaben ein schönes Paar ab! Es ist schwer zu sagen, wessen Tyrannis leichter zu ertragen war, die von Fräulein Bäht oder die von Bettina. Dieses kleine Mistvieh lag den ganzen Tag unter dem Küchentisch – ich meine natürlich die Pekinesin – und kläffte jeden, der sich außer ihrer Herrin in die Küche wagte, so lange und durchdringend an, bis sie den jemand aus der Küche gekläfft hatte. Stellen Sie sich das vor: weder meine Frau noch ich durften uns in die eigene Küche wagen! Bettina kläffte unerträglich giftig!

Ich habe meine Lebtage eine große Liebe für Hunde gehabt, aber ich habe unerzogene Hunde und nun gar Weiberhunde nie ausstehen können. Ein anständiger Hund hat jeden Fremden, der auf den Hof oder ins Haus kommt, kurz und sachlich zu melden, und dann hat er seine Schnauze zu halten, sonst passiert ihm was! Aber dieses Mistvieh von sechs und einem halben Pfund, ein Paket aus gelben, weißen und schwarzen Haaren, brachte sich vor Gift fast um! Die kleine Schnauze weit aufgesperrt, so daß man den vorschriftsmäßig schwarzen Rachen bis zu den Mandeln sah, fuhr sie auf all und jedes los, kläffte, schnappte, biß in jeden Rocksaum, in jeden Stiefel, der Bettina doch mit einem Stoß hätte zermalmen können!

Und was sagte Fräulein Bäht dazu? Mit jener falschen Süße, die einem auf der Stelle den Magen umstülpen kann, flötete sie: »Ach Bettinchen, sei doch nicht so! Das ist doch bloß der Herr Chef!« (Bloß der Herr Chef – du falsches süßes Aas!) »Ich glaube, Herr Fallada, Bettinchen ist gestern abend das Kalbsschnitzel nicht bekommen, sie hat so unruhig geschlafen. Ich glaube, ich mache Bettinchen gleich einen Einlauf ...«

Und was sagte der Herr Chef dazu, dieser gefürchtete Haustyrann? Der Chef saß zwischen zwei Feuern. Einerseits wurde das wirklich tüchtige Fräulein Bäht zur Stützung der Hausfrau notwendig gebraucht, andererseits – nun, andererseits hätte er dieser bête blonde am liebsten heute noch auf Nimmerwiedersehen gesagt. Aber da einerseits – genug, der Chef litt vorläufig schweigend, nur kleine Unmutsspritzer erreichten Fräulein Bäht dann und wann.

Aber auch Bettinchen. Ich kann es nicht leugnen, in meiner Zwangslage, ertragen zu müssen, was unerträglich war, wurde ich hinterhältig. Trafen Bettina und ich uns gelegentlich unter vier Augen, so bekam die Giftnudel rasch ein paar Katzenköpfe, was sie freilich keineswegs einschüchterte. Jetzt tobte sie gradezu, sah sie mich nur. Und Fräulein Bäht, die eine feine Witterung für Kränkungen hatte, flötete süß: »Ich weiß nicht, was Bettinchen bloß mit Ihnen hat, Herr Fallada! Es ist grade so, als hätten Sie ihr was getan ... Nun aber ruhig, Bettinchen! Der Herr Fallada tut dir gewiß nichts!«

Bettinchen kreischte gradezu – völlig unerträglich!

Ich habe es schon gesagt, daß Fräulein Bäht wirklich tüchtig war, in dem nämlich, was sie gern tun mochte, im Kochen und Einmachen. Sie kochte so, daß sie auch einen schlimmen Feind damit versöhnt hätte – und ich bin von je ein verfressener Mensch gewesen.

Aber sie hatte dabei ihre Eigenheiten. Zum ersten einmal durfte ihr niemand in ihre Geheimnisse sehen. Fragte Suse sie nach einem Rezept, so bekam sie entweder ein Geknurr zu hören oder falsche Auskünfte. Zum andern verwandelte Fräulein Bäht die Küche alle Tage in ein Schlachtfeld. Nichts von dem, was sie vom frühen Morgen an gebraucht hatte, durfte fortgesetzt oder abgewaschen werden. »Wollen Sie das wohl stehen lassen!« herrschte sie die Haustöchter an. »Das brauche ich noch!«

Sie brauchte alles noch, sie brauchte immer mehr, stets

mußte neues Küchengerät angeschafft werden: neue Schüsseln, Kannen, Kummen, Abschöpfkellen. Es hörte nie auf. Mittags sah die Küche aus wie ein Hausstandsladen, abends konnte man nur mit Vorsicht über die Barrieren hinwegkommen. Und zwischen all diesen angebrauchten Näpfen und Kummen kroch Bettinchen umher, und wenn sie nicht kläffte, so leckte sie, naschte sie ... Es war wirklich recht gut, daß wir uns Bettinchens wegen nie lange in der Küche aufhalten konnten, was wir bei kurzen Stippvisiten sahen, genügte vollkommen!

Mit Kochen und Einmachen beschäftigt, überließ Fräulein Bäht die beiden Haustöchter, die bei ihr das Kochen und Einmachen lernen sollten, völlig ihrem Schicksal. Wie sie die Zimmer saubermachten, wie sie die Wäsche wuschen, wie sie ihren Tag hinbrachten, war ihr ganz egal. In der Küche durften auch sie sich erst am Abend sehen lassen, zum Abwaschen, das immer stundenlang dauerte.

Morgens kam Fräulein Bäht aus ihren Gemächern, in fließende Gewänder gehüllt, recht ungewaschen und unfrisiert, mit Bettinchen auf dem Arm. Bis zum Mittagessen war es nicht ratsam, ein Wort an Fräulein Bäht zu richten; diese Stunden wirkte sie, wie unsere Haustochter Fridolin richtig sagte, wie eine aufgewärmte Leiche. Gegen Mittag belebte sie sich ein wenig, trotzdem sie nur mäßig von dem so trefflich Zubereiteten aß. Dann erzählte sie gerne aus dem reichen Schatz ihrer Erfahrungen.

Sie war bis dato stets Haushälterin bei Junggesellen gewesen, das erklärte ihren totalen Machtanspruch im Haushalt. Süß lächelnd berichtete sie von dem Vertrauen, das sie genossen, von den Kassen, die sie für diese Herren allein geführt, von den Kämpfen, die sie für jene mit den Finanzämtern stets siegreich ausgefochten. Von den Gründen, die sie zur Aufgabe all dieser vorzüglichen Stellungen und zur Annahme einer so jämmerlichen wie in meinem Hause geführt hatten, schwieg sie. Ich nehme an, auch der verhärtetste Junggesell zog auf die Dauer das Ehejoch den Tugenden Fräulein Bähts vor.

Eben sagte ich, daß Fräulein Bäht nur mäßig aß. Nun besteht in meinem Hause seit vielen Jahren die schöne Gewohnheit, daß am Sonntagmorgen nach dem ersten Frühstück alle gewogen werden, Eltern, Kinder, Haustöchter, Gäste. Über sämtliches Gewicht wird Buch geführt, es kostet mich nur einen Griff, ein Nachschlagen, und ich kann sagen, was mein guter Verleger im Juli 1934, wie viel Tante Tilly im November 1937 gewogen hat. Die eigene Familie besitze ich natürlich lückenlos.

Ist am Sonntagmorgen das Frühstück eingenommen, so begibt sich alles, Kind und Kegel, auf die Scheunendiele, wo die Dezimalwaage steht. Feige Gemüter und solche mit schlechtem Gewissen stürzen vorher noch schnell an einen geheimen Ort, um gewisse Gewichtskorrekturen vorzunehmen. Nun wird gewogen. Stets wiegt der Hausherr, stets schreibt die Hausfrau an. Es gibt Jubelschreie zu hören und stille Seufzer der Enttäuschung:

»Wieder zwei Pfund zugenommen! – Und ich habe diese Woche gar nichts gegessen! Die Waage geht bestimmt falsch!« – »Ätsch, Anneliese! Nun bin ich doch um ein halbes Pfund leichter als du – und du hast immer gesagt, du würdest nie schwerer als ich!«

Fräulein Bäht, die Füllige, betrat die Waage stets mit Zittern. Ich weiß nicht, was in diesen Frauen steckt, sie war Fünfundfünfzig und hatte die Männer nie ausstehen können. Sie hatte bestimmt keine Heiratsabsichten, und sie schien auch auf ihr Äußeres wenig zu geben. Aber sie hörte ihr Gewichtsergebnis immer an wie einen Richterspruch über Leben und Tod. Stumm, mit bleichen Wangen, ging sie von der Scheunendiele zurück in ihre Küche. Den ganzen Vormittag weinte sie, selbst Bettinchen bekam kein gutes Wort. Sie hatte wieder zugenommen, jede Woche nahm sie bei uns zu.

Uns war es ein Rätsel, denn Fräulein Bäht aß am mäßigsten von uns allen. Bis wir allmählich dahinterkamen, daß Fräulein Bäht naschte. Vom frühen Morgen an schleckte sie da und probierte sie dort. Um die zehnte Stunde wurde der Appetit in ihr übermächtig: sie briet sich ein Stückchen Fleisch, sie schlug sich ein Eichen schaumig, sie holte sich schnell ein Kellchen Sahne aus dem Keller oder machte aus frischem Quark, Schnittlauch, Sahne und Knäckebrot ein Schlemmerschnittchen.

Dann stand sie zitternd am Sonntagmorgen auf der Waage. Sie betete zu Gott, ein Wunder möge geschehen sein. Aber das Wunder geschah nicht, und in der Küche begoß sie ihre Sünden mit Tränen und gelobte Enthaltsamkeit. Dann, spätestens beim Kuchen zum Sonntagnachmittagskaffee, schlich die Sünde wieder in sie ...

Als Fräulein Bäht vor der ernsten Frage stand, entweder ihre ganze Garderobe zu erneuern oder aber zu hungern, machte sie meiner Frau einen Vorschlag. Wir hatten es in letzter Zeit mit ernster Besorgnis beobachtet, daß ihre Hüllen nicht mehr auf ihr weilen wollten. Bewegte sich Fräulein Bäht, so knackten die Druckknöpfe, es öffneten sich Schlitze und Scharten. Die Reißverschlüsse rissen. Fräulein Bäht durfte nicht mehr lachen, nicht heftig atmen.

Also, da machte sie der Suse einen Vorschlag. Dieser Vorschlag war für Fräulein Bäht bezeichnend. Sie beschloß nicht etwa Mäßigkeit für sich, nein, sie verdammte das ganze Haus zum Hungern. Sie hatte von einer wunderbaren Diät gehört, von einem Obsttag: einen Tag in der Woche aß man nur Obst, und man wurde schlank wie eine Nymphe. Ob wir nicht auch solch einen Obsttag einführen wollten, vielleicht jeden Freitag –? Ich muß gestehen, daß dieser Vorschlag Fräulein Bähts von meinen sämtlichen weiblichen Hausgenossinnen mit großem Beifall aufgenommen wurde. Das liegt nun einmal in der Zeit. Sie alle, alle glauben, durch ein bißchen Hungern zu den überschlanken Frauen Botticellis werden zu können, auch wenn sie vom Mutterleibe her mit wahren Bärenschinken in der Weltgeschichte herumlaufen. Frau und Haustöchter waren sich sofort einig, Fräulein Bäht bei ihrem Obsttag Beistand zu leisten. Ich schloß mich natürlich aus – ich war nie für Hungern.

Prickelnde Erwartung begrüßte den ersten Obsttag. Auf jedem Platz liegen drei Äpfel, dazu hatte Fräulein Bäht jeder eine Tasse schwarzen Kaffee bewilligt. Scherzend wurde das schlichte Mahl eingenommen.

Ernstere Mienen sahen am Mittag auf die drei Äpfel, zu denen sich diesmal eine Tasse Fleischbrühe aus einem Bouillonwürfel gesellte. Auf dem Gebratenen des Hausherrn ruhten gedankenvolle Blicke, die scheu abirrten, wurden sie bemerkt.

Am Abend – drei Äpfel und eine Tasse schwarzer Kaffee – war die Stimmung wieder aufgeräumter: nun war der Obsttag so gut wie überstanden, die Nacht wurde verschlafen, am nächsten Morgen tüchtig gefrühstückt, und am Sonntag auf der Waage gab es dann die Belohnung für dieses Fasten!

Das sonntägliche Wiegenfest war eine leichte Enttäuschung. Die einen hatten ein bißchen zu-, die andern ein wenig abgenommen, es war genau so, als hätte es keinen heldenhaft ertragenen Obsttag gegeben. Sie trösteten sich mit dem Gedanken, daß einmal keinmal sei, daß die Auswirkungen solchen Hungerns sich erst allmählich bemerkbar machen würden. Dieser Gedanke verlieh auch Fräulein Bäht Kraft, sie weinte nicht. An diesem Sonntagvormittag naschte sie mit bestem Gewissen: am Freitag würde sie hungern und am Sonntag abgenommen haben! Dessen war sie gewiß.

Wieder der Freitag, wieder die Blicke auf meinen Teller, und wiederum ist es Sonntag geworden. Oh, meine Lieben, wie soll ich es euch sagen, wie soll ich euch gläubig machen, die Wahrheit ohne Zweifel hinzunehmen, sie nicht für die Lüge eines verfressenen Schriftstellers zu halten –?! Das Wiegeergebnis: der einzige, der abgenommen hatte, war ich! Alle, alle hatten sie zugenommen, und teilweise recht beträchtlich!

Die Woche, die nun heraufzog, war düster. Von Äpfeln auch nur zu reden war Vermessenheit. Wir hatten junge und hübsche Mädchen im Haus, es war Friedenszeit, überall gab es junge Männer: unsere jungen Mädchen sahen sich schon rettungslos einem Puddingformat ausgeliefert. Wenn nicht einmal ein Obsttag mehr half! Gradezu mit Abneigung sahen sie auf das gute Essen, das Fräulein Bäht uns auf den Tisch setzte, aßen's aber doch!

Genau wie Fräulein Bäht es aß, wie sie es nicht über sich gewinnen konnte, eine Suppe anbrennen zu lassen, ein Gemüse zu versalzen. Ihre natürliche Gabe, gut zu kochen, lag in heftigem Widerstreit mit ihrem Wunsch, ätherisch zu werden. Es war die alte Geschichte von der irdischen und der himmlischen Liebe, die himmlische kommt immer zu kurz, wir sind eben Menschen.

Der Apfeltag ging unter düsterem Schweigen vorüber, nur Fridolin wagte die Bemerkung: »Wenn ich diesmal wieder zugenommen habe, höre ich aber mit dem Quatsch auf!« Tiefe Stille, kein Widerspruch – nicht einmal von Fräulein Bäht, und doch hatte eben solch junges Ding eine von ihr vorgeschlagene Maßnahme als Quatsch bezeichnet!

Sonntag ist's, und wieder wird gewogen. Nur zögernd finden sich die zu Wiegenden ein, sie stehen erst vor einer gewissen Tür, ewig rauscht das Wasser ... Ich selbst war hoffnungsvoll, mit einer gewissen Freudigkeit setzte ich die Gewichte auf die Waage. Diesmal mußte das Hungern sich ausgewirkt haben, solche Kasteiung mußte belohnt werden, oder es gab keine Gerechtigkeit auf dieser Erde!

Und wiederum war das Ergebnis kläglich: niemand hatte abgenommen. Einige waren stehengeblieben, andere hatten zugenommen. Ich stand vor einem Rätsel. Suse war's, die Gute, die des Rätsels Lösung fand. Sie hatte am Sonnabend, am Tag nach der Obstdiät, alle Esser beobachtet. Sie hatte schon beim ersten Frühstück einen gewaltig gesteigerten Brotkonsum festgestellt, sie berichtete von schnell zwischen zwei Arbeiten eingeschobenen Stullen – zu deutsch: was sie sich an einem Tag abgehungert hatten, legten sie sich am nächsten Tag zu.

Damit war das Urteil über die Obsttage gesprochen. Alle waren der Ansicht, so etwas eigne sich vielleicht für Stadtmenschen; wer aber auf dem Lande lebe, viel in der frischen Luft sei, sich kräftig ausarbeite, alle Augenblicke in einen See springe und schwimme, der habe einen so kräftigen Appetit, daß er einfach befriedigt werden müsse. Hungern, jawohl, aber dann still im Bett liegen. Lieber sich tüchtig abarbeiten, das hielt einen am ehesten auf einem vernünftigen Gewicht!

Mit den Obsttagen war es vorbei. Nun hatte ich auch an den Freitagen wieder fröhliche Mitesserinnen an meinem Tisch, nicht mehr wurde gierig mit schlechtem Gewissen auf meinen Teller gestarrt.

Nur Fräulein Bäht – mit einer unbegreiflichen Hartnäckigkeit hielt sie an ihrem Obsttag fest. Während wir schmausten, kaute sie unter giftigem Schweigen mit hohen Zähnen an ihren Äpfeln. Die jungen Mädchen erzählten uns kichernd, daß diese so herausfordernd ertragene Diät Fräulein Bäht nicht im geringsten hindere, in der Küche auch an den Freitagen zu naschen. Aber nachdem sie um elf ein kleines hübsches Muschelragout aus Kalbsmilch und Champignons zu sich genommen, nachdem sie dann um halb zwölf ein Erdbeereis mit Schlagsahne verzehrt hatte, saß sie um zwölf Uhr fünfzehn mit giftiger Miene vor ihrem Apfelteller.

Ein äußerst komplizierter Vorgang spielte sich in Fräulein Bäht ab: sie warf dem Schicksal einen Fehdehandschuh hin! Sie fastete, jawohl, sie fastete! Wer wagte, anderes zu behaupten, wenn sie da vor ihren drei schrumpeligen Äpfeln saß? Sie fastete, und demzufolge hatte sie abzunehmen, so gehörte sich das! Und wenn sie nicht abnahm, so sollten das Schicksal und Gott und die Welt und Menschen was mit ihr erleben! Sie war nicht sanft, nein, sie hatte Haare auf den Zähnen, Galle im Leibe und Essig auf den Lippen – alle sollten sie sehen!

Und wir sahen! Wie unsere hilflos ihr ausgelieferten Haustöchter diese Teufelin ertrugen, ist mir rätselhaft. Die Antworten, die meine Frau auf sanfte Fragen bekam, erreichten eine nicht mehr erträgliche Ungezogenheit. Mit mir war sie ein wenig vorsichtiger, denn meinem Temperament nach neige ich zu plötzlichen, erschreckenden Explosionen – vor allem auch mich erschreckenden (und beschämenden) Explosionen. Immerhin trieben die Dinge einem raschen Ende entgegen. Fräulein Bäht hätte noch zehnmal tüchtiger sein können, sie machte ja unser Heim zu einer Hölle!

Dieses Mal habe aber nicht ich den unvermeidlichen Krach entfesselt, wie so manches andere Mal, sondern der grimmigste, unversöhnlichste Feind Fräulein Bähts: der kleine Herr Pudulle, der damit in diese Geschichte eintritt.

Der kleine Herr Pudulle ist niemand anders wie mein damals vierjähriger Sohn Uli. Warum wir ihn zu jener Zeit unter uns den kleinen Herrn Pudulle nannten, kann ich so ungefähr noch zusammenkriegen. Den Namen Pudulle hat er sich wohl nach Kinderart selbst gegeben. »Kleiner Herr« aber wurde er genannt, weil er wirklich einer war.

Eigentlich hatte er eine schlechte Zeit hinter sich; seine Eltern waren zu sehr mit sich selbst beschäftigt gewesen, um sich viel mit ihm abgeben zu können. So war er meist auf Damen jüngeren oder älteren Jahrgangs angewiesen gewesen, wie das Fräulein Wendehals. Er hatte in Hotels und Pensionen hausen müssen, und »das Kind des armen Arbeitslosen« hatte sich dabei eine staunenswerte Sicherheit angeeignet. Wie dieser vierjährige Knabe die Halle eines großen Hotels betrat und sich selbstverständlich vom Portier den Schlüssel holte, vom Liftboy zum Zimmer hinauffahren ließ, das konnte seinen Vater, der sich in fremder Umgebung nie ganz sicher fühlte, vor Neid erblassen machen.

Über das weibliche Geschlecht übte der kleine Herr Pudulle eine fast unumschränkte Herrschaft aus. Er war, was man einen hübschen Jungen nennt, sehr blond, sehr blauäugig, das Gesicht mit lebhaft wechselnden Farben, und er steckte so voll Schelmerei, Schmeichelei, Einfällen und Humor, daß die meisten weiblichen Wesen seinen Herrschergelüsten hilflos ausgeliefert waren.

In jener Zeit habe ich den kleinen Herrn Pudulle einmal in einer Privatklinik besucht, wo er wegen einer bösen Mandelgeschichte sein mußte. Als ich ihn dorthin brachte, wurde ich von einer Oberin empfangen, dem bärbeißigsten, brummigsten Dragoner von Oberin, den ich je erlebt habe, übrigens auch Oberin-Dragoner mit Bart. Sie schnauzte alle an: Ärzte, Schwestern, Patienten, Besucher. Sie schien nur schnauzen zu können – ein grimmiges Weib!

Als ich wiederkam ... Als ich wiederkam ... »Sie wollen Ihren Uli sehen?« schnauzte sie. »Wird auch Zeit, daß sich mal einer nach ihm umsieht! Na, Sie werden was erleben! Zimmer fünfzehn liegt er. Na, gehen Sie schon! Sie sehen doch, ich habe mehr zu tun, als Sie anzusehen, wenn Sie auch ein berühmter Mann sind!«

Ich stieg zu Zimmer 15 empor. Aus der Tür stürzte eine Schwester, krebsrot im Gesicht, sich vor Lachen schüttelnd. Bei meinem Anblick versuchte sie – aber vergeblich – , ein Gesicht strenger Schwesternhingabe anzunehmen. Sie rückte verwirrt an ihrem verrutschten Häubchen.

Ich trat ein. »Nun, mein Sohn?« fragte ich. »Wie geht es uns denn heute?«

Und erschrak bei seinem Anblick. Er hatte kreisrunde dunkelrote Flecken auf den Wangen, seine Lippen waren purpurn, aber unter den Augen hatte er dunkle Schatten. Hatte er nicht blonde Brauen gehabt? Sie schienen von der Krankheit geschwärzt! Das ganze Zimmer stank atemraubend nach einem billigen Parfüm und war mit Spielzeug angefüllt wie ein Laden.

»Mir geht's prima!« strahlte mein Sohn, der trotz seines fieberischen Aussehens im Bett saß und nicht lag. »Papa, das ist das Mönchen, die pflegt mich. Die halte ich aber in Trab!«

Ich schüttelte die Hand der langen, weißgewandeten Schwester, die mich anlächelte. »Es geht dem Uli jetzt wieder ganz gut«, sagte sie.

»Er sieht aber schrecklich aus!« rief ich und probierte seine Wangenfarbe mit dem Zeigefinger. Der Finger wurde rot. »Ich glaube gar, Sie haben den Bengel angemalt!«

»Es macht ihm doch so viel Spaß!« flüsterte die Schwester. »Er klaut mir immer den Lippenstift, und ehe er das ganze Bett einschmiert, bemale ich ihn lieber selbst!«

»Sie haben ihn aber auch in Parfüm gebadet!«

»Es ist ganz billige russische Eau de Cologne, er riecht sie doch so gerne!«

»Das glaube ich – aber mögen Sie in der Luft hier sein?«

»Ach, mir macht es nichts aus – und ihm macht es doch so viel Spaß!«

»Papa, wollen wir Karten spielen? Ach ja, bitte, Papa! Ich kann fein ›Tod und Leben‹ spielen, ich gewinne immer. Ich habe schon die ganze Schublade voll Geld!«

»Spielen Sie mit dem Bengel etwa um Geld?!« fing ich grade an, da öffnete sich die Tür, und die Schwester, die ich eben lachend auf dem Gang getroffen hatte, sah herein. »Mönchen, kannst du nicht einen Augenblick mal rauskommen?«

»Nein!« rief mein Sohn herrisch. »Du weißt doch, Vroni, Mönchen darf nie aus meinem Zimmer. Ihr könnt ja in der Ecke miteinander flüstern, wenn ich's nicht hören soll. – Papa, das ist die Schwester Vroni, die ist noch neu hier, die ist noch mächtig schüchtern. Aber ich gewöhne ihr das schon ab!«

So begann mein Besuch, der sich dann noch ziemlich lange ausdehnte. (Suse lag wegen ihrer Thrombose auch, aber in einer andern Klinik.) Allmählich übersah ich den Umfang der Tyrannis, die mein Sohn Ulrich ausübte. Ich erfuhr, daß Schwester Monika – Mönchen – seit vierzehn Tagen das Zimmer meines Sohnes nicht hatte verlassen dürfen, weder tags noch nachts. Sie mußte in dem Bett neben ihm schlafen, und selbst ihre Besuche auf einem gewissen Ort wurden nur nach Kämpfen gestattet und mit dem Minutenzeiger der Uhr nachgemessen.

Ich erlebte den Besuch der brummbärtigen Oberin, die sich nach den Essenswünschen des kleinen Herrn Pudulle erkundigte. Sie schimpfte auch mit ihm, sie schimpfte auf die verfluchte Weiberwirtschaft in dieser Krankenstube, und brummbärtig und schimpfend ließ sie sich alle Vorschläge von dem Herrn Sohn ablehnen und versprach ihm genau das Essen, das er haben wollte.

Ich hoffte auf die Ärztin, eine bekannt tüchtige Kinderärztin. Sie kam – und durfte erst in meines Sohnes Hals sehen, nachdem sie mit ihm drei Partien »Tod und Leben« gespielt und verloren hatte. Jede einzelne Untersuchung kostete ihren Preis. Seufzend und doch lächelnd hielt die Vielbeschäftigte und Gehetzte eine Stunde bei ihm aus, er zwang sie einfach.

Man glaube nicht, daß ich etwa entzückt von diesen Beobachtungen war. Ich fand es einfach gräßlich, wie sie alle, alle meinem Herrn Sohn den Willen taten, weil es ihm doch so viel Spaß machte. Es war wirklich eine vollendete Weiberwirtschaft: er war der Pascha und sie der Harem, der nach seinen Launen tanzte.

Ich bin nie für Seine Majestät das Kind gewesen, ich bin für guterzogene Kinder. Wenn sie parieren, haben es auch die Eltern leichter, vor allem aber die Kinder. Man kann nicht früh genug parieren lernen – in diesem Leben.

Ich begleitete die Ärztin ein paar Schritt auf der Straße

und erkundigte mich sanft, ob ein solches Maß von Verwöhnung noch durch seine Krankheit bedingt sei?

Sie lächelte ein wenig verlegen und meinte, es gehe dem Uli ja jetzt den Umständen nach schon recht gut. Immerhin sei er sehr empfindlich, neige zu Fieber und Rückfällen. Im übrigen sei er doch so entzückend und charmant ... Und sie fing von meinem Sohn zu schwärmen an, wie eben unverheiratete ältere Mädchen von Kindern schwärmen, mit denen sie nur ein Stündchen am Tage auskommen müssen.

Ich aber dachte an meine kranke Suse, die diesen verwöhnten Erbprinzen zwölf Stunden am Tage würde ertragen müssen. Ich dachte auch an meine Arbeitsruhe, am meisten aber dachte ich an den Sohn selbst. Also eröffnete ich der Ärztin, ich würde doch noch gerne, ihr Einverständnis vorausgesetzt, einen Spezialisten zuziehen ...

Natürlich war sie einverstanden, dies war sogar ihr dringender Wunsch! Wir verabschiedeten uns rasch und recht kühl.

Am Nachmittag kam ich dann sogar mit zwei Ärzten an, männlichen Ärzten. Diese Untersuchung fand ohne »Tod und Leben« statt, ohne alle Erpressung. Mein Sohn war auch viel zu schlau, um so etwas diesmal zu versuchen. Das Ergebnis war, daß er gesund geschrieben und nur noch leichte Schonung empfohlen wurde. Noch am Abend zogen wir aus der Klinik, unter Zurücklassung beträchtlicher Mengen russischer Eau de Cologne, Puder, Lippen- und Brauenstifte.

Gottlob hat mein Sohn das glückliche Naturell meiner Frau, Tyrannis lag ihm nicht im Blute. Er lernte bald, sich wieder zu fügen, und Mahlendorf, das Land, war da eine ausgezeichnete Schule für ihn. Über Hella, der Erikuh und Rautchen vergaß er übergangslos die Privatklinik und das wirklich aufopfernde Mönchen und sielte sich ohne alle Sehnsucht nach Parfüm in jedem Dreck.

Aber der kleine Herr Pudulle blieb er darum doch, er war sich seines Wertes und seiner Männlichkeit wohl bewußt.

Noch heute, im reifen Alter von zwölf Jahren, ist ihm der Hang eigen, weibliche Wesen als minderwertig zu ignorieren, noch heute beginnt er seine Briefe fast stets mit der Anrede »Lieber Papa« – als gebe es seine Mutter, die er doch zärtlich liebt, nicht auf der Welt.

Danach kann man sich denken, wieviel Reibungsflächen es zwischen ihm und Fräulein Bäht gab, die Männer schrecklich fand, Kinder noch schrecklicher, aber Jungens am schrecklichsten. Fräulein Bäht wollte meinen Sohn kommandieren, sie wollte ihn tyrannisieren, aber was ihr beim ganzen Haus gelang, bei dem Bengel gelang es ihr nicht. Sie haßten sich gegenseitig gründlich.

Nun begab es sich zu der Zeit der mißglückten Obsttage und erhöhten Spannungen, daß Bettinchen gar zu giftig irgendeine große Dorftöle angeiferte. Die Töle schnappte zu, Fräulein Bäht sprang dazwischen und rettete Bettina, bekam aber einen kräftigen Schmiß in den Arm.

Meine Frau erzählte mir davon, sie hatte Fräulein Bäht den Arm verbunden. Der kleine Herr Pudulle saß auch im Zimmer, in einer Ecke, unter einem Stuhl, anscheinend völlig in sein Bilderbuch vertieft.

»Mir wurde beinahe schlecht«, erzählte Suse, »als ich der Bäht den Arm verband. Das dicke Fett quoll hervor, gleich unter der Haut, und denke dir, es ist genauso gelb wie Hühnerfett!«

Aus! Danke! Wir dachten nicht mehr daran, später setzten wir uns zum Mittagessen nieder, zu einer jener Mahlzeiten, die früher so vergnügt gewesen waren und die jetzt meist durch Fräulein Bähts schlechte Stimmungen verdüstert waren.

Es gab einen Zank zwischen Fräulein Bäht und dem kleinen Herrn Pudulle. Sie behauptete, er habe seine Füße unter dem Tisch an ihrem Kleid abgewischt, er versicherte, daß nicht, sie doch, er nein, sie doch – beide völlig auf dem gleichen Niveau, fünfundfünfzig und vier Jahre.

Schließlich sagte sie, weiß vor Empörung:

»Ekelhafter Bengel!«

Worauf mein Sohn antwortete: »Olles dummes Fräulein Bäht!«

Da ich Züchtigungsrecht nur über meinen Sohn besitze, verabfolgte ich ihm ein paar Katzenköpfe und befahl ihm mit donnernder Stimme, sofort vom Tisch aufzustehen und sich ungegessen in sein Bett zu begeben.

Schluchzend gehorchte der kleine Herr Pudulle. Aber in der Tür blieb er stehen und rief weinend abermals: »Olles dummes Fräulein Bäht – du hast ja Hühnerfett im Arm, sagt Mummi!«

Worauf er mit überstürzter, allerdings auch dringend gebotener Hast entschwand.

Wir saßen erstarrt. Selten ist bei uns in so überaus höflicher Form um Schüsseln gebeten und gedankt worden. »Bitte sehr« und »Danke schön« waren die einzigen Worte, die in unserer Runde erklangen. Fräulein Bäht wandte nicht einmal sie an, sie saß weiß und starr wie ein Marmorbild da und aß nichts.

»Hühnerfett! Hühnerfett!« ging es immer wieder durch meinen Kopf. »Das ist das Ende! Das verwindet sie nie!«

Nach dem Essen kümmerte ich mich erst einmal um meinen Sohn. Er lag befehlsgemäß im Bett, hatte das Zimmer sogar verdunkelt, und selbst mein Lichteinschalten konnte ihn nicht aus seinem verstellten Schlaf wecken. Der Einfachheit halber ließ ich es dabei.

Als ich dann in mein Zimmer kam, war die Schlacht zwischen Suse und Fräulein Bäht bereits in vollem Gange. Ausgehend vom heutigen Fall, beklagte sie sich weinend darüber, daß alle Hausgenossen sie mit Verachtung behandelten. Sie sei rein gar nichts, keiner gebe ihr ein freundliches Wort, und dieser ekelhafte Bengel werde geradezu ermuntert, sie zu beleidigen …

Vergeblich suchte ihr die sanfte Suse vorzustellen, daß

von Beleidigung durch ein vierjähriges Kind nicht die Rede sein könne. Der Junge sei unverschämt gewesen, und er habe auch sofort seine Strafe bekommen.

Nein, die Bäht beharrte darauf, sie sei beleidigt worden, der Junge sei angestiftet. Das – Hühnerfett habe er nicht aus sich gehabt ...

Suse wurde rot, und die Bäht, dies bemerkend, ging schärfer zum Angriff vor. Mein armes gutes Weib, das monatelang ohne Klage unter der Bähtschen Knute gelebt hatte, wurde zu einer feigen Verschwörerin, einer bewußten Beleidigerin.

All das hatte nicht den geringsten Sinn mehr, dieser zerbrochene Pott war nicht mehr zu kitten. Auch war ich nicht gesonnen, mein sanftes Weib noch länger von diesem Drachen kränken zu lassen. Aus lauter schlechtem Gewissen wegen ihrer Bemerkung über das Hühnerfett kam Suse sich schon wirklich wie eine Sünderin vor und wagte kaum, sich zu verteidigen. Ich griff ein und schlug Fräulein Bäht eine Lösung unseres Verhältnisses vor. Es passe insofern gut, als heute grade der Fünfzehnte sei, ob wir uns zum Ersten trennen wollten?

Dies schien Fräulein Bäht nicht ganz recht zu sein, sie erhob Einwendungen. Im ganzen hatte ich den Eindruck, sie hatte diesen Zwischenfall nur dazu benutzen wollen, ihre Herrschaft zu befestigen und auszudehnen. Eine Kündigung hatte sie weder beabsichtigt noch erwartet, wie jeder von uns hielt auch sie sich auf ihrem Posten für unersetzlich. Doch blieb ich unbeugsam, ich sprach die offizielle Kündigung aus. Fräulein Bäht erbat sich Urlaub für den Nachmittag auf einen Weg in unsere Stadt Bergfeld, bekam ihren Urlaub und ging, jedes Gramm gekränkte Unschuld.

Wir erlebten den erlöstesten, vergnügtesten Nachmittag. Die Würfel waren gefallen, wir würden uns trennen, binnen vierzehn Tagen würde es keine Bähtschen Stimmungen mehr geben. Die Mädels sangen, Suse lächelte – alle arbeiteten selten vergnügt im Garten. Um vier Uhr erlöste ich meinen Sohn aus seinem dunklen Bett und schickte ihn, nach kurzer väterlicher Ermahnung, zu den andern in den Garten. Ich hatte das Haus für mich allein, ich setzte mich an meine Schreiberei.

Ich weiß nicht, welche Ahnung trüben Unheils mich gegen fünf Uhr von meiner Arbeit hochtrieb. Ich stand auf und wanderte unruhig durchs Haus. Ich bin solch ein Hauskater geworden, ich spüre es immer, wenn etwas im Hause nicht in Ordnung ist.

Im Garten hörte ich die Mädchen singen, vom Fenster aus sah ich Suse über ein Beet gebückt stehen. Argwöhnisch schnuppernd, ging ich weiter. Im Zimmer meines Sohnes angekommen, stand ich verblüfft da. Von neuem ist der Raum verdunkelt, von neuem liegt der vor einer Stunde Erlöste im Bett, in verstelltem Schlaf. Ich halte mich nicht auf. Er muß etwas Schreckliches angerichtet haben, daß er sich freiwillig ins Bett gepackt hat. Banger Ahnungen voll, eile ich durch die restlichen Räume.

In der Tür von Fräulein Bähts Zimmer bleibe ich erschrocken stehen. Hier hat es gebrannt, noch füllt übler Papierqualm die Luft. Ein Blick auf die herausgezogene Schublade, halb angebranntes Briefzeug unterrichtet mich: das Feuer ist erloschen. Ich eile und hole Suse!

Die am Tatort zurückgelassenen Beweisstücke lassen uns unschwer den Sachverhalt rekonstruieren. Mein erlöster Sohn hatte sich, statt in den Garten zu gehen, tatenlüstern in allen Stuben des stillen Hauses herumgetrieben. In Fräulein Bähts Zimmer angelangt, hatte er auf dem Nachtschränkchen Streichhölzer entdeckt. Aus einer Kommodenschieblade, die wahrscheinlich offenstand, hatte er Briefe entnommen und damit ein Feuerchen entfacht. Dann war er zur Untersuchung der Nachttischschieblade übergegangen, hatte Schokolade und Bonbons gefunden und zum Teil aufgefressen.

Auch die auf dem Nachttisch stehende Kerze hatte er entzündet. Von der Kerzenflamme war der Papierschirm über der elektrischen Lampe aufgeloht – die brennenden Fetzen waren auf das Bett gefallen, und angstvoll war mein Sohn entflohen!

Die brennenden Fetzen waren nicht nur auf das Bett gefallen, auf dem Bett hatte gelegen und lag noch Bettinchen, die giftige Kläfferin. Und hier, jetzt, in dem einzigen Augenblick, wo ihr Kläffen von Nutzen gewesen wäre, wo sie mich, den zwei Zimmer weiter Sitzenden, herbeigerufen hätte, hier hatte die unbegreifliche Bettina geschwiegen! Die lohenden Papierstücke waren auf ihr Fell gefallen, sie hatte sich nicht gerührt. Noch jetzt lag sie da und glotzte uns mit ihren bernsteinfarbenen vorstehenden Augen an, ohne Kläffen ließ sie sich die Aschenflocken aus dem Fell nehmen! Unbegreifliche Bettina!

Aber noch unbegreiflicheres Fräulein Bäht!

Erst aber kam der Sohn heran, kein noch so gut geheuchelter Schlaf wurde respektiert. Er bekam eine Wucht, die ihn bis zum heutigen Tage vom Spielen mit Streichhölzern heilte!

Dann saßen seine Mutter und sein Vater beisammen und warteten beklommen auf die Rückkehr Fräulein Bähts. Eine sehr unangenehme Auseinandersetzung stand uns bevor. Dies war nun wirklich äußerst peinlich! Wenn wir daran dachten, was uns die Bäht alles sagen würde und eigentlich mit Recht sagen würde! Dieser infame Bengel! Dieser elende Herr Pudulle – in was für Schwierigkeiten hatte er uns gestürzt!

Unbegreifliches Fräulein Bäht! Sie kam, und stockend machte ich ihr die notwendigen Mitteilungen, ehe sie noch ihr Zimmer betreten hatte. Sie lächelte! Sie meinte, das sei wohl nicht so schlimm. Ich beschwor sie gradezu, nicht so guter Laune zu sein, Briefschaften seien verbrannt, womöglich wichtige Dinge. Sie möge doch erst einmal feststellen …

Sie stellte fest, sie kam wieder, sie sagte lächelnd, nur ganz gleichgültige Briefe fehlten. Sie war eitel Freundlichkeit, nicht ein Vorwurf kam von ihren Lippen …

Und so ist sie die ganze letzte Zeit geblieben, in den letzten vierzehn Tagen lernten wir ein ganz anderes Fräulein Bäht kennen. Nicht gerade einen Engel, aber einen völlig erträglichen Menschen. Ich verstehe es nicht. Zuerst haben wir gedacht, sie habe in Bergfeld etwas so Günstiges erfahren, daß sie dadurch in solch glänzende Stimmung versetzt sei. Aber dann hörten wir, daß sie sich dort nur auf der Arbeitsfront nach den Aussichten für einen Prozeß gegen uns erkundigt, aber einen ungünstigen Bescheid erhalten hatte. Dann dachten wir, sie habe eine andere, viel bessere Stellung in Aussicht. Aber von uns aus ging sie überhaupt nicht wieder in Stellung. Sie hatte sich ein kleines Haus zusammengespart, in das sie jetzt endgültig zog.

Kein Grund zu entdecken für diese Milde, diesen Stimmungsumschwung. Manchmal noch liege ich wach und denke über Fräulein Bäht nach. Menschen, die ich nicht verstehe, sind wie ein juckendes Ekzem für mich, ich muß immer wieder daran herumkratzen, ob ich will oder nicht. Aber Fräulein Bäht enträtsele ich nicht.

Vielleicht kommen ihr diese Zeilen zu Gesicht – aber bitte schreiben Sie mir nicht, Fräulein Bäht! Lieber will ich mich weiter jucken. Denn diesmal würden Sie noch schlimmer beleidigt sein als damals mit dem Hühnerfett, und das möchten wir doch nicht gerne, nachdem Sie damals so munter mit der giftigen Bettina abgezogen sind! Schreiben Sie uns nicht, erhalten Sie uns Ihr Lächeln, Fräulein Bäht!

Bienen im Garten, Honig des Lebens

Zu dem Vatersnamen Herbarth hatten ihm seine Eltern den Vornamen Herbert gegeben, und von Beruf war er Gärtner. Er war der einzige Gärtner, den ich je beschäftigt habe, und vielleicht bleibt er auch unser einziger. Es wird nicht leicht sein, ihm einen Nachfolger zu geben. Selbst die Kinder, die doch so leicht vergessen, bekommen ein ernst nachdenkliches Gesicht, wenn wir von Onkel Herbert sprechen. Er fiel vor einem Jahr in Griechenland bei der Erstürmung der Metaxas-Linie im Alter von fünfundzwanzig Jahren.

Ich hatte in der Zeitung nach einem Gärtnergehilfen inseriert, und an einem Sonntagvormittag meldete sich Herbert Herbarth bei mir. Er war damals einundzwanzig Jahre alt, ein großer, starkknochiger pommerscher Junge mit einem Gesicht wie grob aus Lehm geknetet. Vor allem die Nase war aus allem Format geraten, dafür waren die Augen nur klein. Aber einen Gärtner wählte man nicht nach der Schönheit, und seine Hände hatten ein beruhigendes Format, wahre Wurfschaufeln. So wurden wir rasch einig.

Wir haben nie einen fleißigeren und zuverlässigeren Menschen als Onkel Herbert, wie er bald bei allen hieß, auf dem Hof gehabt. Und treu wie Gold – nein, viel treuer als Gold! Durch dick und dünn zu einem halten, das ist schon etwas wert. Und schweigsam – liebe Leute, was ist das wert, einen Mann im Haus zu haben, der nicht schwatzt und klatscht!

Es kommt immer etwas vor, im Haus und auf dem Hof, von dem man nicht möchte, daß im ganzen Dorf darüber geredet wird: mit den Kindern, den Haustöchtern, dem Vieh – und auch mit mir selbst. Ich bin nun leider ein jähzorniger Mensch, und manchmal – in den letzten Jahren gottlob nur noch selten – brüllte ich dann los. Meistens bei irgendeinem Dreck. Eine Tür ist offengeblieben, ein Ofen schlecht geheizt, ein Spaten im Regen draußen gelassen.

Es ist nicht angenehm, wenn das ganze Dorf sich erzählt: heut hat der Fallada aber gebrüllt, daß die Spatzen vom Dach gefallen sind! Mahlendorf liegt ganz abseits, keine größere Straße führt auch nur in der Nähe vorbei, keine Fremden, kein Durchgangsverkehr bringen frisches Leben in den Ort. Mahlendorf liegt auch auf einer Halbinsel, auf allen Seiten von Seen umgeben. All solche isolierten Orte, in denen jeder mit jedem versippt und verschwägert ist, lieben den Klatsch, er ist ihr tägliches Brot.

Auch wir hören ein bißchen Klatsch gerne, aber wir mögen es nicht so sehr, wenn über uns geklatscht wird. Wir liegen abseits, und auch im Klatsch möchten wir abseits bleiben. Da war Onkel Herbert unvergleichlich. Er wußte nie etwas, er hatte nie das Geringste gehört. Trafen sie ihn mit einer Mistforke in der Hand auf einem Acker, bei einem Dunghaufen stehend, und fragten ihn: »Ihr wollt wohl Mist streuen, Herbert?«, so antwortete er prompt: »Weiß ich nicht, da mußt du den Chef nach fragen, Arthur!«

Und fleißig war er! Wenn noch Arbeit da war, gab es für ihn nie Feierabend. In vielen Dingen habe ich ihn bewundert. Es ist bekannt, daß Männer sich schlechter bücken können als Frauen, das hängt irgendwie mit dem Körperbau zusammen. Ich kann mich besonders schlecht bücken, und darum ist die Erdbeerzeit bei mir eine gefürchtete Zeit. Ich esse Erdbeeren gerne, ich freue mich, wenn sie gut tragen, aber den mir zukommenden Anteil von sechs oder acht Zentnern zu pflücken, das geht fast über meine Kraft!

Zuerst versuche ich zu pflücken wie die andern, ich gehe gebückt, das fördert am schnellsten. Aber ich schaffe es nicht, die Reihe der andern ist mir bald weit voraus, und dabei tut das Kreuz mir schon so weh. Am Schluß des Beets muß ich mir meine Reihe zu Ende helfen lassen, recht beschämend!

Wieder starten wir gemeinsam, und schon bleibe ich wiederum zurück. Immer ächzender bücke ich mich – diese verdammten Erdbeeren! Ich bin überzeugt, ich kriege immer die ergiebigste Reihe! In meiner Reihe sitzen dreimal soviel daran wie bei den andern! Ich werde nun ganz schamlos, ich setze mich glatt auf den Hosenboden und pflücke im Vorwärtsrutschen. Weder beschleunigt das die Arbeit, noch tut es den Erdbeerpflanzen gut, aber mein Kreuz fühlt sich wohler dabei!

Onkel Herbert hat das nur zwei-, dreimal angesehen, und ich treffe ihn morgens um fünf im Garten – beim Erdbeerpflücken.

»Nanu?« sprach ich. »Fangen Sie schon an? Wir pflücken doch erst um sieben!«

»Och!« sagte er. »Die paar Erdbeeren pflücke ich schon alleine! Da brauchen doch wirklich nicht die Mädchen alle ihre Arbeit stehen- und liegenlassen!«

»So!« sagte ich und fand es ja doch recht nett von ihm, daß er nur von den Mädchen sprach. Ein wenig beschämt sah ich zu, wie er sich rastlos bückte und wieder aufrichtete. »Tut Ihnen Ihr Kreuz gar nicht weh?« fragte ich teilnahmsvoll.

»Mein Kreuz?« fragte er. »Wieso?«

»Na, vom Bücken!«

»Spür ich gar nicht!«

Von da an waren wir alle vom Erdbeerpflücken befreit. Und so war er nicht nur in der ersten Zeit, so blieb er.

Bei uns essen alle gemeinsam an einem Tisch, Eltern, Kinder, Haustöchter, Monteure, Hausschneiderinnen, Gäste. Alles trifft sich dreimal des Tages zu gemeinsamer Mahlzeit. Das bekommt allen gut, man spricht sich aus, man lernt den Menschen oft von einer ganz anderen Seite kennen.

Ganz einfach ist es ja manchmal nicht, und bei gewissen Neuerwerbungen muß Suse öfter geheime Vorlesungen über Schmatzen, Schlürfen und den Messergebrauch lesen. Viele lernen es schnell, bei andern erlebt man überraschende Rückfälle: plötzlich wird, von unwiderstehlicher Gewalt bezwungen, das Tischmesser, schön mit dicker fetter Bratensoße behaftet, rasch und heimlich einmal durch den Mund gezogen.

Doch der Hausherr, dieser alte Hauskater, sieht alles. Mit vernehmlicher Stimme sagt er: »Uli, verdammt noch mal, du sollst das Messer doch nicht durch den Mund ziehen! Das ist ja einfach ekelhaft!«

Empört protestiert Uli: »Papa, ich habe das Messer doch gar nicht im Mund gehabt!«

Und milde antwortet der Vater: »Entschuldige, mein Sohn, ich glaube wirklich, ich habe mich versehen!« Standhaft sieht er an dem rot gewordenen Kopf von Emma, Luise oder Agathe vorbei.

Suse und ich, wir waren gespannt, wie es mit Onkel Herbert bei Tisch gehen würde. Er war ja ein ganz einfacher Junge vom Lande, hatte auf den Gütern immer nur am Gesindetisch gegessen. Aber wenn uns jemand überraschte, war es Herberth. Die ersten Tage verhielt er sich vorsichtig abwartend, gar nicht ungeschickt beschäftigte er sich mit den Kindern, band Mückchen ihr Lätzchen um, bis wir andern unser Eßgerät zur Hand genommen und ihm ein wenig vorgegessen hatten. Und ruhevoll, ohne jedes Lampenfieber, griff er zu seinem Gerät und aß uns nach.

Nach ein paar Tagen war er firm in den Tischsitten, und wir erlebten bei ihm nie einen Rückfall. Man hätte mit ihm im Adlon essen können, er wäre nicht aufgefallen. Gute Sitten waren ihm zwar nicht, wie keinem, angeboren, aber sie lagen ihm. Er mußte sie nicht langsam lernen, er begriff sie auf der Stelle. Er war eben ein richtiger Mensch, nichts Falsches oder Verdorbenes war an ihm.

Allmählich bekam auch sein rohgeknetetes Gesicht etwas Klares – bis es dann der Krieg zu einem kühnen, ein wenig scharfen Jünglingsgesicht umbildete. Er war Infanterist, er machte Polen mit, den Durchbruch der Maginotlinie, den Vormarsch in Frankreich, den Balkankrieg. Auf jedem Urlaub kam er zu uns. Er sprach wenig vom Krieg aber man konnte ihn von seinem Gesicht ablesen. Es wurde immer klarer, plötzlich waren die kleinen Augen gar nicht mehr klein, sondern klar und kühn unter den starken Brauen.

Die Kinder liebten ihn zärtlich. Er war ihr getreuester Freund. In seiner kurzen Mittagspause lief er unermüdlich mit Mückchen auf und ab und brachte ihr das Radeln bei – sie lernte es ziemlich schwer. Mücke kam aber auch mit all ihrem Leid zu ihm. Einmal hatte Suse das Mückchen für irgendeine Untat abgestraft; mit fest zusammengebissenen Lippen, ohne einen Laut lief Mückchen aus der Küche quer über den Hof in den Garten. Bei den Frühbeeten fand sie ihren Freund. Und im selben Augenblick, da sie ihn sah, brach sie in herzzerbrechendes Weinen aus, klagte ihm ihr Leid und ließ sich von ihm trösten! Und er tröstete sie. Er nahm sie bei der Hand, er ging mit ihr zu den jungen Schoten, er zeigte ihr ein Nest, er lenkte sie ab. Nie sagte er ein Wort gegen uns, nie bagatellisierte er die Strafe.

Onkel Herbert lernte bei uns auch das Autofahren, er wurde unser Chauffeur. Das heißt, eigentlich fuhr Suse den Wagen, ihren Wagen – ich habe nie das Chauffieren lernen mögen. Ich würde nur ein schlechter Fahrer werden, und Dinge schlecht zu tun, hat mir nie Spaß gemacht. Pfuscher gibt es auf der Welt genug.

Also, die eigentliche Fahrerin war Suse, Onkel Herbert wurde nur Aushilfsfahrer, und er fand sich auch damit ganz selbstverständlich ab, so leidenschaftlich gerne er selbst fuhr. Beide hatten ungefähr zur gleichen Zeit das Fahren gelernt, und jeder war natürlich von seinen eigenen Künsten am meisten überzeugt.

Nun ist mein Hof ein wenig eng und die Garageneinfahrt, die auch noch in der Steigung liegt, noch enger. Der Wagen paßte in die Garage hinein etwa wie eine Hand in ihren Handschuh, viel Spielraum war da nicht. Dazu konnte man auch noch nicht einmal gerade in die Garage fahren, sondern nur in einer sanften Kurve, eben wegen der Enge des Hofes. Für Anfänger war diese Garage wirklich eine ziemlich harte Nuß.

Zehnmal gelang es der Suse, beim elftenmal blieb sie ein

bißchen hängen, und die unvermeidliche Beule mit abgesprungenem Lack schändete den Kotflügel des nagelneuen Wagens. Suse ärgerte sich maßlos, aber am meisten ärgerte sie sich doch, als sie den Onkel Herbert tiefsinnig versunken in der Betrachtung der Beule fand.

»Ja, sehen Sie bloß, was mir da passiert ist, Onkel Herbert!« sagte Suse ärgerlich. »Die Einfahrt ist aber auch zu eng.«

»Och!« antwortete Onkel Herbert.

»Finden Sie etwa nicht –?!« fragte Suse mit erhöhter Stimme, denn sie hörte sofort aus diesem »Och« den Zweifel an ihren Fahrkünsten heraus.

»Ich bin immer noch glatt reingekommen«, sagte Onkel Herbert und machte, daß er von hinnen kam.

Suse war wirklich sehr ärgerlich.

An diesem Nachmittag, am Nachmittag ausgerechnet dieses Tages, fuhr Onkel Herbert irgendeinen Gast nach Bergfeld zur Bahn. Er kam zurück, niemand beachtete es, wie der Wagen über den Hof in die Garage fuhr, die Garagentüren wurden geschlossen.

Ich habe es schon gesagt: nichts wird in einem Dorf übersehen. Natürlich hatte es jemand beachtet, schon kamen die Kinder zu uns und flüsterten: »Onkel Herbert hat Bruch gemacht!«

Wir vergewisserten uns erst, daß Onkel Herbert in der entferntesten Ecke des Gartens arbeitete, und schlichen uns dann in die Garage. Jawohl, er hatte Bruch gemacht. Der Symmetrie halber hatte er sich den andern Kotflügel vorgenommen, aber viel kräftiger. Trotzdem es nun Suses geliebter Wagen war und trotzdem er jetzt wirklich recht havariert aussah, freute sie sich wie ein König.

»Gottlob«, sagte sie, »daß ihm das auch passiert ist! Ich hätte mich ja nur noch mit Zittern in die Garage getraut. Nun stehen wir doch wieder gleich!«

»Bin mal neugierig, was er sagen wird«, bemerkte ich.

»Der –?« sagte meine Frau. »Der sagt überhaupt nichts! Der guckt uns gar nicht an, so schämt er sich! Paß mal auf!«

Und sie hatte recht. Das Abendessen kam, und notgedrungen mußte sich Onkel Herbert an userm Tisch einfinden, am liebsten hätte er sich wohl krank gemeldet. Da saß er nun: ein bemitleidenswerter Anblick. An diesem Abend erglühte er in einem Dauerrot, und feurig glänzten seine recht abstehenden Ohren! Er aß überhaupt nichts, er hob den Blick nicht vom Teller. Wir abendbroteten, als sei er nicht da. Gottlob richtete niemand das Wort an ihn, nicht einmal die Kinder, die ja wahre Teufel in Sticheln und Taktlosigkeiten sein können. Onkel Herbert wäre wohl vor Scham glatt gestorben.

In der tiefen Nacht wache ich auf – von einem ungehörigen Geräusch. Auf einem ländlichen Hof kennt man alle Geräusche, die sein dürfen: das Rasseln einer Kuhkette, das kurze Anschlagen des Hundes, ein Hahnenschrei. Sie stören einen nicht. Aber ein Geräusch, das nicht hergehört, weckt einen sofort.

Ich lausche, ich sehe auf die Uhr: es ist kurz nach zwei Uhr morgens. Ich ziehe die Hausschuhe an, nehme den Bademantel um und wandere über den Hof, auf der Suche nach dem Geräusch.

In der Garage sitzt Onkel Herbert und klopft mit einem Hämmerchen an seiner Beule herum!

»Aber, lieber Herr Herbarth!« rufe ich. »Was machen Sie für einen Unfug! Gehen Sie ins Bett und schlafen Sie, die Beule wollen wir schon rauskriegen!«

»Habe ich Sie geweckt?« fragt er schuldbewußt.

»Natürlich haben Sie mich geweckt! Glauben Sie wirklich, mit so einem bißchen Gekloppe kriegen Sie die Beule aus dem Stahlblech raus?!«

»Ich wollte doch so gerne«, sagte er, »daß sie morgen raus wäre. Ich bin heute nacht noch in der Stadt gewesen und habe mir Autolack besorgt. Trocknet garantiert in einer Stunde!«

Und er hielt eine Blechbüchse hoch.

»In der Stadt sind Sie gewesen?! Wie sind Sie denn da hingekommen?!«

»Mit dem Rade doch!«

»Mit dem Rade –!«

Mir verschlug es die Puste, denn nach unserer Kreisstadt sind es einunddreißig Kilometer hin und einunddreißig Kilometer zurück, und die in der Nacht nach einem harten Tagewerk runterzustrampeln ist keine Kleinigkeit!

»Sie müssen vollkommen verrückt geworden sein, Herr Herbarth!« sage ich mit all der mir angeborenen Liebenswürdigkeit.

»Aber ich wollte doch so gern, daß Ihre Frau nichts davon merkt! Gerade heute habe ich mit meiner Fahrerei so geprotzt, und nun habe ich schlimmeren Bruch gemacht als sie!«

»Aber meine Frau weiß es doch längst!« rufe ich.

»Sie weiß es –!« sagt er und sieht mich ganz verzweifelt an.

»Die Kinder haben es ihr gesagt«, fahre ich mitleidslos fort. »Aber wenn die ihr auch nichts gesagt hätten, wie Sie da beim Abendessen gesessen haben, das schuldbeladene Gewissen selbst, rot angesteckt bis in den Kragen – lieber Onkel Herbert, für Heimlichkeiten sind Sie nicht geschaffen!«

»Was hat sie denn gesagt –?« fragt er angstvoll. »Ist sie sehr böse?«

»Gefreut hat sie sich, daß Ihnen das auch passiert ist – das haben Sie von Ihrer Protzerei! So was kann jedem passieren – das ist doch kein Unglück. Ich will Ihnen was sagen: die Kotflügel lassen wir erst mal so, wie sie sind, bis Sie beide sicherer fahren. Und nun legen Sie sich hin und schlafen. Mensch, um sieben müssen Sie schon wieder an der Arbeit sein, und jetzt ist es gleich halb drei! Fort mit Ihnen!«

»Gute Nacht!« sagte er und verschwand, doch ein wenig getröstet.

Wie es mit den Kotflügeln weiterging, denn es ging noch weiter mit ihnen, das erzähle ich an einer anderen Stelle dieses Buches. Jetzt meine ich, habe ich den Onkel Herbert genügend charakterisiert, diesen jungen Mann, der mir eine Suppe eingebrockt hat, an der ich fast jeden Tag schwer löffle, eine schmerzensreiche Suppe, möchte ich fast sagen. Er hat mir zu all meinen anderen Steckenpferden ein neues in den Stall geholt, und ich habe doch nie Zeit!

Also, eines Tages im Herbst betrachteten Onkel Herbert und ich den Ansatz der Obstbäume.

»Müßten eigentlich viel besser tragen danach, wie sie geblüht haben«, meinte ich. »Frost haben wir auch nicht während der Blüte gehabt, gespritzt haben wir, Leimringe gelegt – aber ich weiß nicht, je mehr wir tun, um so weniger tragen die Bäume!«

»Das liegt an der Befruchtung«, sagte er. »Hier müssen Bienen her!«

»Deubel noch mal!« rufe ich. »Auch noch Bienen! Ich habe schon so den ganzen Hof voll Viehzeug. Und dann bei den Kindern, danke, nein!«

Ich hatte eine gelinde Abneigung gegen Bienen, nicht weil sie stechen – mit Bienenstichen hatte ich noch nicht viel Erfahrungen gemacht –, sondern weil sie mich einmal in meinen Jugendjahren in den (diesmal) ganz falschen Ruf eines Prahlers und Lügners gebracht hatten.

Damals wirkte ich auf einem hinterpommerschen Rittergut, und einmal die Woche trafen sich vier im Gasthof zu einem Männerskat: der Kantor, der Oberinspektor, ein Bauer und ich, der Inspektor.

Der Kantor war ein großer Bienenzüchter, ich aber schon damals ein großer Büchernarr, und unter meinen Büchern befand sich eines von einem gewissen Maeterlinck, betitelt »Das Leben der Bienen«. Wenn der Kantor von seinen Bienen erzählte – und das tat er oft und lange –, so erzählte ich aus meinem Maeterlinck, freilich nicht ganz so klar wie der

Kantor. Denn Maurice Maeterlinck ist ein Stück Mystiker, und ich hatte noch nie in einen Bienenstock geschaut. Ich kannte das Leben der Bienen nur aus einem Buch.

So ergab es sich, daß es zu kleinen Streitereien kam, die aber schon darum keinen größeren Umfang annehmen konnten, weil der Abend ja eigentlich dem Skat geweiht war. Schließlich aber, als ich etwas wahrscheinlich ganz Törichtes von der Königin behauptet und der Kantor mich besonders höhnend ausgelacht hatte, gab ich ihm meinen Maeterlinck: das Buch sollte ihn dort überzeugen, wo meine Zunge versagt hatte.

Er nahm es willig genug, und ich hörte durch Wochen nichts Rechtes mehr von Bienen. Wenn ich den Kantor aber nach dem Buch und seinem Eindruck davon fragte, so hatte er nur ein recht plietsches Grienen und machte Redensarten wie etwa: »Jaja, es ist ein ganz hübsches Buch – aber ein richtig praktischer Imker ist, der es geschrieben, nie im Leben!«

Und dazu griente der Kantor wieder auf eine ganz infame Weise, als sei er mir auf meine Schliche gekommen. Er glaubte das auch wirklich, und was er sich für Schliche von mir einbildete! Ich sollte noch mein blaues Wunder erleben!

Denn eines Tages wurde ich zu meiner Chefin befohlen, die eine richtige hochgeborene Gräfin war und ein energisches Frauenzimmer dazu. Alle Tage ritt sie im Herrensitz ihre Felder und Wälder ab, eine Brasilzigarre zwischen den Lippen. Die rauchte sie auch jetzt, als sie mich sehr ausführlich nach meinem Lebenslauf befragte. Ich gab ganz artig Auskunft und stutzte erst, als ich gefragt wurde, ob ich wohl auch Bücher geschrieben hätte?

Da wurde ich ziemlich rot, denn ich glaubte, die Mädchen hätten in meiner Kommode einige Anfänge, Entwürfe, Skizzen gefunden, mit denen ich mich damals in aller verschwiegenen Heimlichkeit beschäftigt hatte. Aber Bücher: nein, ich konnte es guten Gewissens verneinen.

»Nun, nun«, sagte die Gräfin milde. »Sie werden ja ganz rot! Es ist keine Schande, wenn man mal ein Buch schreibt. Aber Sie müssen über etwas schreiben, wovon Sie was verstehen. Über die Landwirtschaft gibt's ja nichts zu schreiben, aber gehen Sie doch mal mit dem Förster in den Wald. In ›Wild und Hund‹ und im ›Hubertus‹ stehen immer so hübsche Jagdgeschichten – so was sollten Sie schreiben! Lassen Sie sich vom Förster nur was erzählen, der steckt bis obenhin voll Geschichten!«

Noch einmal und noch viel dringender versicherte ich, daß ich nicht den geringsten Ehrgeiz hätte, was für den Druck zu schreiben!

»Ach was!« sagte die Gräfin, jetzt ein wenig ärgerlich. »Stellen Sie sich doch bloß nicht so an! Ich weiß es ja vom Kantor: Sie haben ein Buch über die Bienen geschrieben. Es steht aber bloß Falsches darin, weil Sie nichts von den Bienen verstehen. Darum haben Sie wohl auch einen falschen Namen angenommen. Lassen Sie sich vom Förster nur alles erzählen, und passen Sie gut auf die waldmännischen Ausdrücke auf: äste sich und Keiler und Gebrech und Lichter und Blume. Dann wird es das nächste Mal schon besser werden.«

Zu irgendwelchem Protest kam ich nicht mehr, ich war in Gnaden entlassen, und ich war ein sehr junger und sehr schüchterner Mann. Von da an war ich in der ganzen Gegend »der Inspektor, der ein Buch über die Bienen geschrieben hatte«, und Witzbolde redeten mich »Herr Maeterlinck« an.

Was habe ich mich darüber geärgert! Zuerst protestierte ich wütend, aber was half mein Protest, die Gräfin hatte es selbst gesagt! Ich machte wütend Jagd auf das Buch, um eine Ausbreitung der Seuche zu verhindern, aber es war immer grade weitergegeben, ich sah es nie wieder.

Als sogar meine Feldarbeiter anfingen, mich Maeterlinck zu nennen, ergab ich mich in mein Schicksal und protestierte nicht mehr. Sprach mich jetzt jemand auf dem Wochenmarkt in der Kreisstadt an: »Sie sollen ja sogar ein Buch über Bienen geschrieben haben – is ja allerhand!« –

So antwortete ich ganz trotzig: »Hab' ich auch – und wenn Sie zehn Mark ausgeben, verkauf ich's Ihnen sogar!«

Es fand sich aber nie jemand, der die zehn Mark wagen wollte.

Ich muß die Leser für meine Gräfin und den ganzen Kreis um Entschuldigung bitten. Es gibt eben Leute, die lesen, und Leute, die nicht lesen. Und zwischen ihnen stehen dann noch die Leute, die nur Zeitungen und Zeitschriften lesen. Dort, bei uns, damals gab es eigentlich nur Leute, die nicht lasen. Die Gräfin gehörte noch grade zu denen, die in Zeitschriften lasen. Es ist ja auch nicht einzusehen, daß der lesende Mensch an sich edler und gebildeter sein müsse als der nicht lesende. Über die menschlichen Qualitäten sagt die Beschäftigung mit Büchern nichts aus.

Aber freilich war es unvermeidlich, daß eines Tages die Entdeckung kam. Im Jahre 1911 oder 1912 war Maurice Maeterlinck schon ein berühmter Mann. Wieder wurde ich aufs Schloß zitiert, und diesmal saß um meine Chefin ein ganzer Kreis ihrer nicht abreißenden sommerlichen Gäste, Herren und Damen, sehr viele Uniformen, noch die bunten Reiteruniformen der Vorkriegszeit, aber auch Zivil, dies meist monokeltragend. Recht verlegen stand ich vor dieser erlauchten Runde.

»Das ist mein junger Feldinspektor!« sagte »meine« Gräfin mit ihrer männlichen Stimme, und alle starrten mich noch mehr an.

Schließlich sagte einer dieser monokeltragenden Zivilisten: »Und als Schriftsteller heißen Sie also Maurice Maeterlinck? Ihr Stück Monna Vanna füllt augenblicklich in Berlin das Theater – Sie müssen enorme Gelder verdienen, junger Mann!«

Ich wurde noch viel röter. »Ich habe immer gesagt«, protestierte ich, »daß ich nicht der Maeterlinck bin! Ich habe

immer bestritten, daß ich das Buch über die Bienen geschrieben habe! Der Kantor hat das aufgebracht ...«

»Na, hören Sie mal!« rief die Gräfin recht empört. »Ich
habe Sie doch hier vor mir gehabt, und Sie haben mir sogar
versprochen, Sie wollten jetzt lieber Jagdgeschichten für
›Wild und Hund‹ schreiben!«

»Das habe ich nicht getan, Frau Gräfin. Sie haben es mir
geraten, aber ich bin nie zum Förster gegangen ...«

Wie kann ein Feldinspektor aufkommen gegen eine Gräfin, die noch dazu seine Brotherrin ist? Was kann der Protest eines zwanzigjährigen jungen Mannes gegen den festen
Glauben einer ganzen Gegend ausrichten? Erst hatten sie
mir den Maeterlinck aufgeredet, und nun redeten sie mir
den Lügner und Prahlhans auf! Es liefen ja auch genug
Leute im Lande umher, denen ich trotzig gesagt hatte:
»Habe ich auch! Wollen Sie mir ein Buch für zehn Mark abkaufen?« Ich konnte nicht jeden beiseite nehmen und ihm
die ganze Vorgeschichte erzählen!

Nein, es blieb mir nichts übrig als zu kündigen und zu
gehen, von einer sonst recht angenehmen Stellung übrigens. Wie habe ich den Maeterlinck und sein Leben der Bienen verflucht! Nie wieder habe ich den Versuch gemacht,
mir ein neues Exemplar für das verlorengegangene anzu-
schaffen. Maeterlinck war für mich erledigt, und die Bienen
waren es auch.

Das alles lag nun ungefähr fünfundzwanzig Jahre zurück,
aber manche Wunden heilen schlecht zu, und beschämende
Reinfälle, in der Jugendzeit erlitten, können einen alten
Mann noch in der Erinnerung wild machen! Danach kann
man sich's ungefähr denken, mit welchen Gefühlen ich den
Vorschlag Onkel Herberts, mir Bienen zuzulegen, aufnahm.

»Nein, nein«, sagte ich. »In den früheren Jahren haben
die Bäume auch ganz gut getragen, ohne daß wir Bienen gehabt hätten. Der schlechte Fruchtbehang kommt von was
anderm her.«

»Früher gab's in Mahlendorf auch mindestens sechs Imker«, antwortete mir mein Gärtner, »jetzt gibt's nur noch zwei. Die von dem Lau im Oberdorf kommen nie zu uns runter, haben oben viel zuviel zu tun. Und die drei Völker, die der Maurer Detlevsen hier unten hält, schaffen es nie mit der Bestäubung, wenn alles in den Obstgärten auf einmal blüht!«

»Ja, verstehen Sie denn was von Bienen?« fragte ich mißtrauisch. »Ich will mit den Biestern nichts zu tun haben! Ich kann sie nicht ausstehen!«

»Sie sollen auch gar nichts damit zu tun haben, Herr Fallada«, meinte er beruhigend. »Die Bienen besorge ich schon alleine.«

»Na schön«, gab ich schließlich nach. »Aber viel Geld stecke ich in den Rummel nicht.«

Die Erlaubnis war gegeben, und das Schicksal nahm seinen Lauf, unaufhaltsam, nichts war mehr rückgängig zu machen.

An einem regnerischen Sonntagvormittag kam der Onkel Herbert zu mir und sagte, er wisse einen Ort, wo wir vielleicht Bienen zu kaufen bekämen, ob wir nicht schnell einmal hinfahren wollten? Damals hatten wir schon unser Auto, und so fuhren wir hin; meine beiden Ältesten, Uli und Lore, die aber nur das Mückchen genannt wird, fuhren auch mit.

Der Handel um die Bienen war nicht einfach: da er die Käufer im Hause hatte, und Käufer mit einem dicken Auto dazu, wollte er die Bienen eigentlich nicht verkaufen. Über den länglich sich hintrödelnden Handel vergaß ich völlig meinen festen Vorsatz, nur wenig Geld in die Imkerei zu stecken. Ich vergaß ihn in der Folge noch öfter.

Ich erwarb zwei Völker Bienen für je sechzig Mark und hatte dafür zwei lange hohe Kästen mit Wänden aus Lehm und Stroh, die nicht sehr stabil aussahen. Da wegen des naßkalten Wetters die Bienen nicht flogen, wurden die Fluglöcher mit Papier verstopft, und die Übersiedlung konnte losgehen. Zwischen meinen Kindern, auf den rotglänzenden Ledersitzen, reisten die beiden Bienenkästen, »Beuten« sagt man fachmännisch dafür, nach Mahlendorf. Manchmal sah ich besorgt zurück, aber die Bienen benahmen sich völlig anständig. Den Kindern machte es Freude, wie es in den Kästen bei jedem Stuckern stärker summte und brummte.

Daheim angekommen, wurden die beiden Beuten auf eine alte Tür gesetzt, die wieder über zwei Holzböcken lag, und die alten Lehmkästen versuchten vergeblich, meinen Obstgarten zu verschönern. Allmählich fingen die Bienen an zu fliegen, es geschah nichts Besonderes, die Kinder waren vor ihnen gewarnt, niemand wurde gestochen – gut! Sehr gut! Ich hatte für die Befruchtung meiner Obstbäume meine Schuldigkeit getan – sela!

Ich lebte noch nicht lange in diesem Zustand ahnungsloser Unschuld, da machte mich Onkel Herbert auf ein Inserat in unserm Heimatblättchen aufmerksam, nach dem die Imkerei eines kürzlich verstorbenen Lehrers zum Verkauf stand.

»Was!?! Noch mehr Bienen!« rief ich entsetzt. Sie sind ja unersättlich! Nein, daraus wird nichts! Außerdem ißt in diesem Hause kein Mensch Honig!«

Er behauptete, alle in diesem Hause hungerten gradezu nach Honig!

»Jawohl!« rief ich. »Das kenne ich! Einmal habe ich dem Lehrer in Dingsdewich einen Eimer Honig abgekauft. Eine Woche lang war das süße Zeug große Mode auf dem Frühstückstisch, nachher wollte es keiner haben. Wo der Kram dann hingekommen ist, habe ich keine Ahnung. Wahrscheinlich auf den Misthaufen, in diesem Haus wird ja mit allem geaast!«

Hier bemerkte Suse sanft, daß sie einen kleinen verbliebenen Honigrest zu Honigkuchen verbacken habe. »Und dir hat der Kuchen auch sehr gut geschmeckt!«

»Ach was, gut geschmeckt! Ich habe ihn eben runter-
gegessen, wie ich geduldig alles runterschlinge, was ihr zu-
sammenküchelt! Und überhaupt handelt es sich nicht um
Honig, sondern um Bienen. Honig können wir uns alle
Tage kaufen, kastenwagenweise! Aber für die ollen Bienen
will ich nicht noch mehr Geld ausgeben!«

Worauf mir Onkel Herbert bewies, daß zwölf Völker
Bienen nicht mehr Arbeit als zwei machen, daß zwei Völ-
ker auch nicht genug zur Bestäubung seien, daß der ganze
Aufwand unrentabel bei zwei Völkern sei …

Hier rührte er an meine praktisch kaufmännische Seite.
Ich habe eine – freilich völlig unglückliche – Liebe für das
Kaufmännische. »Also, meinetwegen, fahren wir hin!«
sagte ich ungnädig. »Wir können uns den Krempel jedenfalls mal ansehen!«

Wir fuhren hin und wurden von der Lehrerswitwe und
einem assistierenden dicken Herrn, über dessen Stellung
beim Verkauf ich mir nicht ganz klar wurde, in eine Art
hölzerne Sommerlaube geführt, wo wir die Rückseiten von
etwa zwanzig solcher Lehmkästen bewundern konnten,
wie ich bereits zwei zu Haus hatte. Gottlob war die Hälfte
dieser Beuten leer, nur zehn Völker lebten.

Trotz meines dringenden Protestes bestand der dickliche
Herr darauf, einen Kasten zu öffnen, um mir die Lebendig-
keit, Gesundheit, was weiß ich, der Bienen zu beweisen.
Mir wurde ein scheußlicher Gazehelm übers Haupt ge-
stülpt, die Hände bohrte ich in die Taschen, die Witwe ver-
zog sich, und unbewehrt trotzten der kleine Dicke und
mein Gärtner den bald fleißig uns umburrenden Bienen.
Wenn sie gestochen worden sind – und das werden sie ja
wohl! –, haben sie sich doch nichts merken lassen!

Als der Dicke dazu übergehen wollte, einen zweiten Kasten zu öffnen, faßte mich Grauen. Ich kürzte das Geschäft
ab und erwarb den ganzen Krempel, wie er ging und stand,
flog und stach, inklusive der leeren Beuten, aber exklusive

Holzschuppen, für dreihundert Mark. Im Flüsterton beglückwünschte mich Onkel Herbert zu dieser vorteilhaften Erwerbung. Da diese Last zu groß für unsern Personenwagen war, nahm ich noch ein Lastauto für dreißig Mark an, das mir die Imkerei am nächsten Sonntag ins Haus, nein, lieber in den Obstgarten bringen würde.

Onkel Herbert hat alles gut vorbereitet: noch mehr Holzböcke sind aufgestellt, Bretter darüber gelegt, und nun werden zu zwei weitere zehn Bienenvölker gesetzt.

»Und was machen wir mit den leeren Beuten?« fragte ich mürrisch, denn ich hasse herumstehenden »Möl«, alles muß bei mir ordentlich sein.

»Aber die Bienen werden ja schwärmen!« sagt er unschuldig. Die Schwärme schlage ich dann in die leeren Kästen ein.

»Dann werden es ja mehr als zwölf Völker?« frage ich und sehe ihn giftig an.

»Och! Das bißchen Arbeit schaffe ich auch schon!« meint er und breitet Dachpappe zum Regenschutz über die Bienenbeuten.

Wenn ich gegen etwas eine Idiosynkrasie habe, ist es diese düstere Dachpappe. Ich hatte schon eine scharfe Bemerkung auf der Zunge, aber ich schluckte sie hinunter und ging. Nun gut, meinethalben, hatte er seine Bienen, sollte er glücklich mit ihnen werden!

Im allgemeinen habe ich ja eine andere ziemlich intensive Beschäftigung, ich kann nicht den ganzen Tag an Bienen denken! So trifft es mich wie ein Schlag, als mir Onkel Herbert nach dem Abendessen, etwa zwei Wochen später, mit einem blauweißen Heft unter die Augen geht, einem Katalog für Imkerbedarfsartikel, wie ich sehe.

»Wo haben Sie denn das Dings her?« frage ich ärgerlich.

»Habe ich mir kommen lassen.«

»Wo haben Sie denn die Adresse her?«

»Aus der Bienenzeitschrift.«

»Wo haben Sie denn die Bienenzeitschrift her?«

»Habe ich auf der Post abonniert!«

»Hören Sie mal, das sind meine Bienen, und wenn die Biester eine Zeitschrift brauchen, so bezahle ich die und nicht Sie, verstanden?!«

»Jawohl, Herr Fallada!«

»Na, und was soll ich nun mit dem Ding? Wieder was bestellen, was? Ich habe Ihnen doch schon ein ganzes Lastauto voll Schraps gekauft? Was brauchen Sie denn nun noch?!«

»Ich muß doch Rahmen machen!«

»Rahmen müssen Sie machen? Was wollen Sie denn bei den Bienen einrahmen?«

»Rahmen für die Waben doch!«

»Ach so, natürlich, natürlich, Rahmen für die Waben! Ich verstehe! Und was noch?«

»Mittelwände brauche ich auch.«

»Waren denn keine Mittelwände mitgekommen? Mir war doch so! Da war doch eine Masse Holzkram auf dem Auto!«

»Aber nein! Mittelwände sind doch aus Wachs!«

»Ach so, die Mittelwände meinen Sie! Natürlich, die müssen Sie haben, Sie und Ihre lieben Bienchen! Nun will ich Ihnen mal was sagen, Onkel Herbert! Das paßt mir nicht, daß ich hier alle Tage sitze und bloß noch für Ihre Immen da bin! Nun streichen Sie mir in dem Katalog alles an, was Sie heute und morgen und in drei Jahren für Ihre Imkerei brauchen, und das bestelle ich dann auf einmal! Schreiben Sie die Mengen daneben. Hier haben Sie einen Blaustift. – Da steht zum Beispiel ›Abstandstifte‹ – brauchen Sie auch Abstandstifte?«

»Natürlich, Abstandstifte brauche ich auch!«

»Sehen Sie! Da schreiben Sie also daneben: soundsoviel Kilo Abstandstifte! Thüringer Glasballons – brauchen Sie die auch?«

Er schien zweifelhaft, er war sich wohl selber nicht ganz im klaren über die Zusammenhänge zwischen Bienen und Thüringer Glasballons.

»Na schön, lassen wir also die Ballons weg. Die Bienen können ja auch ohne Ballon fliegen! Und nun machen Sie zu, morgen geht die Bestellung raus, damit ich endlich meine Ruhe vor Ihnen habe!«

»Und ich darf wirklich alles bestellen, was ich brauche?«

»Mann Gottes! Das habe ich Ihnen doch eben gesagt! Alles, was Sie heute und in der fernsten Zukunft brauchen!«

»Eine Honigschleuder brauche ich aber auch!«

»Eine Honigschleuder war aber bestimmt bei dem Krempel, den ich gekauft habe!«

»Die ist leider kaputt. Ich habe sie schon beim Schmied und beim Schlosser gehabt, beide sagen, da ist nichts mehr mit anzufangen.«

»Sehen Sie, Onkel Herbert«, sprach ich und sah ihn traurig an. »So geht mein Geld hin in diesem Haus! Alles mein saurer Schweiß – und ihr kauft kaputte Honigschleudern dafür! – Na, nun machen Sie, daß Sie wegkommen, ich kann Ihren Anblick wirklich nicht mehr ertragen.«

Am nächsten Morgen, statt Roman zu schreiben, tippte ich eine drei Seiten lange, engzeilige Bestellung auf Bienenbedarf. Die Schlußsumme, die ich nach langer Rechnerei daruntersetzte, belief sich auf 487,75 Reichsmark.

Bis dato hatte ich es noch nicht gewußt, aber nun lernte ich es langsam, daß es in Deutschland eine ganze Reihe großer Fabriken gibt, die jahraus, jahrein nichts herstellen als Artikel für die Imkerei, vom Bienendraht an, der ein paar Pfennig kostet, bis zum Wanderwagen, der sich auf über tausend Mark stellt. Heute bin ich schon so weit, daß ich selber gerne in diesen dicken Katalogen mit den vielen hübschen Bildern blättere und daß es mich direkt lockt, Dinge zu bestellen, die etwa heißen: Absperrgitter, Entdeckelungsgabel, Drahtknie, Dahtepfeife, Futterflasche,

Wabenzange, Schwarmkiste ... Man kann einen ganzen Haufen Geld in solchem Zeug verläppern, o ja, das kann man. (Und das tut man auch!)

Mittlerweile aber hatte ich erst mal Ruhe. Die große Bestellung hatte meinen Peiniger besänftigt. Ich hatte sogar Erträge von meinen Bienen. Das erste Geld kam ein, wenigstens theoretisch. Es wurde Honig geschleudert, der Ertrag des Jahres: fünfzehn Pfund, nicht pro Volk, sondern in Summa von meinen zwölf Völkern.

Ich rechnete im Kopf: fünfzehnmal 1,20 macht 18 Mark. »Achtzehn Mark Ertrag und dann noch Ihre Arbeit!« sprach ich. »Viel ist das nicht, Onkel Herbert.«

»Och –! Dies Jahr gilt noch nicht!« sagte er rasch. »Die Bienen müssen sich doch erst eingewöhnen!«

Ich bedachte den Fall. »Hören Sie mal, das stimmt aber nicht. Wieso müssen sich die Bienen erst eingewöhnen? Ich denke, die Biene wird nur sechs oder acht Wochen alt? Die jetzt da sind, müssen doch also eingewöhnt sein!«

Er wurde wieder mal rot. »Och!« sagte er. »Die ganze Umsiedlung«, sagte er. »Und dann war das Frühjahr auch schlecht. Viel zu trocken. Und keine Lindenblüte. Und dann haben sie ja auch noch keinen richtigen Stand!«

»Was haben sie nicht –?« schrie ich und zog eine wütende Grimasse.

»Keinen richtigen Stand ...«, flüsterte er. »Hier so auf den Brettern, unter Dachpappe, das ist doch nur behelfsmäßig.«

»So?« sagte ich. »So! Behelfsmäßig! Na, ich danke schön! Sie sind mir der Richtige! Wissen Sie, was Sie sind?«

»Nee!« sagte er und grinste.

»Ein völliges Garnichts sind Sie!« schrie ich. »Ein Flausenmacher sind Sie! Ein Schwindler! Ein Hochstapler! Mit ein bißchen Bestäubung fangen Sie an, und nun locken Sie mir das Geld schon zu Tausenden aus der Tasche! Kucken Sie sich doch die Apfelbäume an – tragen die etwa mehr als im vorigen Jahr? Einen Dreck tragen sie! Behelfsmäßig! Kommen Sie mir mit behelfsmäßig!«

Damit ging ich, vor Wut zitternd.

Aber natürlich kam er mir, er gab mir nicht mal lange Schonzeit: der Herbst stand vor der Tür, den armen Bienchen drohte Erfrieren.

»Nur so ein kleiner Bretterschuppen!« flehte er, und seine große Nase stand ihm noch närrischer verquer im Gesicht als sonst. »Wir nehmen ganz billige Schalbretter, und ich haue die Bude mit dem Opa allein zusammen!«

Bude – dies Wort hatte grade noch zu meinem Glück gefehlt! »Unterstehen Sie sich!« schrie ich. »Eine Bude kommt nie und nimmer auf mein eigen Land! Schalbretter – ich soll wohl von meiner eigenen Veranda ewig auf Schalbretter starren? Nein, wenn gebaut werden muß, dann soll auch anständig gebaut werden! Wie muß denn das Ding beschaffen sein, das Sie haben müssen?«

Die Wahrheit ist, Onkel Herbert war wieder mal auf eine schwache Seite bei mir gestoßen. Ich baue nämlich, wie viele andere Narren, gerne. Ich hatte schon mindestens ein Jahr lang nichts gebaut. Ich plante einen ganzen Flügel ans Haus, aber dafür hatte ich das Geld noch nicht beisammen. Ein Bienenschuppen? Nein! Aber ein Bienenhaus, das klang schon ganz anders, das lag im Bereich des Möglichen!

Ich erfuhr, daß »mein Bienenhaus« soundso lang und soundso hoch sein müsse, damit grade zwölf Beuten hineingingen. (Seine Beschränkung auf die Zahl von zwölf Völkern versöhnte mich weiter mit der Bauerei.) Hinten mußte ein bißchen Platz zum Arbeiten sein, nur grade soviel, daß ein Mann stehen konnte.

»Fenster?« fragte ich.

Um Gottes willen, keine Fenster! Die Bienen liebten ja die Dunkelheit; wenn die Tür zum Bienenhaus einen Spalt offenstand, würde er schon genug sehen.

»Also keine Fenster!« knurrte ich. »Das wird ja ein dolles

Ding werden! Lieblich anzusehen! Na, wir werden es erleben!«

Und ich begab mich zu meinem Baumeister, der mich liebt: solche Bauherrn wie ich sind immer beliebt.

Und in der Folge entstand ein Bienenhaus, aus Eiche und Felsengestein gefügt – noch späte Geschlechter werden es sehen können, wenn mein Leib längst zu Asche geworden ist. Die Kosten beliefen sich auf 1386,95 Reichsmark, ungerechnet die Malerarbeiten, die auch noch 55,77 Reichsmark ausmachten. Teure Bienen ...

Als der Bau fertig und hinreichend ausgetrocknet war, mußten wir mit den Bienen umziehen, einziehen. Am Tage fliegen die Bienen, die Umzugsstunde wurde also auf Mitternacht festgesetzt. Dann würden alle Bienen zu Haus sein, auch die Bummler, und wir konnten die Fluglöcher verstopfen, ohne eines aus seinem Heim auszusperren.

Als Hilfsmann – denn volle Beuten sind sehr schwer – gewann Onkel Herbert einen jungen Mann aus dem Dorfe, Maxe geheißen, einen Hünen an Gestalt und Kraft, aber von einer tiefen Antipathie gegen Bienenstiche erfüllt. Wir mußten ihm heilig schwören, daß kein Bienchen seine Hünenhaut versehren würde. Suse und ich sollten bei diesem nächtlichen Akt als Beleuchter mit Taschenlampen fungieren.

Der Umzug ließ sich höchst angenehm an. Die Fluglöcher waren dauerhaft verstopft, kein Bienchen machte sich bemerkbar. In den Beuten hörten wir sie wohl aufgeregt surren und brummen, aber das tat uns nichts.

Das Bienenhaus war so konstruiert, daß sechs Beuten in einer Reihe stehen sollten, sechse unten und sechse oben drauf. Und die Maurer hatten so haargenau gemauert, daß die sechs Beuten nur mit Mühe in eine Reihe zu zwängen waren. Im Dunkeln, beim spärlichen Schein unserer Taschenlampen, arbeiteten die beiden jungen Männer eifrig, einer drinnen im Bienenhaus, einer draußen, zwischen sich die Beute haltend, die schwer war. Die Bienen summten zornig.

»Vorsicht, Maxe!« rief Herbert von draußen. »Nicht so scharf! Da – verdammt! Halt fest, Maxe!«

Eine Beute aus Lehm und Stroh ist nur ein gebrechliches Gebilde, eine Seitenwand hatte sich gelöst, zornentbrannt entströmten die Bienen dem Riß, zu Tausenden!

»Halt fest, Maxe!« schrie Onkel Herbert wieder. »Licht aus, die Bienen gehen nach dem Licht!«

Wir standen in tiefer Nachtschwärze, immer stärker wurde das zornige Gebrause der Bienen, und sie brausten nicht nur! Immer lauter wurde das Geschrei Maxens: »Ich kann nicht mehr, Herbert! Ich laß den Schiet fallen! Oh, verdammtes Viehzeug! Da! Und da! Und da schon wieder! Aua! Wie das brennt! Da, jetzt sitzt eine in meinem Ohr! Wie das krabbelt! Verdammt – jetzt hat das Aas gestochen! Herbert, Herbert, ich schmeiß den Dreck hin! Ich halte es nicht aus! Verdammt! Verdammt! Ach, Herbert …«

Und die beschwörende Stimme Herberts: »Nur 'nen Augenblick noch, Maxe! Halt fest! Gleich haben wir 'n drin! Dann ist der Spalt wieder zu!«

Und Maxe: »Nein, nein, ich kann nicht mehr! Herbert, bitte … Herr Fallada, bitte –! Frau Fallada, lachen Sie doch nicht so! Nein …«

»Drin sitzt er!« rief Herbert erlöst. »Reiß aus, Maxe!«

Aus dem dunklen Bienenhaus brach, wüst um sich schlagend, ein dunklerer Schatten, stürzte an uns vorbei zum See hinunter und warf sich, Kledagen hin und Stiefel her, ins Wasser. Auch wir mußten fliehen, denn Maxe hatte uns im Vorbeistürmen hinreichend von dem Volk der Erzürnten abgegeben. Ungestochen entkam keiner.

Die anderen sechs Kästen mußte ich mit Onkel Herbert umziehen, Maxe war dem See nicht zu entlisten. Erst als alles vorbei war, ließ er sich überreden, wieder an Land zu gehen – in der Küche musterten wir einander und vor allem den Triefenden. Er glühte wie Mohn auf dem Felde, er hatte Fieber. Aus Erfahrung weiß ich jetzt, wie ihm zumute war.

Aber am tollsten sah doch mein teures Weib aus: sie hatte nur einen Stich abbekommen, den aber unter dem Auge. Schon begann das Auge sich zu schließen. In den nächsten Tagen veränderte sich Suse bis zur Unkenntlichkeit. Die Hamburgerin sah einer Mongolin gleich, mit kleinen verklebten Schlitzaugen. Das ganze Gesicht war so geschwollen, daß die Nase kaum noch hervorsah.

In diesen Tagen war es ein beliebter Sport der Kinder, ihre Mutter zum Lachen zu bringen. Sie konnte nämlich gar nicht lachen, alles tat ihr weh, wenn sie lachte! Ich aber war so gemein, ein Photo von ihr zu machen und es an Verwandtschaft und Freundschaft zu senden: Suse, die Imkerin.

(Später hätte sie mehrfach Gelegenheit gehabt, an mir Rache zu nehmen – ihr anständiger Charakter hinderte sie daran. Anständigkeit kommt auf dieser Erde immer zu kurz.)

Dies war, möchte ich sagen, der Höhepunkt von Onkel Herberts Imkertätigkeit – für uns. Von da an existierten die Bienen nur an der Peripherie meines Daseins, sie gehörten zum Hofstaat wie Kuh, Schwein, Hund, Hühner. Ab und zu warf ich einmal einen Blick hin. Dann sah ich Onkel Herbert durch den Türspalt im Halbdunkeln sitzen, von den Bienen umsurrt, das Haupt in Gaze gehüllt, mit irgendwelchen geheimnisvollen Instrumenten die Immen zu irgendwelchen geheimnisvollen Endzwecken ärgernd. Manchmal auch erschien er zu den Mahlzeiten mit verdächtigen Schwellungen. Er ärgerte sich stets, wenn ich ihn fragte: »Gestochen worden?«

»Och!« sagte er dann nur. Er glaubte, ein tüchtiger Imker werde von seinen Bienen überhaupt nicht gestochen. Aber das war nur ein Aberglaube.

Dann kam der Krieg. Onkel Herbert mußte sich sofort stellen, und das letzte, was er mir noch ans Herz legte, waren seine Bienen. »Bitte, kümmern Sie sich darum«, bat er dringlich. »Ich habe sie jetzt grade so schön im Schuß!«

»Jawohl, Onkel Herbert«, sagte ich. »Wir haben ja wohl dreißig Pfund Honig geerntet, macht sechsunddreißig Mark, und zweitausend Mark werden wohl bald in den Bienen stecken – ohne Ihre Arbeitszeit.«

Er ging gar nicht auf meine kalten, rechnerischen Bemerkungen ein. Echte Imker sind reine Idealisten, Materielles ist ihnen ein Greuel. »Sie brauchen die Bienen jetzt im Herbst nur noch mit Zuckerlösung zu füttern. Ich habe Ihnen alles genau aufgeschrieben. Sonst sind sie völlig in Ordnung. Alle Völker sind weiselrichtig. Und bis zum Frühjahr kaufen Sie sich ein Buch über Bienen ...«

»Machen Sie sich darüber keine Gedanken, Onkel Herbert«, sagte ich. »Ich übernehme die Bienen, und Sie wissen ja, was ich übernehme, mache ich auch ordentlich. Sie haben jetzt an anderes zu denken!«

So wurde ich Imker. Schritt für Schritt hatte mich mein Schicksal in mein neues Steckenpferd hineingelistet, alles Wehren hatte mir nichts geholfen.

Zum erstenmal zog ich mir selbst eine Gazehaube übers Haupt, steckte die Hände in Gummihandschuhe und brannte mir einen gewaltigen Knösel an. Dann öffnete ich die Hintertür der Beute, und eine kräftige Bienenkollektion fuhr mir um Kopf und Hände.

»Ruhig Blut!« sagte ich zu mir, als ich merkte, daß Bienen ihren Weg auch unter einen Gazeschleier finden und daß es nicht angenehm ist, wenn eine Biene langsam über Lippen und Nase marschiert, noch unentschlossen, wo sie stechen wird, aber fest entschlossen, zu stechen ...

»Nur ruhig Blut«, sprach ich, als ich entdeckte, daß man auch seine Hosen unten zubinden muß, sonst klettern einem die lieben Tiere langsam an den Beinen hoch, erreichen über dem Strumpfband das nackte Fleisch, wandern weiter auf der bloßen Haut unter der Unterbüx, kommen in Gegenden ...

Und dabei arbeitest du oben mit den Händen immer fort, stellst in die immer stärker brausenden Beuten Holzkistchen mit Zuckerwasser, auf denen ein Bretterrost schwimmt, schließt den Kasten, gehst zum nächsten – autsch, das war wieder ein Stich!

Ist der erste Stich gefallen, folgen schnell viele, das müssen die Bienen riechen, wenn eine gestochen hat.

Aber schon bei dieser einfachen Fütterung merkte ich, daß mit meinen Bienen nicht alles so in Ordnung sein konnte, wie Onkel Herbert behauptet hatte. Manche Völker hatten an einem Tage schon ihr Zuckerchen ausgetrunken, andere in zehn Tagen noch nicht, und jedes Volk mußte doch eine bestimmte Menge Zucker im Herbst aufspeichern – als Ersatz für den weggenommenen Honig –, sonst verhungerte es über Winter.

Wenn ich aber tollkühn solch enthaltsames Volk auseinanderpolken wollte, um den Grund dieser Abstinenz zu erfahren, erwies sich, daß die Schienen in den Beuten kaputt waren, die Waben waren ineinander gebaut, man hätte alles zerstören müssen.

Das konnte nicht stimmen! Außerdem ärgerte mich das Dunkel im Bienenhaus, nichts war zu sehen, und wenn man ein Volk »nachsah«, mußte man doch wenigstens sehen können!

Natürlich las ich in diesen Tagen auch schon die kleine Bienenzeitschrift, die sich Onkel Herbert bestellt hatte. Und zufällig las ich in ihr den Artikel eines Herrn Schuster, der klar und anschaulich geschrieben war. Ich hatte keine Ahnung, wer Herr Schuster war, aber sein Wohnort lag nicht sehr entfernt von uns. So schrieb ich Herrn Schuster einen kleinen Brief, ich sei in Nöten mit meinen Bienen, und wenn es ihm seine Zeit erlaube … Es würde wirklich sehr freundlich von ihm sein … Selbstverständlich würde ich alle Kosten tragen …

Am nächsten Morgen saß Herr Schuster in meiner Stube.

Eine halbe Stunde später wirtschaftete er in meinem Bienenhaus, und ich hatte den aufopferndsten, uneigennützigsten Bienenberater von der Welt! Es gibt eben viel mehr uneigennützige Hilfsbereitschaft, als man manchmal glaubt!

Herr Schuster war ein alter, in den Ruhestand getretener Landschullehrer um die Siebzig herum. Er hatte einen kahlen Kopf, einen langen weißen Schnurrbart, dessen Enden wie bei einem Wachtmeister der kaiserlichen Zeit festgedreht waren, eine hohe, helle Stimme und ein Herzleiden.

Sonst war Herr Schuster Imker, und er ist in seinem Leben wohl nur Imker gewesen. Die Imkerei war ihm Lebenszweck, Sinn des Daseins. Er lebte nur für die Bienen, er dachte nur an Bienen, er interessierte sich nur für Bienen. Selbst jetzt als alter Mann, da er den eigenen Bienenstand aufgegeben hatte, wirkte er immer weiter für die Imkerei: er verteilte Futterzucker, besuchte Tagungen, schrieb Artikel, beriet andere und aß Honig in unvorstellbaren Mengen. Ich hätte es nie für möglich gehalten, aber Herr Schuster versicherte mir, daß er und seine Frau im Jahre gut drei Zentner Honig verbrauchten. Dann erlebte ich ihn bei uns Honig essend. Eine dünne Scheibe Brot mit ein wenig Butter lag auf seinem Frühstücksteller. Nun fuhr er mit dem Messer in den Honigpott. Es war guter, abgelagerter Honig, zweimal geseiht und vierzehn Tage täglich dreimal mit einem dreikantigen Buchenstab fünf Minuten lang gerührt, wie es sein soll. Also kein flüssiges Zeug, sondern eine feste, weißgelbliche Masse, anzusehen etwa wie jener weiße Bernstein, der »Knook« heißt.

Herr Schuster schnitt sich ein Stück etwa vom Gewicht eines halben Pfundes heraus, und das aß er nun teelöffelweise, wobei hinter jedem dritten oder vierten Teelöffel ein Bißlein Brot eingeschaltet wurde. Herr Schuster plauderte dabei fort von den Bienen, während er unseren Wochenbedarf an Honig auf einmal erledigte. Er hatte unsere weit aufgerissenen Augen überhaupt nicht bemerkt. Er versicherte uns, nur seinem Honigessen und dem Umgang mit Bienen verdanke er sein frisches Alter. Wenn dem wirklich so war, haben die Bienen sein Herz sträflich vernachlässigt, denn das machte Herrn Schuster redlich zu schaffen. Gott bewahre mich im übrigen vor solchem Honigesser in der eigenen Familie – ich müßte die Schriftstellerei an den Nagel hängen und nur noch Honig erzeugen!

An jenem Morgen aber, da Herr Schuster so überraschend schnell meinem Hilfeschrei gefolgt war, gab es keine lange Zeit zu plaudern. Herrn Schuster dürstete es nach meinen Bienen, mich nach Klarheit. Er ergriff seine Ledertasche am Henkel, in der er mit dem Nachtzeug alles Bienenwerkzeug mit sich führte, und folgte mir in den Garten.

Wenn mit den Bienen vielleicht nicht alles im Lote war, mein Bienenhaus, dieser Turm aus Eiche und Felsengestein, sollte Herrn Schuster schon imponieren!

Herr Schuster sank fast in Ohnmacht!

Als er sich ein wenig erholt hatte, rief er: »Das, das soll ein Bienenhaus sein. Wie soll man denn da drinnen arbeiten? Ist ja stickeduster drin! Da müssen Fenster rein! Fenster in die Seite, Fenster ins Dach! Es kann nicht hell genug sein im Bienenhaus! Warum haben Sie das Dings bloß so duster gebaut?!«

»Ich denke, die Bienen fliegen ins Licht?« bemerkte ich erschüttert.

»Na ja, und warum sollen sie nicht? Machen Sie die Tür auf, draußen ist es noch heller, schon fliegen die Bienen ab. Bauen Sie ein Bienenfenster ein, ein Fenster mit einem offenen Spalt, durch den die Bienen aus-, aber nicht hereinkönnen. Ich zeichne Ihnen nachher gleich eine Skizze! Nein, so was, ein Bienenhaus ohne Fenster! Manche Imker lassen sich sogar elektrisch Licht in ihre Bienenhäuser legen, weil sie es nicht hell genug kriegen können. Die geringste Kleinigkeit auf der Wabe muß man sehen können! Wie wollen Sie denn in dieser Finsternis je eine Königin finden?!«

Er sah mich betrübt an, und ich kam mir wie ein rechter Dummkopf vor. Und doch dachte ich dabei, daß mein Bienenhaus mit Fenstern sehr viel schöner aussehen würde. Ich würde das für die Ewigkeit gebaute Felsgestein durchbrechen, Fenster einsetzen lassen, Bienenfenster nach Sonderskizze ...

»Und das sind also Ihre Beuten«, sagte Herr Schuster. Er hatte die Tür des Bienenhauses weit aufgestellt und betrachtete nachdenklich die Hinterseite meiner Kästen.

»Ja, das sind meine Beuten«, antwortete ich ein wenig ängstlich. »Sind die etwa auch nicht richtig?«

»Doch, die sind schon richtig!« sagte Herr Schuster. »Die sind so richtig, daß ich Ihnen die für ein Bienenmuseum abkaufen werde, wenn Sie die Dinger nicht mehr brauchen! Als Muster von Beuten, wie sie nicht sein sollen. – Mein lieber Herr, in solchen Kästen werden Sie nie Erträge haben! Wenn Sie mit solchen Kästen wirtschaften wollen, schmeißen Sie Ihr Geld einfach zum Fenster hinaus!«

»Was müßten denn das für Kästen sein?« fragte ich bedrückt.

Herr Schuster sah mich mit dem leuchtenden, erbarmungslosen Blick des Fanatikers an. Er sprach mit fester Stimme: »Hier muß der Wolfenbütteler Kuntzsch-Zwilling her!«

Sein Blick wurde immer durchbohrender.

Ich erzitterte in meinen Schuhen. »Der Zwilling«, murmelte ich.

»Jawohl, der Zwilling.«

Trotz Maeterlinck, Onkel Herbert und Bienenzeitschrift hatte ich keine Ahnung, was Zwillinge mit Bienen zu tun haben.

Herrn Schusters Blick wurde milder, als er mich so schuldbewußt sah. Na, nun wollen wir mal in die Dinger sehen!« sagte er leutselig, und wir legten unsere Kriegsrüstung an.

Darauf sah Herr Schuster in die Dinger! Du lieber Gott,

Bienenvolk auf Bienenvolk riß er mitleidslos auseinander, Honig triefte, es gab Tote und Verwundete in Massen, Stiche gab es, viele Stiche. Herr Schuster zeigte mir, daß kein einziger Kasten in Ordnung war, daß alle Rahmen schief hingen, daß die Spanndrähte gerissen waren, daß die Wachsmotte, diese Räuberin, sich in jedem Volk eingenistet hatte. Er bewies mir, daß Onkel Herbert nie ein Volk wirklich durchgeprüft hatte, es war einfach nicht durchzukommen.

»Alles Bruch! Alles verrotteter Bruch!« stöhnte Herr Schuster.

»Na, natürlich, die sind froh gewesen, daß sie Ihnen das angedreht haben! Was haben Sie dafür bezahlt? – Unglaublich!«

Ich stand dabei und bewunderte Herrn Schuster. Um den Kopf trug er einen Schleier wie ich, aber vergeblich hatte ich versucht, ihm meine schönen Imkerhandschuhe aus Gummi aufzureden. »Nein, nein«, sagte er. »So was brauche ich nicht. Ich fühle besser ohne Handschuhe.«

So arbeitete er mit nackten Händen, mitten im Bau, umschwirrt von Tausenden wütender Bienen. Sie stachen ihn, oh, wie sie ihn stachen! Dutzende von Stichen hat er an diesem Tage bekommen. Sie schwollen natürlich nicht an, er war immun gegen Bienengift, aber der Einstich tut immer weh, gegen den Schmerz des Einstichs wird man nie immun. Wer's nicht glaubt, der kann sich ja jeden Tag zwanzig-, dreißigmal kräftig mit einer Stecknadel stechen, ob er nach zehn oder vierzehn Tagen den Stich nicht mehr fühlt.

So hat Herr Schuster immer bei mir gearbeitet, ohne jeden Handschuh, viele hundert Stiche hat er bei mir empfangen. Wurde es ganz schlimm, gab er abgerissene Laute von sich: »Da! – Da wieder! – Nu! – Aber nein! – Na, nu laß … Gut! Da! Na …!« Aber er arbeitete unentwegt weiter, die Hand, mit der er die Wabe hielt, zuckte nicht unter noch so vielen Stichen.

Dies ist ein Rätsel, das mir Herr Schuster aufgegeben hat und das ich bisher noch nicht gelöst habe: warum arbeitete er bei mir ohne allen Handschutz?

In einer Bienenzeitschrift fand ich von ihm einen Aufsatz, einen jener klar geschriebenen, praktischen, nicht humorlosen Artikel, die Herrn Schusters Stärke sind. Darin sprach er darüber, ob man sich vor Bienenstichen schützen oder ob man sie heroisch ertragen solle. Er selber habe in seiner Jugend dem heroischen Ideal gehuldigt, aber immer mehr habe er eingesehen, daß dieser Heroismus dumm sei. Je ruhiger man arbeite, um so ruhiger blieben auch die Bienen, und der Geschützte sei eben ruhiger als der Mann mit den bloßen, von Bienenstacheln gespickten Händen. Er selbst wende jeden nur möglichen Schutz an, und ihm und seinen Bienen bekomme das nur gut ...

So hatte Herr Schuster geschrieben, und dieser selbe Mann stand nun mit bloßen Händen in meinem Bienenhaus und ließ sich von Stacheln spicken! Unverständlicher Herr Schuster! Ich stellte ihn wegen dieses Mißverhältnisses zwischen Schreiben und Tat zur Rede, ich bekam keine rechte Antwort. Herr Schuster lächelte vage, seine Schnurrbartspitzen zitterten, er war sehr beschäftigt. Wieder einmal bot ich ihm die Gummihandschuhe an, wieder einmal lehnte er sie fest ab!

Warum? Warum –? Glaubte Herr Schuster in tiefster Brust doch an ein heroisches Ideal, das er öffentlich ableugnete? Wollte er mir mit einem guten Beispiel vorangehen? Ich weiß es nicht. Ich fürchte, auch das Rätsel Schuster werde ich ungelöst mit ins Grab nehmen. Eine wunderliche Welt ist dies, mit wunderlichen Menschen! Und wenn ich wirklich, wie meine Lebenslinie aussagt, hundertundsechzehn Jahre alt werde, ich werde nicht viel klüger als heute in die Grube fahren, ich werde nicht einmal viel klüger sein als an jenem Tage, da ich zum erstenmal das Licht der Welt erblickte, den ersten kläglich-protestierenden Schrei tat! –

Am Abend dieses Tages unserer beginnenden Bekanntschaft hielt mir Herr Schuster dann einen langen Vortrag
über den Wolfenbütteler Kuntzsch-Zwilling. Es erwies
sich, daß es unter den rechten Imkern ebensoviel Sekten
gab wie in jeder anderen brauchbaren Religion. Es gab Ger-
stung-Anhänger und Freudenstein-Jünger. Es gab Zander-
Gläubige und Normalmaßadepten. Es gab die Verehrer der
Celler Magazinbeute und jene, die im Alberti-Blätterstock
das Heil der Imkerei erblickten. Und dazu gab es natürlich
noch seit Urvätertagen die Korbimker!

All diese unterschieden sich nicht in der Anbetung der
Biene, sondern in der Art, wie sie ihr eine Behausung boten. Es gab da Dreietager und Zweietager und Stapelbeu-
tenanhänger, je nach den Kästen, in denen sie ihre Bienen
wohnen ließen. Es gab da Hinterlader und Oberlader.

Herr Schuster war ein Anhänger des Altmeisters
Kuntzsch, und unter den Kuntzsch-Jüngern huldigte er
wieder der Wolfenbütteler Richtung, von der die Lehre des
Altmeisters verfeinert und verbessert ist. Viel verstand ich
an diesem Abend – und auch lange hinterher – noch nicht
von den verschiedenen Heilslehren der Imkerei. Soviel er-
faßte ich aber doch schon, daß die mir empfohlene Beute
nur darum »Zwilling« hieß, weil hier in einem Kasten zwei
Völker untergebracht waren.

Dringend empfahl mir Herr Schuster, mit all dem alten,
verkommenen Bruch, der mein Bienenhaus schändete,
Schluß zu machen und im nächsten Frühjahr noch einmal
von vorn zu beginnen. Meine Abneigung gegen Pfusch,
meine Pedanterie ebneten den Schusterschen Vorschlägen
den Weg. Als Folge dieses Abends kam wieder ein dickleibi-
ger Katalog in meine Hände, in dem diesmal Herr Schuster
angestrichen hatte, was notwendig schien. Als Folge dieses
Abends ließ ich wieder einmal an einem Vormittag meine
Arbeit liegen und tippte eine lange Bestellung, deren End-
summe sich auf über tausend Mark belief. (Teure Bienen!)

Ich habe Herrn Schuster einmal gefragt, wie er als Land-
lehrer mit doch kleinem Gehalt so teure Anschaffungen
habe erschwingen können. In seiner Hauptzeit hat er um
die hundert Völker besessen, und das bedeutet ein inve-
stiertes Kapital von über zehntausend Mark.

»Aber meine Bienen haben das verdient!« rief Herr
Schuster erstaunt. »Wer denn sonst? Ich habe ganz klein
mit zwei Völkern angefangen, und ich habe nie mehr angeschafft, als die Bienen verdient hatten. Denken Sie, in meinem besten Jahr habe ich sechzig Zentner Honig geschleudert. Das sind siebentausendzweihundert Mark in einem
einzigen Jahr, von den verkauften Königinnen und Völkern
und dem Wachs gar nicht zu reden!«

So bin ich durch Herrn Schuster Kuntzsch-Imker geworden, Spezies Wolfenbütteler Richtung. Und ich fühle
mich sehr wohl dabei. Ich lächle natürlich mit leiser Überlegenheit, wenn ich von Oberladern und Karbollappen
höre oder von dem Zwergenmaß der Freudenstein-Beute.
Immerhin bin ich noch klarsehend genug, zu erkennen, daß
ich durch einen reinen Zufall zu meinem Glaubensbe-
kenntnis gekommen bin. Hätte ich statt an einen Herrn
Schuster an einen Herrn Schneider geschrieben und wäre
dieser Herr Schneider ein Verehrer des Blätterstocks Vol-
lenda gewesen, so wäre ich heute Vollendist statt eines
Kuntzschikers. Über unsere wichtigsten Überzeugungen
entscheiden wir nur selten selbst.

Es war gut, daß nach diesem Besuch des Herrn Schuster
der Winter kam. So hatte ich Zeit, mich auf meine neue Aufgabe vorzubereiten. Ich tat es, indem ich eine Reihe von
Büchern über Imkerei kaufte. Ich entsagte heroisch der
schönen Literatur. Umsonst sandten mir Verleger und Autoren die verlockendsten Romane. Ich las jeden Abend eine
Stunde lang im Bett nur über Imkerei. Es war ein großes Opfer, das ich Onkel Herbert und seinen Bienen brachte! Denn
noch war ich kein Imker. Ich wollte erst einer werden ...

Aber die Bücher erhellten das Dunkel in meinem Hirn nur wenig. Rettungslos verbiesterte ich zwischen Honigraum, Brutraum, Dreierraum, Sechserraum ... je mehr ich las, um so weniger verstand ich. Ich hoffte nun nur noch auf den Anschauungsunterricht durch die neuen Kästen ...

Sie kamen mit allem Gerät um die Weihnachtszeit herum, es war eine ganz stattliche Fuhre. Ich stürzte mich auf diese Kästen, aber meine Verwirrung wuchs nur. Überall waren Klappen und Türen und Schlitze und lose Bretter und Gitter und Holzrahmen und Keile – du lieber Himmel, ich würde nie ein perfekter Imker werden! Dies kapierte ich nie!

Um doch wenigstens etwas zu tun, bestellte ich einen Maler. Aus meinen Büchern hatte ich gelernt, daß die Bienen nur ein paar Farben unterscheiden können, nämlich Blau, Gelb, Schwarz und Braun. Und blau, gelb, schwarz und braun ließ ich nun die Beuten anpinseln, damit jede Biene auch ihre Wohnungstür wiederfand. Worauf ich meine Bücher beiseite legte und mit dem Gefühl: »Es wird schon schiefgehen« das Frühjahr erwartete.

Das Frühjahr kam, und unter den wenigen Völkern, die in den schlechten Beuten den Winter überstanden hatten, brach die Ruhr aus! Es blieb nichts anderes übrig: ich schwefelte alles so teuer Erworbene ab, ich ließ die alten Beuten zerschlagen, ich mußte wirklich ganz von vorn anfangen. Als wir die neuen Beuten in mein schönes Bienenhaus setzen wollten, erwies es sich als zu eng! Tagelang probierten wir, bis wir auf eine brauchbare Lösung kamen, wieder wurde umgebaut. Es mußte ja sowieso gebaut werden, Fenster mußten ins Feldgestein, gerissen konstruierte Bienenfenster aus schönstem Autoglas! Dann setzte ich mich hin und bestellte bei einem wirklichen, richtigen modernen Bienenzüchter sechs Völker Bienen der Rasse Sklenar, das Volk zu dreißig Mark.

Sie kamen mit der Bahn, auf dem Fuße folgte ihnen Herr Schuster, sie zogen ein in den Wolfenbütteler Kuntzsch-

Zwilling, und nun begann meine Lehrzeit in der Imkerei. Häufiger als dreimal höchstens im Jahr durfte ich den kranken Herrn Schuster nicht bemühen, ich mußte mir selbst helfen! Und ich half mir auch selbst!

Ich sehe mich noch an einem schönen sonnigen Frühlingstage in meinem Bienenhaus stehen, es war noch in der frühen Zeit meines unangebrachten Heroismus, da ich wie Herr Schuster mit nackten Händen arbeitete. Ich habe eine Beute geöffnet, Wabe für Wabe hebe ich heraus, es ist meine Aufgabe, die Königin zu finden, die in einen neuen Brutraum wandern soll.

Das Volk ist noch nicht sehr groß, vielleicht zehntausend Bienen, von denen viele bei dem schönen Sommerwetter außerhalb auf Arbeit sind. Ich weiß schon, daß ich bei den Bienen nie hetzen darf. Von Naturell bin ich ein Hetzer: keine Arbeit kann mir schnell genug gehen. Aber auf dem Bienenstand muß ich mein Naturell bezwingen, arbeite ich hastig, hetze ich, so werden die Bienen sofort wild.

Bisher ist alles gutgegangen, keine Biene hat gestochen. Meine Augen suchen aufmerksam die von Bienen wimmelnden Wabenflächen ab. Für ein ungeübtes Auge ist es gar nicht einfach, die Königin zu finden, wohl ist sie viel größer als die Arbeitsbienen, ihr Leib glänzt stärker, auch sollen die Arbeitsbienen einen Hof um sie bilden.

Aber all das kann ich noch nicht sehen. Geduldig suche ich, aber ich finde die Königin nicht. Und doch *muß* ich sie finden. Das ist der Sinn, aber auch die Schwierigkeit der Kuntzsch-Imkerei: zu einer bestimmten Zeit muß die Königin gefunden und aus ihrem bisherigen großen Brutraum in einen kleineren gebracht werden. Sonst legt die Gute jeden Tag weiter ihre zweitausend Eier, das Volk würde riesengroß werden, kein Platz bliebe für Honig, das Volk ginge durch seine eigene Größe zugrunde.

Ich habe alle Waben durchgesehen, aber keine Königin gefunden. Die Waben stehen jetzt außerhalb des Stocks auf einem Arbeitstisch. Ich habe gelesen, daß die lichtscheue, ängstliche Königin manchmal von den Waben herunterläuft und sich in einem dunklen Winkel der Beute verbirgt. Ich leuchte mit einer Taschenlampe in das schwärzliche Gewimmel: soviel ich sehe, ist sie nicht dazwischen. Aber andere Autoren sagen auch, daß die (lichtscheue, ängstliche!) Königin manchmal hinaus auf das besonnte Flugbrett flieht. Ich verlasse das Bienenhaus und suche auf dem Flugbrett: nichts!

Unterdes erfüllen die von ihrer Honigsuche heimgekehrten Bienen ihre geöffnete Beute und meinen Arbeitsplatz mit ihrem zornigen Gesumm. Sie suchen die Waben, um ihren Honig ablegen zu können, sie haben es eilig, zu neuen Blüten zu fliegen. Sie umschwirren mich wütend, sie wittern in mir den Feind, den Störenfried, aber noch immer hat mich keine gestochen.

(Daß ich es hier beiwegelang sage: es ist natürlich ein Märchen, daß die Bienen ihren Imker kennen. Die Sommerbiene, mit der der Imker zu tun hat, wird etwa sieben, acht Wochen alt. Die längste Zeit davon verbringt sie im dunklen Stock, ohne je mit dem Imker in Berührung zu kommen. In der Hauptzeit hat der Stock zwanzig-, dreißigtausend Bienen, auch mehr. Die meisten von ihnen sehen den Bienenvater nie. Nein, wenn der Imker weniger gestochen wird als andere, so liegt es nur daran, daß er gelernt hat, jede Bewegung zu vermeiden, durch die er die Bienen reizt. Daß er sich vor dem Stich nicht fürchtet, nie nach den Bienen schlägt, nie zuckt.)

Ich muß noch immer meine Königin suchen. Es bleibt mir nichts anderes übrig, ich muß noch einmal sämtliche Waben nachsehen. Vorsichtig fange ich an. Ehe ich eine Wabe mit der Zange angreife, warte ich ab, bis irgendwo auf dem Rahmen ein freier Platz ist, damit ich auch keine Biene quetsche.

Diesmal habe ich Glück: auf der dritten Wabe schon entdecke ich die Königin. Eilig läuft sie mit ihren langen Beinen über die Zellen fort. Ich verfolge sie mit dem Auge, mein Herz freut sich. Dann setze ich diese Wabe behutsam beiseite. Ich muß nun nach zwei schönen Pollenwaben suchen, dazu eine gute Honigwabe und zwei leere Mittelwände, damit wird das neue Brutnest zusammengestellt.

Als ich die Waben beisammen habe, nehme ich die Wabe mit der Königin, um sie dazuzusetzen. Noch ein Blick darauf, ein Wiedersehen mit der Königin! Ich sehe die Königin nicht! Ich suche, ich suche zwischen dem Bienengewimmel jeden Zentimeter der Wabe ab, ich finde die Königin nicht! Eben war sie noch da, vor drei Minuten war sie noch da, und nun ist sie verschwunden!

Aber das ist doch nicht möglich! »Ruhig Blut«, mahne ich mich. »Denke nach. Du hast die Königinwabe isoliert aufgestellt. Die Königin kann nicht wieder zu den anderen Waben hinübergelaufen sein – wo mußt du sie also suchen?«

Aber ich bin schon nicht mehr ruhig, ich schwitze am ganzen Leibe! Ich bin nervös! Du lieber Gott, nun suche ich schon eine halbe Stunde nach der Königin! Ich muß sechs Königinnen suchen, und was mehr ist, finden – wie lange soll das denn dauern?! Meine Arbeit lauert auf mich, ich muß mein Tagespensum schaffen, ich kann doch wegen einer dammligen Königin nicht hier stundenlang stehen!

Sie *muß* gefunden werden, dies ist das eherne Gesetz des Kuntzsch-Imkers! Vielleicht sitzt sie doch auf der Wabe? Vielleicht habe ich sie eben übersehen?

Ich nehme die Wabe in die Zange. Ein zorniges, hohes, schrilles Gesumm: ich habe eine Biene gequetscht! Batsch! habe ich meinen ersten Stich weg! Batsch, meinen dritten, fünften, siebenten ...

Und nun wird es fürchterlich! Immer stärker schwillt das zornige Gesumm der Bienen an, sie stechen mich, daß mir die Tränen aus den Augen laufen. Ich kann nichts mehr sehen auf meiner Wabe. Jetzt sind auch welche unter meinen

Schleier gekommen! Batsch! hat mich eine in die Lippe gestochen! Grade in die Innenseite der Unterlippe! Ich werde aussehen –! Batsch! Batsch! Batsch!!

Nein, das halte ich nicht mehr aus! Dies ist menschenunwürdig, dies ist die pure Viecherei!

Ich setze die Wabe beiseite, lege die Zange hin und verlasse eilig das Bienenhaus. Ich gehe hinunter an den See und stecke meine schmerzenden Hände in das kühle Wasser. Gottlob erinnere ich mich an eine Mahnung Herrn Schusters und ziehe meine Ringe von den Fingern. In zehn Minuten bekäme ich sie nicht mehr herunter, in einer halben Stunde müßten sie mir abgefeilt werden. Heute abend werden meine Hände unförmige Gebilde sein, nicht einmal eine Gabel werde ich zwischen den Fingern halten können!

Mir ist sehr heiß, ich habe Fieber. Bestimmt habe ich vierzig oder fünfzig Stiche abbekommen. Am liebsten machte ich es wie der Maxe und spränge in den See. Aber dann erinnere ich mich des ausgehängten Bienenvolkes. Ich kann es unmöglich so stehenlassen, es wäre zum Tode verurteilt. Und was soll dann weiter aus meiner Imkerei werden, in die ich immerhin schon einige Tausende gesteckt habe? Überhaupt ist das keine Ordnung! Und seufzend gehe ich zurück zum Bienenhaus! Oh, Onkel Herbert! Oh, Maeterlinck. Oh, Gräfin in Hinterpommern! Ach, ihr lieben Bienchen!

Ich habe mir meinen Schleier sorgfältiger umgebunden, über die Hände habe ich Gummihandschuhe gezogen. Beschlossen habe ich, für heute auf die Königinnensuche zu verzichten. Heut ist kein guter Tag. Ich werde das Volk einfach zurückhängen, Königin hin und Königin her, und morgen noch einmal mein Heil versuchen.

Ich hänge die Waben zurück, ich spare mir jede Suche nach der Königin. Jetzt stechen die Bienen auch schon durch die Hosen, so zornig sind sie, aber so ein paar Stiche sind mir ganz egal. Ich bin völlig abgeklärt, für heute habe ich mit den Bienen Schluß gemacht!

Die Waben wären zurückgehängt. Nun muß ich noch die Häufchen Bienen, die sich in allen möglichen Ecken verflogen, angesiedelt haben, die an Brettkanten in kleinen Trauben hängen, mit dem Abkehrbesen in den Stock zurückbefördern. Ich bin dabei – und meine Augen weiten sich! Da sitzt ja *Madame la Reine*, umgeben von einem kleinen Hofstaat von zehn oder zwölf Getreuen! Keine zehn Zentimeter von der Stelle, wo die isolierte Wabe gestanden hat! Natürlich, die stand ihr zu hell, sie hat sich die dunkle Ecke gesucht und mir dadurch eine Musterkollektion von Bienenstichen verschafft!

Aber das ist schon halb vergessen! Neues Leben ist in mich gekommen. Nachgeben? Wir geben nie nach! In drei Minuten habe ich das neue Brutnest aus Pollen- und Honigwaben sowie Mittelwänden zusammengestellt. Einen Augenblick später ist die Königin darauf verschwunden. Aufatmend schiebe ich den Schlitten in den Sechserraum …

So, das wäre fertig, ich kann mit gutem Gewissen zu meiner Schreiberei zurückkehren. Aber ich habe noch fünf Königinnen zu finden! Auf, mein Sohn, zur nächsten! Und leise seufzend öffne ich die zweite Beute …

Es war gut, daß ich dabeigeblieben war, denn ein paar Tage lang konnte ich gar nichts tun, weder lesen noch schreiben, noch imkern. Ich konnte nicht einmal meine Hose mehr an- oder abknöpfen, meine dick geschwollenen Finger spürten nichts mehr – in solche Verlegenheiten bringen einen die Bienen! Und meine Unterlippe, ich hatte es ja gleich geahnt! Habe ich mich je über das mongolische Aussehen von Suse lustig gemacht? Meine Unterlippe stülpte sich nach außen, allmählich wurde sie lang und länger, bis sie über mein Kinn wie eine Schleppe fiel.

Welche von den Parzen ist es doch, die mit der Lippe den Schicksalsfaden näßt? Ist es Atropos? Ist es Klotho? Ist es

Lachesis? Gleichviel, ich hatte eine Unterlippe, als hätte ich seit Jahrmillionen den Schicksalsfaden der Menschheit genäßt! Niemand konnte mich ansehen, ohne zu lachen! Ich war das Gespött meiner Kinder. Gab ich meinen Haustöchtern ernst besseres Staubwischen auf meinem Schreibtisch auf, so bogen sie sich beiseite, und Kichern wurde laut. Meine Mahlzeiten mußte ich separat nehmen, mit einer Hand hob ich dabei die Unterlippe, stützte sie – und sabberte doch wie ein Säugling! –

Damit der wahre Kuntzsch-Imker nach dem oft gedruckten Satz »Kuntzsch bleibt Kuntzsch« (und wer's nicht glaubt, wird nicht selig) allen Heils der Kuntzsch-Imkerei teilhaftig werde, dürfen seine Bienen nicht schwärmen. Es ist seine verfluchte Pflicht und Schuldigkeit, seine Bienen am Schwärmen zu hindern. Also war es auch meine verfluchte Pflicht und Schuldigkeit.

Warum schwärmen die Bienen? Weil sie ein neues Volk begründen wollen, weil die Bienen (wie alles Lebende) sich ausdehnen wollen über die Erde. Heimlich und still haben die Arbeitsbienen sich eine junge Königin herangezogen – darum so heimlich, weil die alte Königin überaus eifersüchtig ist und wissentlich nie eine Rivalin im Stock dulden würde.

Aber nun ist die junge Königin da, und das Unbegreifliche geschieht, statt mit der jungen Prätendentin zu kämpfen, statt sie aus dem Stock hinauszujagen, entschließt sich die alte Königin zum Auszug. Sie verläßt das Haus, in dem sie ihr ganzes Leben verbrachte, sie verläßt ihr Volk, das nur aus ihren Kindern besteht, sie verläßt die gefüllten Honig- und Pollenwaben, sie verläßt Tausende von Kindern, die als Eier, als Larven, als Nymphen noch in den kleinen sechseckigen Zellen der Waben ruhen und die ihre Mutter nie sehen werden – sie überläßt das alles der gehaßten Nachfolgerin, begibt sich mit einem Teil des alten Volkes auf das Flugbrett und fliegt in die Welt hinaus, einer ungewissen Zukunft entgegen. Jeder Vogelflug gefährdet sie, Unwetter bedroht sie, vielleicht findet sie nie wieder eine so wohnliche, reiche Stätte wie jene, die sie nun verläßt – aber sie geht.

Und mehr noch: sie überläßt auch das alte Volk, das sie aufgibt, einem ungewissen Schicksal, denn ihre Nachfolgerin ist noch Jungfrau, unbefruchtet. Noch muß die Nachfolgerin den Hochzeitsflug unternehmen, bei dem sie nicht weniger Gefahren ausgesetzt ist als die alte Königin, die in die weite Welt fliegt. Vielleicht findet die Nachfolgerin nicht zurück in den Stock, ein Wind verweht sie, ein Vogelschnabel faßt sie – und auch das alte Volk ist mit Untergang bedroht.

Aber der Trieb, das Geschlecht der Bienen auszudehnen, ist mächtiger als alle Gefahren. Die alte Königin hebt sich und fliegt davon. Als sei eine Schleuse geöffnet, stürzen und fallen aus der Luke des Bienenhauses Tausende von Bienen, jene, die nach einem rätselhaften Plan bestimmt sind, der alten Gebieterin zu folgen. Ihre Honigmägen haben sie aus den Vorräten des alten Stocks mit Nahrung für drei Tage gefüllt. In drei Tagen muß das neue Gemeinwesen begründet und arbeitsfähig sein, sonst heißt es wiederum Untergang.

Aber noch fliegt die Königin nicht weit, sie setzt sich auf einen Ast in der Nähe, und in einer dicken Traube sammelt sich ihr Volk um sie. So hängen sie, manchmal nur zwei, manchmal zehn oder zwölf Stunden. Niemand weiß genau, warum die Bienen dies tun. Die einen nehmen an, daß abgewartet wird, bis sich alle Nachzügler aus dem alten Volk herbeigefunden haben. Andere verfechten den Satz, daß jetzt Kundschafter ausgesandt werden, die eine Wohnstatt für das zu gründende Gemeinwesen suchen: einen hohlen Baum, die Ritze einer Felsmauer, eine leerstehende Beute.

Wie dem auch sei: nie würde der Mensch sich die Biene dienstbar gemacht haben, wenn ihr die Natur nicht diesen Trieb mitgegeben hätte, erst einige Stunden in der Nähe der alten Wohnung zu verharren. Dies Warten gab dem Menschen die Gelegenheit, den Schwarm wieder einzufangen, einen neuen Korb, eine neue Beute mit ihm zu füllen, die sonst verflogene Kraft sich dienstbar zu machen.

Denn mit diesem einen Schwarm ist es nicht abgetan, immer neue, jedesmal kleinere, ärmlichere Schwärme entsendet in den kommenden Wochen das alte Volk, in dem irren Triebe, die Biene auszubreiten über die Erde. Bis seine Kraft erschöpft ist, bis nur ein jämmerliches, verarmtes Völklein übriggeblieben ist, das kaum einen Winter überstehen kann.

Da sich nun aber die Bienen erst noch einmal verweilen, fängt der Mensch die Schwärme ein. Er füllt mit ihnen neue Körbe. Die später fallenden kleinen Schwärme steckt er in die Beute zurück, aus der sie gekommen, oder er macht aus drei kleinen Schwärmen ein mittleres Volk … Gingen die Schwärme gleich viele Kilometer weit hoch in der Luft über das Land, in einen Wald, zu einem Steingeklüft, der Mensch hätte das Nachsehen, und nie würde die Biene sein Haustier geworden sein. Wie der Mensch der Urzeit würde er noch heute den zufällig im Walde entdeckten Schwarm ausräuchern, töten.

Es ist klar, daß solch Schwärmen viel Unruhe in das sonst so arbeitsame Volk bringt. Schon tagelang vorher laufen die Bienen unruhig umher, tragen nicht mehr recht ein – sie gleichen den Menschen, die vom Reisefieber erfaßt sind. Auch gelingt es dem Imker nicht, jeden Schwarm einzufangen. Der Imker kann nicht den ganzen Tag bei seinem Bienenhaus stehen und auf das Schwärmen warten. Oft zögern die Bienen tagelang damit, vielleicht gefällt ihnen das Wetter nicht, irgendwelche Vorbereitungen sind noch nicht getroffen – was weiß ich!

All dies ist unproduktiv, nicht wirtschaftlich, und so geht der Imker darauf aus, das Schwärmen überhaupt zu verhindern. Seine andern Haustiere hat der Mensch in Jahrtausenden einiges lehren können, was von Natur her nicht in ihnen lag: geduldig zieht das junge Pferd bald den Pflug, die Kuh duldet am Euter die melkende Hand.

Die Biene lernt nichts. Sie tut nur das, was die Natur in sie gelegt hat. Was der Mensch von ihr erreichen will, muß er durch List erreichen. Die Bienen sollen nicht schwärmen? Sie wollen es aber! Nun gut, so sollen sie es tun, aber nur dann, wann wir es wollen! Wir bilden künstliche Schwärme, wir machen Ableger und verkleinern so das Volk, das sonst riesengroß würde, das auch bald eine zu alte, unfruchtbare Königin hätte.

Wie der Imker das im einzelnen tut, das steht in dicken Büchern aufgeschrieben, auch hatte es mir Herr Schuster genau erzählt. Ich wußte, was ein »Flugling« und ein »Fegling« war, auch einen »Trommelschwarm« kannte ich, alles Arten von künstlichen Schwärmen. In der Theorie natürlich, in der Praxis sollte ich es nun erproben.

Ich glaubte alles ganz schön und richtig gemacht zu haben, als mich an einem schönen Junimittag Suse in meiner Schreibstube mit der Botschaft überraschte: »Du, Junge, deine Bienen schwärmen aber! Ein Volk bestimmt!«

»Unmöglich!« rief ich, unmutig aufsehend. »Ich habe doch alle Weiselzellen ausgebrochen!«

(Das sind die Zellen, in denen die Bienen sich junge Königinnen ziehen. Wenn man sie ausbricht, gibt es keine jungen Königinnen, also keine Nachfolgerin für die alte, also kein Schwärmen.)

»Geh man lieber runter und sieh selbst nach!« meinte Suse und verdrückte sich. Ihr gefiel das Aussehen meines Gesichtes nicht. Aber es ist doch wirklich ärgerlich, wenn man sich ein bestimmtes Arbeitspensum vorgenommen hat, und dann stört ein Bienenschwarm! Natürlich war es überhaupt kein Schwarm – alles Weibergeschwätz! Aber ich ging doch hinunter und sah nach.

Sie schwärmten, das heißt, das eigentliche Schwärmen

war schon vorbei, sie hingen in einer dichten, sehr großen Traube beisammen – ein Bombenschwarm! Aber wo hingen sie?

Ja, liebe Leute, so geht es einem Schriftsteller, der immer zu viel vorhat und dem die Zeit stets knapp ist! Vor meinem Bienenhaus stehen an die zwanzig junge Obstbäume, Halbstämme, gut mannshoch, schon mit hübschen Kronen, weitläufig über eine grüne Graskoppel verteilt. Und das ganze Jahr, das Onkel Herbert die Bienen betreute (seine Bruchbienen!), hatte sich jeder seiner gesegneten Bienenschwärme ganz gehorsam an einen dieser Buschbäume gehängt.

Das war nun die einfachste Geschichte von der Welt. Man nahm einen leeren Bienenkorb, ging zu dem Buschbaum, hielt den Korb mit der offenen Seite unter die Traube, schlug mit der Faust ein paarmal kräftig gegen den Ast, an dem die Traube hing, und die Bienen stürzten nur so in den Korb! Nun setzte man ihn unter die Schwarmstelle, langsam sammelten sich im Lauf des Tages alle Schwarmbienen um ihre Königin in dem Korb, abends in der Dämmerung trug man den vollen Korb ins Bienenhaus und schlug den ganzen Schwarm in die nächste Beute ein. Wirklich, die einfachste Sache von der Welt, grade die richtige Kost für einen Imkerlehrling! So war es immer bei Onkel Herbert gegangen – und wie ging es nun bei mir?

Hinter dem Bienenhaus, auf seiner anderen Seite, fern den Fluglöchern, gar nicht sichtbar von ihnen aus, stehen alte, gut vierzigjährige Obstbäume, Äpfel und Birnen, und zwar keine Halbstämme, sondern Hochstämme, stattliche Knaben. Aber der Riese unter ihnen ist ein alter Gravensteiner, ein wahrer Vater und Großvater der Äpfel, mit gewaltiger, hoher, dichtverzweigter Krone!

Und wo hatte sich mein Schwarm angesetzt? Natürlich nicht an den bequemen ebenerdigen Halbstämmchen, sondern an meinem Großvater Gravenstein und auch da gleich mindestens im dritten Stock! Ich legte den Kopf in den Nacken und sagte: »Es ist ja wohl nicht möglich! Erstens schwärmen, wo ich jede Weiselzelle ausgebrochen habe! (Ich muß doch wohl eine übersehen haben!) Und dann gleich in den höchsten Baum. Und nun nicht etwa an einen kräftigen Ast, nee, ausgerechnet an so ein dünnes Dingsel, das schon ganz krumm gezogen ist von dem Gewicht der Traube – vier, fünf Pfund hat die bestimmt! Und da soll ich die runterholen – heiliger Herr Zebaoth, das ist auch eine Vormittagsbeschäftigung! Von mir aus kann die ganzen Bienen der Teufel holen – verdammter Onkel Herbert, mir solche Suppe einzubrocken!«

Aus der Ferne, von ihrem Wäscheplatz her, rief Suse mit all dieser verfluchten, triumphierenden, giftigen Weibersüße in der Stimme: »Na, schwärmen deine Bienen?«

»Weißt du, du kannst mir mal was!« schrie ich, plötzlich rasend vor Zorn. »Hältst du mich eigentlich für einen Idioten?! Was denkst du denn, was die Bienen machen? Schulausflug, ja? Kindergottesdienst, wie? Hilf mir lieber die Obstbaumleiter hoch!«

Aber Suse war längst verschwunden, ich mußte mir meinen Viehfütterer holen. Es ist schon keine Kleinigkeit, eine Zehn-Meter-Leiter in eine dichte Krone zu bringen, und nun auch noch ganz genau an eine Stelle, von der aus ich den Schwarm erreichen konnte.

»Verdammt kipplig!« sagte ich und schüttelte an der Leiter, während mir der Schweiß von der Stirn triefte. »Daß auch nicht ein dicker Ast in der Nähe ist!«

»Ich werde die Leiter halten!« schlug der Mann vor.

»Ach was!« sagte ich. »Machen Sie bloß, daß Sie wegkommen! Sie wissen doch: das Bienchen ist kein Kaninchen – es sticht nämlich! Ich kann hier keinen Zukieker brauchen!«

Allein geblieben, legte ich meine Kriegsrüstung an. Ich band die Hosen unten zu, zog Gummihandschuhe an und setzte meinen Imkerhut auf. Ein Imkerhut ist so was wie ein sehr breitrandiger Sombrero aus Leinen. Man hängt den Gazeschleier über ihn, und der breite Rand macht es, daß einem die Gardine nicht direkt vor Nase und Augen hängt, sondern schön luftig weit ab – eine sehr praktische Einrichtung!

Erfahrene Imker werden natürlich lächeln, daß ich mich zum Einfangen eines Schwarms so ausrüstete. In allen Büchern steht's geschrieben, daß ein schwärmendes Volk friedlich ist und nur selten sticht, wahrscheinlich sind die Bienen an diesem Tage zu sehr mit Zukunftssorgen beschäftigt. Aber ich hatte angefangen, den Büchern zu mißtrauen. Bei mir machten die Bienen immer alles anders, als in den Büchern stand. Ich machte meine schlechten Erfahrungen lieber allein!

Gewappnet ergriff ich den Bienenkorb und setzte seufzend den Fuß auf die Leiter. All meine Jungensjahre bin ich vom Turnunterricht dispensiert gewesen, und heute, da ich ein Fünfziger bin, schwärme ich erst recht nicht für Turnen. Zehn Meter ist eine gewaltige Höhe, wenn man sie eine schwankende Leiter hochklettern soll, nur mit einer Hand als Stütze, denn in der anderen hielt ich ja den Bienenkorb! Und auch nicht einfach so eine glatte Leiter hochklettern, ach, kein Gedanke! Es ging ja mitten durch die Krone, ich mußte mich durch Geäst zwängen, und war ich glücklich durch, hing sicher mein Korb irgendwo fest!

Ich war die Leiter noch nicht halb hoch, da zitterten meine Knie, das Hemd klebte mir auf dem Buckel, und ich dachte: »Ach, schöne Welt! In was für Gefahren bringst du deine Menschen! Sitzen sollte ich und Roman schreiben, der mir viel schönes Geld bringen wird, und hier steige ich für einen Bienenschwarm im Werte von zehn Mark in die Luft und gefährde dabei Glieder und Leben!«

Weiter! Höher hinauf! Die Leiter wackelt bedenklich, und ich wackele noch viel bedenklicher mit! Wieder muß ich mich durch so ein Astgewirr zwängen, unten blitzt blau der See, über mir, schon nicht mehr sehr ferne, brausen die Bienen. Da erhascht es meinen Imkerhut, irgend so ein sperriger Ast reißt ihn mir halb vom Kopf!

Ganz so praktisch sind die Dinger also doch nicht – wenigstens nicht für diesen Zweck! Der Rand ist viel zu breit, man bleibt überall damit hängen. Aber jetzt noch einmal runtersteigen und statt des Hutes eine Kappe aufsetzen? Nicht zweimal klimme ich diese Leiter empor! In den dicksten Büchern steht es geschrieben: beim Schwärmen sind die Immen stechfaul. Also werde ich es wagen, wenn jetzt das Gesicht auch so gut wie ungeschützt ist!

Ich klimme weiter empor – der Mensch ist eben ein hartnäckiges Tier: ein Maulesel ist die verkörperte Sanftmut gegen mich!

Da hängt nun also die Traube! Groß und schwer, ein goldigschwarzes Gewimmel, ein schöner Anblick, doch, doch! Friedliches Brausen erfüllt sanft mein Ohr. Und so was soll ich wegfliegen lassen? Nie! Der Schwarm hat sich schon einigermaßen beruhigt, nur wenige Bienen fliegen noch aufgeregt um ihn, fast alle sitzen schon übereinander.

Nun kommt das Schwerste! Ich muß mit beiden Händen die Leiter loslassen, frei auf ihr stehen. Ich klemme die Knie gegen die Holme, halte den Korb unter den Schwarm und schlage kräftig mit der Faust gegen den Ast. Mit einem schweren Klacks fällt ein dicker Klumpen Bienen in den Korb, andere wirbeln hoch, umsurren mich aufgeregt. Noch ein Schlag! Und noch einer!

So, da hätten wir sie also, die meisten nämlich; die mich jetzt so wild umsummen, die noch vereinzelt an den Ästen sitzen, werden sich schon herunterziehen!

Ich drücke den Korb gegen meine Brust und mache mich auf den Rückmarsch. Sehr zufrieden bin ich, es ist ein wunderbarer Schwarm, mindestens sechs Pfund schwer, das sind viele tausend Bienen. Aber allmählich beim Absteigen, beim

Durchzwängen durch die Äste, mit dem vollen Korb, umsummt von Hunderten von wütenden Bienen, mindert sich mein Glück: es wäre gar nicht schlecht, wenn der Schwarm nicht gar so groß wäre. Der Aufstieg war ein Kinderspiel gegen diesen Abstieg. Ich krieche wie eine Schlange zwischen den Zweigen durch, den Korb wie ein Tabernakel schützend. Da reißt mir ein Ast meinen patentierten Bienenhut ganz ab, und sofort habe ich den ersten Stich, ausgerechnet ins Ohrläppchen!

Lassen Sie mich schweigen vom Rest meines Abstiegs, wozu so alten unermeßlichen Schmerz erneuern? Genug, ich kam mit meinem Schwarm unten an. Still und gebrochen setzte ich den Korb auf ein Brett unter den Gravensteiner. Dann stieg ich die Leiter wieder hoch und holte meinen Bienenhut. Ich ging ins Bienenhaus, machte mich menschlich. Mein Versuch, ungesehen über den Hof in meine Schreibstube zu kommen, mißlang natürlich.

»Gott, wie siehst du aus!« rief Suse. »Die haben dich ja schön vorgehabt! Hast du wenigstens den Schwarm?«

»Jawohl, ich habe ihn«, sage ich traurig und schleiche mich zu meiner Schreiberei.

Es dauert eine ganze Zeit, bis ich mit ihr in Gang komme. Mein Gesicht ist in einem scheußlichen Zustand. Langsam konzentriere ich meine Gedanken wieder auf die Arbeit, ich fange an zu schreiben …

Ich habe noch nicht lange geschrieben, da klopft es an meiner Tür.

»Na, was ist denn nun wieder los?« rufe ich sehr ungnädig.

»Lieber Junge«, sagt Suse sehr vorsichtig, »ich fürchte, dein Schwarm ist wieder ausgerissen. Er sitzt wieder oben im Baum …«

»Was?!« rufe ich und starre mein teures Weib mit weit aufgerissenen Augen an. »Er ist wieder ausgerissen?! Dann habe ich die Königin nicht mit erwischt!« Ich sehe auf das Papier vor mir, ich denke an mein Schreibpensum. »Also es ist gut!« sage ich entschlossen. »Laß sie! Ich kann nicht wegen der dämlichen Bienen meine ganze Arbeit versäumen! Laß sie sausen!«

»Schön«, sagt Suse. »Aber wenn du mich vielleicht doch dabei brauchst? Ich helfe dir gerne!«

»Was soll der Quatsch?!« schreie ich. »Ich erzähle dir doch, die Bienen sind mir piepe! Was soll ich dich da brauchen –!«

Aber Suse ist längst die Treppe hinunter. Seufzend mache ich mich an meine Schreiberei.

Nach drei Minuten lege ich den Halter aus der Hand. Ich kann es einfach nicht verantworten, die Bienen da hängenzulassen, einen so wunderbaren Schwarm, einem fast sicheren Untergang ausgeliefert. Wieder schleiche ich mich zum Bienenhaus. Jawohl, der Korb ist leer, oben an der alten Stelle hängt wieder die Traube. Die sind bequemer hochgekommen als ich! Ich rüste mich, diesmal aber mit enger Kappe, und steige wieder die Leiter hinauf.

Was soll ich noch viel erzählen? Dreimal bin ich in den Wipfel des Gravensteiners hinaufgestiegen und habe den Bombenschwarm heruntergeholt, und dreimal ist er mir wieder weggeflogen, das letztemal auf Nimmerwiedersehen! Und das war erst der Anfang in diesem Jahr! Lieber Leser, jetzt will ich dir etwas gestehen, was ich nicht einmal meinem treuen Berater, Herrn Schuster, gestanden habe: in diesem Jahr hatte ich bei der kuntzschischen schwarmfreien Betriebsweise einundzwanzig Schwärme, Vorschwärme, Nachschwärme. Ich hatte alle Arten von Schwärmen, die es gibt, und dann hatte ich noch die Schwärme, die es überhaupt nicht gibt, von denen kein Buch erzählt, von denen kein Imker weiß.

Und von all diesen einundzwanzig Schwärmen hat sich nicht einer an einen Halbstamm angelegt, sie alle gingen nur in die höchsten Baumwipfel! Immerzu zog ich mit der langen Baumleiter um. Fluchend, stöhnend, meine Hausgenossen bedrohend, aber beharrlich stieg ich in den Bäumen herum, bis sich schließlich meine Völker kahl und arm geschwärmt hatten, bis aus den Bombenschwärmen kleine Schwärmlein geworden waren, kaum größer als eine Kinderfaust.

Aber all dies, und manche Enttäuschung noch, hat mich nicht entmutigen können. Ich grübelte über den Fehler nach, den ich gemacht haben mußte, und ich fand meinen Fehler. Im nächsten Jahr würde ich es besser machen, und im nächsten Jahr machte ich es besser. Im nächsten Jahr erntete ich schon über zwei Zentner Honig!

Heute, da ich diese Zeilen schreibe, am 20. April des Kriegsjahres 1942, bin ich in das dritte Jahr meiner Imkerei eingetreten. Heute habe ich die Frühjahrsrevision meiner Bienen abgehalten. Ein schwerer, sehr langer Winter liegt hinter uns, oft habe ich mich sorgenvoll gefragt: Werden meine Bienen auch nicht erfrieren? Werden sie auch nicht verhungert sein?

Beute für Beute habe ich geöffnet, Wabe für Wabe habe ich in die Zange genommen und betrachtet. Mein Herz ist von Glück erfüllt: alle meine Völker leben, sie haben Vorrat noch an Honig und Zucker, sie haben Vorrat genug an Honig und Zucker. Jetzt fangen sie schon an, Blütenstaub von dem Krokus und den Kätzchen einzutragen. Und mehr noch: ihre Königinnen sind gesund und stark, in jedem Volk fand ich Eier, Larven, Nymphen … Ich sah schon verdeckelte Brut, ich sah auch junge Bienchen, die eben den Deckel ihrer sechseckigen Wiege zernagt hatten und nun hervorkrochen, noch grau und zerknittert …

Welch seltsames Glück! Was ist es denn, das einem das Herz schneller klopfen macht, wenn man das Gesicht über die von fremdem Leben wimmelnde Wabe neigt, dieses Gesicht, von dem die Tiere nichts wissen –? Wie ein bleicher Mond ist es über ihnen.

Es kann nicht die Freude darüber sein, daß solch starkes Volksgewimmel eine gute Honigernte verspricht, so materiell klopft mein Herz nicht. Und es kann nicht die Zärtlichkeit sein, die jeder Mensch für ein hilfloses Wesen hat, das er betreut, sei es nun ein Kind oder ein Tierjunges. Denn die Bienen sind nicht hilflos, nicht in dieser Art lassen sie sich betreuen.

Viel weiter her, aus viel tieferen Gründen des Seins muß dieses Glück kommen. Neigt vielleicht zu dieser Stunde Gott sein Antlitz über die Wabe Welt, sieht wimmelndes Leben und lächelt – von ferne? Ach, es ist ein seltsam seliges Glück, ein bißchen Herrgott zu sein – über einer Bienenwabe!

Lieber Onkel Herbert, der du nun schon ein Jahr in griechischer Erde ruhst, du mein erster und einziger Gärtner – ich danke dir für die Bienen, die du mir aufgezwungen hast!

Glück aus Leder, Lack und Stahl

Unser Auto war unser Stolz. Aber eigentlich ist »unser« Auto falsch. Es war nie unser Auto, es war immer nur Suses Auto. So wie ich nicht fahren lernen wollte, so wollte ich eigentlich auch kein Auto besitzen. Niemand in meiner Familie besaß ein Auto. In ihrer übrigens auch keiner. In diesen Dingen bin ich wie ein Bauer hier in Mahlendorf. Es war einmal angefragt, wie man in Mahlendorf wohl über einen Bahnanschluß und Bahnhof dächte. Dieser Bauer stand auf und sprach: »Wozu brauchen wir eine Eisenbahn? Mein Vater hat keine Eisenbahn gebraucht, mein Großvater hat keine Eisenbahn gebraucht, ich brauch auch keine!«

Wozu brauchte ich ein Auto? Ich konnte mir immer ein Auto mieten, es gab Mietautos genug auf der Welt!

Aber wie das so ist im Familienleben: man redet über dies, dann redet man über das, man redet in abweisender Stimmung, und man redet wohlwollend, und plötzlich hat man sich festgeredet. Schließlich war der Weg nach Bergfeld wirklich ein wenig umständlich, besonders bei schlechtem Wetter. Und wir haben keinen Laden im Dorf – man würde viel bequemer einkaufen können, eventuell auch in der Kreisstadt. Schließlich gab man einen Haufen Geld für Mietautos weg. Mit einem eigenen Auto konnte man die Gäste auch selbst von der Bahn holen, man konnte das erzeugte Gemüse und Obst zum Verkauf nach Bergfeld fahren – vielleicht, wahrscheinlich war ein eigenes Auto sogar wirtschaftlich.

Aber all das war schließlich nur Gerede. Man konnte so reden, und man konnte wieder andersherum reden, es folgte nichts daraus. Ich bin ein schwer beweglicher Mensch, so leicht kriegte mich keiner aus Mahlendorf heraus, und in Mahlendorf gab es keine Automobile zu kaufen. Schließlich, wurde die Lage wirklich prekär für mich, konnte ich immer den Finger erheben und sprechen: »Ja, Kinder, alles schön und gut, aber denkt an das liebe Finanzamt! In diesem Jahre können wir es uns bestimmt noch nicht leisten. Erst die Steuern!«

Es war zwar geschwindelt, aber das sollte mir erst einer beweisen! In Buchführung bin ich der Suse bestimmt über, und aus einer guten Buchführung kann man alles beweisen!

Es war natürlich mein ältester Sohn Uli, der mich in den Autobesitz stürzte. Wir waren wirklich einmal in Berlin, und es war gerade Automobilausstellung. Mein Sohn ist nun einmal autobesessen, er kennt alle Automarken der Welt. Er kann mich zu Tode öden, wenn ich mit ihm in der Stadt auf der Straße gehe und er ruft: »Papa, was ist das für ein Auto, das da kommt? Sag schnell!«

Aufs Geratewohl sage ich dann: »Das wird wohl ein Audi sein, mein Sohn!«

Er stößt einen Entsetzensschrei aus. »Bist du aber dumm, Papa!« (Er meint es ganz ehrlich, das ist keine Redensart bei ihm.) »Das ist doch ein deutscher Kinderwagen! Nun paß aber mal richtig auf, Papa! Was ist das für ein Auto, das da vor dem Haus steht?«

»Ach, laß doch, Uli. Ich habe jetzt keine Schule. Ich habe heute frei.«

»Nein, Papa, ganz wirklich. Mach mal keinen Quatsch, Papa. Das ist ganz leicht, das mußt du wissen!«

Und so weiter, und so weiter – er ist der richtige Bohrer. Und so bohrte er auch so lange, bis wir in die Ausstellungshallen am Kaiserdamm gingen, Suse, er und ich. Was mich angeht und was Suse angeht, so kann ich es beschwören, daß wir mit keinem Gedanken an einen Autokauf dachten. Wir wollten uns nur so für alle Fälle über die Leistungen der deutschen Automobilindustrie unterrichten. Für meinen Sohn möchte ich da aber nicht die Hand ins Feuer legen.

Dann waren auf der Ausstellung so viele Menschen, alle vergnügt und ein bißchen aufgeregt, ein wenig berauscht von diesem wahr gewordenen Traum der Technik. Um jeden einzelnen Stand drängten sich Dutzende; eine Hand auf der Kühlerhaube, standen die Vertreter der großen Firmen da und gaben verbindlich und ein wenig müde lächelnd Auskünfte, die sie schon viele hundert Male gegeben hatten. Manchen aber von den Fragenden sah man an, daß sie ernstlich Käufer waren: mit Besitzermiene öffneten sie die Tür eines Wagens, setzten sich behaglich aufseufzend in die Polster und betrachteten die Sehleute mit einer gemacht gleichgültigen Miene.

Und Papier gab es, Drucksachen gab es! Alle, alle mußte mein Sohn Uli haben, seine Mutter schleppte schon ein Paket, und ich hatte ein Paket, und er hatte nicht nur ein Paket, sondern auch schon alle Taschen so vollgepfropft, daß er ganz verschwollen aussah. Bei jedem Auto, das er erblickte, rief er: »Papa, wäre das nicht ein Wagen für uns –?«

Die Leute sahen auf mich, die Verkäufer sahen auf mich, und Suse mahnte: »Uli, doch nicht so laut!«

Im Flüsterton setzte ich meinem Sohn auseinander, warum dies nicht das Auto für uns sei. Worauf er beim nächsten Stand noch lauter schrie: »Aber, Papa, das wäre doch ein Auto für uns!«

Ich war schon ziemlich erschöpft von dem Gedränge und der Wärme und dem vielen Ansehen und dachte mit Sehnsucht an das Funkturmrestaurant, einen guten Braten und an einen schönen kühlen Mosel. Da schrie Uli wieder: »Aber, Papa, das ist unser Auto! Der ist gerade das Richtige für Landwege, er hat viel mehr Bodenfreiheit als die andern Wagen, und mit seinen neunzig PS zieht er uns auch durch den größten Dreck!«

Die Göttin der Automobilindustrie muß es apart so eingerichtet haben, daß in diesem Augenblick der Stand fast leer war. Der Vertreter hatte jedes Wort aus meines Sohnes Mund gehört und wandte mir ein freundlich lächelndes Gesicht zu.

»Nein, nein, Uli!« sagte ich sehr energisch, um alle Annäherungsversuche zu verhindern. »Der Wagen ist viel zu teuer für mich. Denke doch einmal: acht Zylinder! Was sollen wir wohl mit acht Zylindern anfangen? Der Wagen ist auch viel zu schwer für deine Mutter, solch einen Wagen muß ein Mann fahren!« Ich beobachtete Suse. Ihr Auge hing nachdenklich, mit einer gewissen scheuen Liebe an dem schwarzen Ungeheuer mit seinen roten Ledersitzen. Mir wurde angst.

»Die gnädige Frau will den Wagen fahren?« fragte der Verkäufer da schon. »Aber der Wagen fährt sich spielend! Gnädige Frau, wenn Sie einmal vorne bei mir Platz nehmen wollen –?« – »Nein, nein!« sagte ich hastig. Das hat gar keinen Zweck! Meine Frau kann gar nicht fahren! Außerdem muß ich jetzt unbedingt etwas essen! Ich falle um vor Hunger!«

»Nur um sich zu orientieren!« meinte der Verkäufer, beruhigend lächelnd. »Für später! Wir könnten Ihnen im Augenblick, glaube ich, gar keinen Wagen liefern; ich fürchte, wir sind völlig ausverkauft!«

»Meine Frau versteht aber nichts vom Fahren!«

Da: die beiden saßen schon vorn und schwatzten von Schaltung und Gang und Kuppelung, und Uli stand auf dem Trittbrett und schwatzte natürlich mit. Niemand dachte an meinen Hunger. Seufzend ging ich an ein Tischchen und schnappte mir einen Prospekt. Ich wollte doch wenigstens sehen, was solche Dinger kosteten ...

Ich sah es, und mein Herz verhärtete sich. Kam gar nicht in Frage! Und überhaupt! Was sollten wir wohl mit einem Auto? Keiner in meiner Familie ... und auch keiner in ihrer Familie ...

Als ich wieder Zeit für meine Lieben hatte, hatten sie den Wagen verlassen.

»Also jetzt gehen wir essen!« erklärte ich mit Entschiedenheit.

»Nur eine kleine Probefahrt«, bat Suse. »Wir wollen bestimmt den Wagen nicht kaufen. Aber der Vertreter möchte mir doch so gerne zeigen, wie leicht sich der schwere Wagen fährt! Er ist so stolz auf ihn! Warum sollen wir ihm die Freude verderben? Es kostet doch nichts!«

»Na, meinethalben«, sagte ich. Aus weiter Ferne grüßten Braten und Mosel.

Wir fuhren los. Vorne saßen Suse und der Vertreter, und Uli hatte sich natürlich dazwischen gequetscht. Ich saß allein hinten, übrigens regnete es gerade. Sie rasten nach Westen hinaus, immer weiter nach dem Westen. Jawohl, dies konnte man Sitzen nennen! Unwillkürlich mußte ich an das kleine Mietautochen denken, in dem wir sonst fuhren. Ich stieß mit meinen Knien ständig gegen die Nase. Hier konnte ich die Beine richtig ausstrecken. Und vor mir war in der Rückseite der Lehne ein herrlicher Aschenbecher eingebaut, in unserm Klapperkasten fehlten immer die Ascher. Man mußte das Fenster einen Spalt breit öffnen, und wenn der Wind es böse mit mir meinte, blies er den Zigarettenstummel zurück, und ich bekam Schelte von Suse.

Dies konnte man wohl Autofahren nennen, wie ein Fürst fuhr ich! Aber eben weil ich wie ein Fürst fuhr, war es nichts für einen Schriftsteller, der von der Feder in den Mund lebte und dem es trotz aller Buchhaltungskünste noch nicht gelungen war, Geld auf die hohe Kante zu legen. Nein, ganz ausgeschlossen!

Aber unwillkürlich lauschte ich auf Suses Stimme, die so lebhaft mit dem Vertreter sprach wie lange nicht. In der letzten Zeit war Suse nicht mehr recht frisch gewesen, sie hatte auch über ihre Galle geklagt. Es stimmte ja: unser Haushalt in Mahlendorf war mit Vieh und Garten und Acker reichlich kompliziert und brachte ihr übermäßig viel Arbeit. Sie hatte auch endlose Mühe damit, dem geräuschempfindlichen Hausherrn immer die nötige Arbeitsruhe zu verschaffen, die jungen Mädchen waren laut, und die Kinder waren als echte Landkinder noch viel lauter. Suse hätte eine kleine Ablenkung und Auffrischung schon gebraucht.

Aber solch ein Wagen? Nein! Vielleicht ein kleiner ...?

Wir waren längst über die Avus hinweggebraust und fuhren jetzt durch Wannsee. Der Regen hatte nachgelassen, es tröpfelte nur noch, es sah aus, als wollte die Sonne durchkommen. Und plötzlich sah ich ein Schild, ich sah den Eingang zu einem Restaurant. Wie ein Blitz durchfuhr mich eine Erinnerung!

Ich schrie: »Halten! Auf der Stelle halten! Dort vor dem Weinlokal! Wir wollen da zu Mittag essen, ich halte es einfach nicht mehr aus! Bitte, tun Sie uns den Gefallen und essen Sie mit uns! Es kommt ja nicht darauf an, ob Sie eine halbe Stunde früher oder später in die Halle zurückkommen, Sie haben ja doch keine Wagen mehr zu verkaufen!«

Ich lächelte ihn an, er lächelte zurück – und nahm an.

Also aßen wir in diesem Lokal zu Mittag, das heißt, die anderen taten es. Ich hatte mir ein Dutzend Krebse bestellt.

Suse ist überraschende Entschlüsse bei mir gewöhnt und fragt nicht viel, sie weiß, sie erfährt alles schon zu seiner Zeit. Aber der Herr Vertreter fand doch, daß Krebse für einen so heißhungrigen Menschen nicht das richtige Mittagsmahl seien. Gottlob hatten sie alle drei so viel von Autos zu reden, daß sie mich bald meinen Gedanken und Erinnerungen überließen.

Ja, meinen Erinnerungen ... Ich sah mich in dem großen, dunkelgetäfelten Speisesaal um – ein bißchen modernisiert und aufgefrischt, aber bestimmt derselbe Saal wie vor – nun, wieviel denn? – ja, wie vor dreiundzwanzig Jahren!

Vor dreiundzwanzig Jahren als junger Mann von Zweiundzwanzig hatte ich hier in diesem selben Saal gesessen und hatte ein Dutzend Krebse gegessen. Hergeführt aber hatte mich meine große unvergeßliche Jugendliebe, ich selbst hätte mich nie in ein so elegantes Lokal getraut. Ich kannte sie schon eine ganze Weile, ich verehrte sie, ich liebte sie, ich träumte von ihr, und dreimal schon hatte ich ihre Hand berührt und eine ganze Zeit halten dürfen ...

Sie war eine sehr elegante, mondäne Frau, die sich diese kleine Jugendschwärmerei gern gefallen ließ. Natürlich war sie viel älter als ich. Ich las ihr Gedichte vor, ich kaufte mit ihr ein, ich ging mit ihr ins Theater, jede freie Stunde verbrachte ich bei ihr, und jeden Tag sandte ich ihr Blumen ...

Und eines Tages hatte sie mich in dieses Lokal mitgenommen, zum Essen. Da ritt mich der Teufel, und als ich Krebse auf der Speisekarte sah, bestellte ich mir ein Dutzend.

O ja, ich kannte Krebse, ich hatte Krebse genug gegessen. Auf dem Lande hatten wir sie uns als junge landwirtschaftliche Beamte aus Bächen und Seen geholt, dann hatten wir sie der Mamsell gegeben, die sie uns mit Kümmel kochte, und dann hatten wir sie eben gegessen! Wir hatten die Scheren mit den Zähnen geknackt, wir hatten sie gefressen, wie die Menschenfresser kleine Kinder vertilgen!

Und nun saß ich hier, in diesem überfüllten, feinen Weinlokal, und ich hatte eine Terrine bekommen und eine Tasse, um die Krebsbrühe hineinzufüllen, und einen Teller und ein Krebsbesteck und eine Krebsserviette. Also fing ich an, Krebse zu essen ...

Ich hatte noch nie einen Krebs vom Teller mit Besteck gegessen, und das erste war natürlich, daß ich den Krebs in hohem Bogen ins Lokal schleuderte. Gottlob traf er niemanden. Ein Pikkolo griff ihn sich und brachte ihn mir, keusch in eine Serviette gehüllt. Von da an hatte ich das Gefühl, daß alle Gäste und die gesamte Kellnerschaft mein Krebsessen mit Spannung beobachteten.

Meine liebe, geliebte, verehrte Freundin wurde immer stiller. Schließlich sagte sie gar nichts mehr, sie saß nur da und sah steil auf ihren Teller hinunter. Und ich, meine Lieben, ich hatte zwölf Krebse zu essen, mit dem Besteck, zwölf Stück! Manche erwischte ich auf meinem Schoß, andere auf dem Tischtuch. Aber jeder dritte, vierte entrann mir und wurde mir prompt zurückgeliefert, in eine Serviette gehüllt! Sie sahen mich an, mit ihren dummen schwarzen Knopfaugen, ich haßte sie gradezu! Sie waren einfach nicht zu bewältigen! Ich mogelte auf jede Weise, ich versteckte unverzehrte unter den Schalentrümmern der anderen, ich schenkte mir das Aussaugen der Beine, die beiden letzten ließ ich in der Terrine ...

Ich war mir klar darüber, daß bei meinem Abgang viele Blicke auf mir ruhten. Ich war mir auch klar, daß meine Freundin heftig erregt war. Ungeschickt wie ein junger Jagdhund sagte ich, sobald wir aus dem Lokal waren, mit einem verlegenen Lachen: »Ich glaube, ich habe die Krebse nicht ganz richtig gegessen. Nicht so, wie man sie in Berlin ißt.«

»Das glaube ich auch!« rief meine Freundin. »Und das schwöre ich dir: du wirst nie wieder Krebse mit mir essen!«

»Das nächste Mal will ich gern etwas anderes bestellen«, sagte ich reuig.

»Es wird kein nächstes Mal geben!« rief sie zornig. »Es ist aus mit uns, für immer aus!«

Sie drehte sich zornig um und ging. Sie ging wirklich für immer, ich habe sie nie wiedergesehen, nicht einen meiner flehenden Briefe hat sie beantwortet. Damals meinte ich, das Herz müßte mir darüber brechen.

Und heute – dreiundzwanzig Jahre danach – sitze ich wieder in diesem Lokal und esse wieder ein Dutzend Krebse. Ich esse sie, wie man eben Krebse ißt, kein Mensch sieht sich nach mir um. Niemand bricht deswegen seine Beziehungen zu mir ab. Damals war ich so zerschmettert, ich meinte, nie würde mir etwas im Leben gelingen. Ich taugte zu nichts, nie würde mich jemand lieben können!

Heute habe ich die beste Frau von der Welt. Ich danke meinem Schöpfer, daß mich jene stolze, eitle Pute so hat sitzenlassen! Ich habe drei Kinder, die mich freuen, ich habe meinen Besitz in Mahlendorf. Ich bin doch noch etwas geworden, obwohl ich vor dreiundzwanzig Jahren keine Krebse essen konnte. Und jetzt, in dieser Stunde, hält vor der Tür dieses Restaurants, an jener Stelle, wo sie mich stehenließ, ein Luxusauto, und wenn ich will, kann ich es mir jede Stunde kaufen!

Ich bin mit meinen Krebsen fertig und ziehe mein Scheckbuch aus der Tasche. Ich schreibe einen Scheck aus, gebe ihn dem Vertreter: »So, das ist gut die Hälfte des Kaufpreises – als Anzahlung. Den Rest bekommen Sie bei Ablieferung – und in vierzehn Tagen spätestens muß ich den Wagen haben!«

»Geht in Ordnung!« lacht er und legt den Scheck in seine Brieftasche. »Das habe ich doch gleich gewußt, daß Sie den Wagen kaufen würden!«

»Was Sie nicht alles wissen!« grolle ich. »Vor zehn Minuten habe ich selbst noch nicht gewußt, daß ich ihn kaufen würde! Hätten keine Krebse auf der Speisekarte gestanden, hätte ich ihn bestimmt nicht gekauft.«

Uli ist so glücklich, daß er mir mitten im Lokal einen Kuß gibt, und Suse drückt mir unter dem Tisch kräftig die Hand. »Ein herrlicher Wagen«, flüstert sie. »Ich freue mich so! Aber was hat er mit Krebsen zu tun?«

Ich lächle nur. »Später«, sage ich.

Aber ist es mir nicht so mit fast allen Dingen in meinem Leben gegangen? Alles, was mir schließlich lieb und teuer wurde, habe ich gegen oder doch ohne meinen Willen bekommen. Da sind die Bienen und mein Besitz in Mahlendorf ...

Eine halbe Stunde später stehen wir auf dem Funkturm und sehen auf die Stadt Berlin hinab. Wir sind alle noch ein wenig aufgeregt von dem überwältigenden Gefühl, Autobesitzer zu sein – und Besitzer was für eines Autos! Das also ist Berlin, diese Stadt, in der wir vor zehn Jahren ganz klein anfingen. »Dahinten im Nebel und Dunst liegt Alt-Moabit, da bist du geboren, Uli!«

Aber Uli hat noch keinen Sinn für Erinnerungen, er lebt nur in der Gegenwart. »Sieh nur all die vielen Autos, Papa!« ruft er. »Sieh bloß, wie sie flitzen!«

Ich, der neue Autobesitzer, sehe die Autos, plötzlich finde ich, es sind reichlich viele. Hier unten an den Ausstellungshallen sind sie zu Hunderten aufgefahren, und neue Tausende streben hierher, gleiten spielzeugklein um die Kurven, überholen Autobusse, stoppen plötzlich an einer Kreuzung ...

Meine Stirn umwölkt sich, schon trübt sich mein junges Glück. Bisher habe ich mein Geschick ohne alles Nachdenken in die Hände jedes beliebigen Fahrers gelegt, nun habe ich plötzlich Sorgen. »Glaubst du denn wirklich, daß du richtig Autofahren lernst, Suse?« frage ich. »Auch so im Großstadtverkehr?«

»Aber natürlich!« sagt sie ganz erstaunt. »Alle lernen es, warum soll ich es nicht lernen können? Prima werde ich fahren!«

Und Uli ruft: »Natürlich wird die Mummi prima fahren,

Papa!« Worauf ein ziemliches Durcheinander beginnt. Wohl fängt Suse mit dem Fahrunterricht an, aber dann macht ihr die Galle ernstlich zu schaffen, und sie muß in eine Klinik. Allein reise ich mit Uli nach Mahlendorf zurück und lebe dort als Strohwitwer. Ein Bekannter muß uns den schönen Wagen aus Berlin bringen, nicht als erste sitzt Suse an seinem Steuer. Onkel Herbert nimmt in der Kreisstadt Fahrunterricht, aber Suse hat geschrieben, daß ich ihn keinesfalls an das Steuer ihres Wagens lassen darf, sie will sich den Wagen selbst einfahren.

Dann kommt Suse aus der Klinik zurück, noch ein bißchen blaß, und das erste, was sie mir eröffnet, ist, daß ihre Galle noch gar nicht in Ordnung ist. Sie muß nach Mergentheim, eine Kur gebrauchen.

»Schön«, sage ich. »Dann fahre ich mit; jetzt sind wir lange genug getrennt gewesen.«

Das zweite aber, was mir Suse eröffnet, ist, daß sie in Berlin doch noch ihre Fahrerprüfung gemacht hat.

»Was?!« rufe ich. »Ich denke, du bist krank gewesen?«

»Bin ich auch! Aber meine Fahrerprüfung habe ich trotzdem gemacht!«

Und stolz zeigt sie mir ihren Führerschein.

»Und du kannst richtig fahren? Auch im Berliner Verkehr?«

»Ich habe ja meine Prüfung gemacht! Aber«, setzt sie hinzu, »richtige Fahrpraxis muß ich erst bekommen. Der Führerschein ist ja eigentlich nur eine Erlaubnis, nun allein fahren zu lernen.«

»Schön«, sage ich. »Dann werden wir zusammen im eigenen Wagen nach Mergentheim fahren.«

»Wie –?!« ruft sie und starrt mich an.

»Na ja«, meine ich. »Ist was los? Wir werden doch nicht mehr mit der Bahn fahren, wenn wir ein eigenes Auto haben.«

»Und du meinst, das schaffe ich?«

»Hast du einen Führerschein oder hast du keinen? Na also, du wirst es großartig schaffen!«

»Aber da unten sind, glaube ich, Berge!«

»Ach was, das sind doch alles bloß Hügel! Und wenn auch – was ist denn dabei? Wir fahren eben langsam. Das sage ich dir gleich: hetzen lassen wir uns nicht! Weil der olle Kasten hundertvierzig machen kann, fahren wir noch lange nicht so viel! Wenn da Berge sind, fahren wir sie eben im ersten Gang rauf – so heißt das ja wohl? Und runter bremst du, was du kannst!«

»Gut!« sprach Suse. »Dann will ich die nächste Zeit mal tüchtig üben. Bedenke doch, ich bin noch nie mit einem so starken Wagen gefahren! Mein Fahrlehrer hatte ja nur so eine Nuckelpinne!«

Und Suse übte. Sie übte so tags wie nachts. Sie redete im Schlaf. Mit Schwung warf sie sich von einer Seite auf die andere, und da sie die Arme dabei im großen Bogen mitnahm, langte sie mir eine. Sehr ungnädig weckte ich sie: »Kannst du denn nicht ein bißchen ruhiger schlafen? Eben, wie du dich rumgeschmissen hast, hast du mir direkt eine runtergehauen!«

»Habe ich dich geweckt? Tut mir schrecklich leid! Weißt du, im Traum fahre ich jetzt immer, und plötzlich fährt das Auto unter mir weg, läuft mir einfach fort, wird immer schneller, und ich kann es nicht halten! – Und dann der schreckliche Berg hier im Dorf, gleich hinter dem Durchfluß! Wenn ich ihn halb hoch bin, würge ich den Motor ab, und der Wagen rollt rückwärts. Die Bremse geht nicht, und wir rollen immer schneller bergab …«

»Soso«, sagte ich. »Das ist ja derselbe Berg, auf dem Pendels immer vom Wagen hopsten, und Frau Pendel mußte das Hellapferdchen mit Sand schmeißen, damit es nicht rückwärts ging. Ich nehme an, Frau Pendel hat auch davon geträumt. – Nun schlaf weiter und, wenn möglich, hau mir nicht wieder eine runter.«

Ich selbst nahm an diesen Übungsfahrten nicht teil. Ich hatte mit meinen Karten zu tun, ich studierte unseren Reiseweg. Es war ausgemacht, daß ich Suses Franz sein sollte und nicht mehr als das. Ich würde den Wagen durch die Ortschaften durchfranzen, das heißt, ich würde mich um die Wege kümmern: rechts, links, nun gradeaus, kein Wort mehr. Suse sollte sich ganz der Fahrerei widmen können, ohne jede Sorge um den Weg. Und ich würde nie ein Wort über ihre Fahrkünste verlieren. Wir fanden Ehepaare, die sich am Steuer ständig über das Fahren stritten, einfach schrecklich. Das war eben das Gute bei uns: ich selbst konnte nicht fahren. Ich konnte ihr also auch nichts hineinreden.

Dann traten wir unsere große Autoreise an, es war am 29. April 1938, die Sonne schien, das Auto war gefüllt mit Koffern, der ganze Hofstaat stand, lachte und winkte: Knecht, Vieh, Magd, Kind und alles, was unser war. Noch einmal trat Onkel Herbert an den Wagen, er legte seine Hand auf den verletzten Kotflügel, sah zu dem anderen verletzten hinüber, dann meiner Frau bittend ins Auge.

»Keine Angst, Onkel Herbert!« rief Suse. Wenn wir zurückkommen, ist der Wagen wieder wie neu! Wir lassen es gleich in Berlin machen, jetzt kennen wir ja die Garageneinfahrt, nicht wahr?«

An die Fahrt nach Berlin habe ich nur wenig Erinnerungen, alles ging glatt. Ein wenig beängstigend waren nur die großen Lastzüge, die mit ein, zwei Anhängern uns entgegengebraust kamen. Sie fuhren so schwindelerregend schnell! Mit unglaublicher Raschheit näherten sie sich, kaum hatten wir sie entdeckt; und je näher sie kamen, um so enger schien die Straße zu werden! Es schien einfach kein Platz mehr für uns zu bleiben!

Stumm sah ich von der Seite auf Suse. Sie sah starr gradeaus, aber ich fühlte, auch sie war nervös. Dann brauste das Untier, donnernd, mit eisernen Ketten schüttelnd, an uns vorbei – wie mir schien, auf Zentimeterabstand. Und war vorüber.

»Mächtige Dinger!« sagte ich zu Suse, sehr gleichgültig. »Richtige Giganten! Nehmen viel Platz weg!«

Sie lachte. »Immer, wenn du deine rechte Hand auf die Wagentür legst, als wolltest du dich festhalten, merke ich, du wirst nervös wegen meiner Fahrerei! Na, laß man, ich werde uns schon heil nach Mergentheim bringen!«

Ich war sauwütend, das mit der rechten Hand war direkt eine Gemeinheit von ihr! Übrigens, wenn ich nervös war, so war ich ihretwegen nervös, nicht meinetwegen! Ich hatte keine Angst, aber ich wollte eine erstklassige Fahrerin bei mir haben. Ich wollte nicht, daß etwas passierte. Ich hasse Scherereien mit den Behörden. Meine vorsorgliche Phantasie malte mir schon aus, was geschehen mußte, wenn Suse der Führerschein entzogen wurde. Vermutlich würden wir den Wagen wieder abschaffen müssen. Suse würde es nie ertragen, Onkel Herbert an dem Steuer zu sehen, an dem sie versagt hatte! Düster lag die Zukunft vor uns, während wir, im Besitz eines gänzlich unbefleckten Führerscheins, durch das sonnenglänzende Land fuhren.

Nun, schließlich kamen wir nach Berlin, in die Werkstatt und in die große Halle. Wie Suse den Wagen da hereingekriegt hat, zwischen all die anderen Wagen, bei diesem Toben, Gerassel, Riemengesurr, ist mir noch heute rätselhaft. Genug, da stand er, und die erste Etappe unserer großen Reise war vorüber!

Wir schlossen Freundschaft mit dem Meister, aber trotz aller Freundschaft versicherte er uns, daß wir erst am 3. Mai weiterfahren könnten, eher würden die Kotflügel nicht wieder in Ordnung sein. Wir ergaben uns in unser Schicksal, zogen in ein Hotel, und ich für mein Teil suchte die am 3. Mai wieder beginnende Reise völlig zu vergessen. Das war besser, als sich immerzu Schrecknisse auszumalen, die dann nie eintraten.

Natürlich überraschte mich auch der Zwischenfall am Morgen des 3. Mai vollkommen. Dies hatte ich mir nun wirklich nicht eingebildet! Mit einem spiegelnden, makellosen Auto verließen wir die Werkstatt, keine Spur war mehr zu sehen von den häßlichen Beulen. Wir fuhren los und suchten den Kaiserdamm, und damit die Straße nach Wittenberg. Nun bin ich ein alter Berliner, wenn auch kein gebürtiger. Viele Jahre meines Lebens habe ich in Berlin gelebt und kenne es gut, vor allem kenne ich den Westen wie meine Tasche. So sagte ich denn auch ganz selbstsicher der Suse: »Da vorn an der Ecke mußt du rechts abbiegen!«

»Du, hör mal«, sagte sie. »Ich glaube aber, wir müssen gradeaus ...«

Suse ist Hamburgerin, zwar auch keine gebürtige, aber usw.

»Na!« sage ich empört. »Kennst du Berlin, oder kenn ich es?! Außerdem bin ich dein Franz, und du hast zu fahren, wie ich sage!«

Also bog Suse nach rechts ein, sie ist eben doch ein braves Eheweib (viel zu brav).

Nach hundert Metern sehe ich meinen Irrtum ein. »Du, Suse«, spreche ich wiederum. »Halt mal lieber an. Wir hätten doch gradeaus fahren müssen, du hast ganz recht gehabt. Ich weiß wirklich nicht, wie ich auf den Blödsinn verfallen bin ...«

Wir hielten und betrachteten die Straße. Es war eine schöne, normalbreite Straße, völlig verkehrsfrei, auch ohne wesentliche Hindernisse. Nur ein einsamer Tempokarren, mit Gemüse beladen, stand an unserer Straßenseite.

»Ich kehre einfach um!« schlug Suse vor.

»Dann laß mich erst aussteigen, damit ich den Wagen dirigiere«, sagte ich. »Du weißt, er ist ein bißchen sehr lang.«

Ich stieg aus, und Suse versuchte, in einem kurzen Bogen zu wenden. Es gelang ihr nicht ganz, sie mußte doch zurücksetzen.

»Zurück! Zurück!« kommandierte ich und winkte so einladend mit flachen Händchen, wie ich es viele Male bei ernsten Fachleuten gesehen hatte. »Noch ein Stückchen zurück! – Ach ...«

Ich hatte etwas zuviel gewinkt, oder Suse hatte zu stürmisch zurückgesetzt (wir haben die Schuldfrage bisher noch nicht ganz geklärt, jedes von uns behauptet, die Schuld zu haben) ... Unser großer Wagen schien den Tempokarren kaum zu berühren, aber schon kippte er und fiel, Obst und Gemüse auf die Straße streuend ...

Ich stand da und starrte Suse an.

Suse saß am Steuer und starrte mich an.

»Nein, so was!« rief sie dann. »Ich kann ihn kaum angetippt haben!«

»Ein dämliches Ding!« sagte ich. »Das mit seinen drei Rädern!« Ich sah die Straße auf und ab: kein Mensch in Sicht, kein Fuhrwerk. Ich schielte nach dem Gemüseladen: still blieb die Tür geschlossen. Einen Augenblick schwankte ich, dann sprach ich: »Also wende jetzt, Suse, du kommst nun gut rum. Ich gehe unterdessen da rein und bringe die Sache in Ordnung!«

Hinter dem Ladentisch stand ein dicker Mann, sichtlich Berliner, aber der ungemütliche, der bullrige Typus. Vor dem Ladentisch stand ein altes Frauchen mit einer Wachstuchtasche und einem jener schwarztuchenen, mit Schmelzperlen bestickten Umhänge, die nicht auszusterben scheinen. Der Dicke warf aus geröteten Augen einen kurzen Blick auf mich und vertiefte sich wieder in seine flüsternde Unterhaltung mit dem Weibchen.

»Hören Sie mal, Meister!« sprach ich. »Haben Sie wohl einen Augenblick Zeit für mich?«

»Momang!« sagte er kurz und flüsterte weiter.

»Ich habe nämlich Ihren Tempokarren umgeschmissen!« ergänzte ich meine Rede.

»Wat –?!« sagte er und starrte mich an. Auch das Weib-

lein starrte mich an, mit seinem weißen, zerknitterten Ge-
sichtlein.

»Das heißt«, fuhr ich immer rascher fort, denn sein Stillschweigen bekam etwas Beängstigendes, »eigentlich hat's
meine Frau getan. Aber ich war schuld. Mit unserem Auto
haben wir's getan!«

Er starrte immer noch, als verstünde er mich nicht, als
hielte er mich für wahnsinnig. Ich schlug vor: »Vielleicht
kommen Sie raus und sehen sich die Sache an?«

Allmählich fing er an, wieder Vertrauen zu seinen Ohren
zu gewinnen.

»Dadruff verlassen Se sich! Dadruff fressen Se'n Besen!
Det seh ick mir an! Meinen Wagen umjeschmissen! Jibt's
denn so wat?! Und det Jemüse –?«

»Ein bißchen ist auch runtergefallen«, sagte ich und ging
voran, aber in einigem Abstand, denn er kam jetzt langsam
ins Kochen.

Dann stand er am Tatort. Er sah auf die Äpfel und Apfelsinen, er betrachtete mich, schüttelte den Kopf. Er sah seinen
Karren von der Seite an (es war ein sehr alter Karren), sah
zum blinkenden Auto mit meiner Frau hinüber, schüttelte
wieder den Kopf. Er versuchte den Karren aufzurichten – zu
seiner Überraschung gelang es ihm sofort. Rasch sagte er:
»Die janze Farbe is runter! Wie ham Se det bloß anjestellt?!«

Die ganze Farbe war wohl schon seit etlichen Wintern
herunter, trotzdem sagte ich friedfertig: »Ich ersetze Ihnen
natürlich allen Schaden. – Es kam beim Umwenden. Wir
sind nämlich das erste Mal mit unserem Wagen in Berlin.«

Er sah mich prüfend an, dann sah er wieder nach unserem Prachtgefunkel hinüber. »Wat denken Se denn«, fragte
er ziemlich milde, »wat Se dafor anlejen möchten?«

»Ich habe so an zwanzig Mark gedacht«, schlug ich vor.

»Zwanzig Mark!« rief er und sah mich vorwurfsvoll an,
»wo det janze Jemüse und Obst uff de Straße liejt! Und alle
Farbe is ooch runterjeschrammt von meinen Wagen!«

Er bestand darauf, seinen Tempokarren Wagen zu nennen.

»Na, also fünfundzwanzig«, sagte ich friedfertig.

»Unter dreißig jeht's nich, Herr Nachbar«, sagte er. »Ick weeß ja noch jar nich, wat Se alles an die Maschine zertöppert ham!«

»Also schön«, sagte ich und reichte ihm dreißig Mark. »Dann ist's aber auch erledigt. Nichts für ungut, Herr Nachbar.«

»Is in Ordnung«, sagte er und sah mir nach, wie ich ins Auto stieg.

»In Ordnung!« sagte ich auch zu Suse. »Fahr los!«

»Heh, Herr Nachbar!« rief er da.

»Was ist denn noch?« fragte ich etwas ärgerlich, einen neuen Aderlaß erwartend.

Aber er kam über den Damm, die Arme voll Äpfel und Apfelsinen. »Nehmen Se doch 'n bißken von dem Obst mit for die junge Frau«, sagte er und packte das Obst auf den Rücksitz. »Ham Se 'nen Schreck jekriegt, junge Frau? Det müssen Se nich! Is ja jar nischt passiert! – Det muß Laune machen in so 'nem Wagen! Na, denn man weiter jute Reise, junge Frau!«

»Sind doch großartige Leute, die Berliner!« sagte ich nach einer Weile langsamer Weiterfahrt zu Suse.

»Wieviel hast du ihm denn gegeben?« erkundigte sich Suse.

»Hmm – dreißig Mark …«

»Für dreißig Mark wäre ich auch großartig gewesen«, meinte Suse. »Wir haben seinem Karren doch gar nichts getan!«

»Aber sein Obst lag auf der Straße, Suse!«

»Darum verkauft er's seiner Kundschaft doch und nicht einen Pfennig billiger! Dreißig Mark – ich muß schon sagen! Manchmal schmeißt du das Geld direkt zum Fenster hinaus!«

»Ich will eben keine Scherereien haben!« meinte ich gekränkt. »Und das sage ich dir, Suse: jetzt fahren wir ganz langsam und vorsichtig. Wir haben nicht die geringste Eile, und wenn wir nicht in drei Tagen nach Mergentheim kommen, so brauchen wir eben vier oder fünf.«

Aber wir entdeckten, daß auch langsames und vorsichtiges Fahren seine Schwierigkeiten hatte. Wir waren jetzt auf dem Kaiserdamm und hielten uns auf einer Durchschnittsgeschwindigkeit zwischen fünfzehn und zwanzig Kilometern. Wir erregten Aufsehen, dies ließ sich nicht verkennen. Aus überholenden Autos wurde neugierig in unseren Wagen gesehen, die Ursache solchen Leichenwagentempos zu erkunden. Ein Herr winkte anfeuernd Suse mit der Hand zu. Zornig, ungeduldig, nervtötend hupten hinter uns Fahrer, deren Bewegungsdrang wir hemmten. Ein Schupo an einer Straßenkreuzung sah uns ernst und forschend an. Dann überholten uns ein paar Eingequetschte, drohten zornig, einer beschimpfte Suse ...

»Also fahr schon schneller, Suse«, sagte ich mit einem Seufzer. »Wir halten den Verkehr auf.«

Also fuhren wir schneller, die Nadel des Tachometers bewegte sich jetzt zwischen fünfundzwanzig und dreißig. Wir kamen uns sehr schnell vor. Gottlob ließen wir nun bald Berlin hinter uns, die Straße wurde freier. Auch Potsdam, das mit seinem Straßengewirr wie ein Alpdruck für mich als Franz war, wurde überwunden, und uns ständig auf dreißig Kilometern haltend, durcheilten wir die Mark.

Bei Wiederitzsch erreichten wir die Autobahn, und nun waren wir ganz glücklich, ich jedenfalls. Kein anderer Verkehr behinderte uns, keine Kreuzungen waren zu beachten, der Franz blieb beschäftigungslos. Wir steigerten unser Tempo auf vierzig Kilometer und sahen uns an und lachten vor Glück. Suse meinte, manchmal habe sie wieder das Gefühl, der Wagen laufe unter ihr fort ... Also setzte sie die Schnelligkeit herunter, und wir fuhren wieder mit dreißig ...

Eine ununterbrochene Kette von Autos überholte uns. Viele wandten beim Vorbeifahren ihre Gesichter nach uns, der große, starke Wagen, der wie eine Schnecke kroch, erregte wohl Erstaunen.

»Wie sie rasen!« sagte ich verächtlich. »Solche Raserei finde ich einfach blöd! Die können doch überhaupt nichts von der Landschaft sehen! Nein, danke schön, wir fahren mit Genuß Auto! Schließlich ist Fahren nicht Selbstzweck.«

Während wir derart dahinfuhren und das sächsische Land sich immer schöner in ein waldiges, hügeliges Thüringen entfaltete, während die Sonne uns treu blieb und ich voller Genuß eine Zigarette nach der andern rauchte – während alledem suchte Sorge jetzt Suse heim. »Hörst du nichts?« fragte sie.

»Nee«, sagte ich. »Was soll ich denn hören?«

»Der Motor klingt so komisch! Hör mal genau hin!«

Nachdem ich eine Weile genau hingehört hatte, fand ich auch, daß der Motor komisch klang. »Stimmt, Suse«, sagte ich, ganz Fachmann. »Da ist irgendwas nicht in Ordnung! Fahr mal an den Straßenrand und halte!«

»Ich glaube, wir dürfen nicht mitten auf der Autobahn halten!«

»Na, erlaube mal!« empörte ich mich. »Die können doch nicht verlangen, daß ich wegen ihrer Bestimmungen meinen Wagen kaputtfahre! Fahre an den Straßenrand!«

Suse tat es, und wir stiegen aus dem Wagen. Wir klappten die Motorhaube hoch und sahen jeder von einer Seite den Motor an. Dann betrachteten wir uns über den Motor fort.

»Es ist zu dumm«, klagte Suse, »daß man nichts von der Maschine versteht!«

»Vielleicht ist eine Zündkerze verrußt«, sagte ich, denn ich habe an meinem Ruderboot einen Außenbordmotor, und wenn der nicht gehen will, nehme ich die Zündkerze und reibe sie mit einem Lappen ab. Manchmal hilft's, manchmal hilft's nicht. Ich suchte den Motor nach der Stelle ab, wo die

Zündkerzen sitzen konnten, ich faßte ihn an. »Au!« sagte ich. »Verdammt heiß! Kommt mir viel zu heiß vor!«

Eine neue Idee hatte mich erfaßt: der Kühler! Daß im Kühler Wasser sein mußte, das wußte ich. Also schraubte ich den Kühlerverschluß auf und – ein sanftes Dampfwölkchen stieg auf und verging!

»Suse!« rief ich aufgeregt. »Da haben wir den Salat! Das Wasser kocht ja beinahe! Der Motor hat sich heiß gelaufen! Wir sind viel zu schnell gefahren!«

»Aber ich bin nie schneller als vierzig gefahren und meistens nur dreißig! Das muß der Motor doch aushalten! Er soll doch sogar hundertvierzig hergeben!«

»Nicht in diesem neuen Zustand!« erklärte ich eisern. »Jedenfalls kocht das Kühlerwasser beinahe, du hast es selbst gesehen! Wir müßten kaltes Wasser nachfüllen können!«

Ich sah mich suchend um, aber da waren nur Bäume und Gras.

»Dann hilft es nichts«, entschied ich, »dann müssen wir eben eine halbe Stunde halten und dem Motor Zeit geben auszukühlen. Macht nichts, Suse. Die Sonne scheint so schön, und wir haben alle Zeit, die Gott werden läßt!«

Wir saßen aber kaum drei Minuten auf dem Waldabhang in die Musterung der vorüberbrausenden Wagen vertieft, als ich eine neue Idee hatte. »Weißt du was, Suse«, rief ich. »Wenn wir ordentlich mit den Wagendecken Wind machen, kühlt der Motor schneller ab. Ich möchte doch nicht gerne, daß ihm was passiert.«

Vielleicht war Suse nicht ganz überzeugt, aber für ihren geliebten Wagen war ihr nichts zuviel, und so standen wir bald, jeder auf einer Seite des Motors, und wedelten mit den Wagendecken, als seien wir die Flaggenschwinger auf einem eidgenössischen Bundesfest.

Ein vorüberbrausender Herrenfahrer hielt das wohl für ein Notsignal. Er bremste seinen Wagen, daß er schrie, und kam zu uns gelaufen.

»Ist was los?« fragte er. »Kann ich Ihnen was helfen?«

»Sehr freundlich«, sagte ich und schwang meine Decke unermüdlich weiter. »Unser Motor ist ein bißchen heiß geworden, und wir kühlen ihn ab!«

Er sah mich an, sah mich an – nun, ich hätte alle Ursache gehabt, mich durch diesen Blick beleidigt zu fühlen. Aber ich war es gar nicht, ich erklärte, weiter Luft fächelnd: »Wissen Sie, der Wagen ist noch ganz neu. Wir möchten nicht, daß ihm was passiert, und wir sind die letzten beiden Stunden ein bißchen flott gefahren.«

»Wie schnell sind Sie denn gefahren?«

»Nicht ich«, wehrte ich ab, »meine Frau. So zwischen dreißig und vierzig Kilometer.«

»So!« sagte er, und diesmal sah er Suse an. Sie hatte das Schwenken aufgegeben und sah ihn wieder an.

»Es ist eben das Dumme«, sagte sie jetzt, »daß weder mein Mann noch ich was von der Maschine verstehen.«

»Natürlich!« sagte er und tauchte seinen Finger in den Kühler.

»Achtung!« schrie ich. »Das Wasser ist am Kochen!«

»Kaum warm«, stellte er fest. Er lächelte. Ich fand, er lächelte gradezu dreckig, aber Suse schien es nicht zu finden, sie lächelte auch. »Also, gnädige Frau«, grinste er, »wenn Sie in Ihrem flotten Tempo von vierzig weiterfahren (es können aber auch sechzig werden), dürfen Sie ruhig ohne Anhalten bis München weiterfahren, und Ihrem Motor passiert nichts, das garantiere ich Ihnen. Das Kühlwasser darf ruhig auf achtzig, neunzig Grad kommen, das tut dem Motor nur gut. Wünsche weiter angenehme Fahrt!«

Er zog seine Mütze und ging.

Stumm legte ich die Decken zusammen, ohne Suse anzusehen, ich schloß die Motorhaube und schraubte den Kühler wieder zu. Dann setzte ich mich auf meinen Platz und bumste die Tür. Es ist recht gut, daß man Autotüren schlagen muß, es fällt nicht auf und ist doch ein Ventil …

Ich fühle, daß mich Suse von der Seite ansieht, aber ich denke nicht daran zu reagieren. Ich habe den Bauch voll Zorn. Sie ist sofort zu diesem superklugen Autofachmann übergegangen, hat mit ihm über ihren Trottel von Mann gelächelt.

»Na, wird's bald?« knurre ich. »Wir wollen doch heute noch bis Eisenberg!«

»Nach München!« schreit Suse beinahe vor Lachen. »Nach München! Im Vierzig-Kilometer-Tempo! Ach, Junge, was haben wir uns blamiert!«

»Das magst du wohl sagen!« lache jetzt auch ich. »Er muß uns für Vollidioten gehalten haben, wie wir da mit den Decken gewedelt haben!«

Ich hatte Eisenberg als Nachtquartier nach der Karte ausgesucht. Die Stadt schien nicht groß zu sein und lag ein Stückchen von der Autobahn ab. Also war sie wohl nicht so überlaufen und hatte keinen übermäßigen Straßenverkehr.

Aber natürlich kam alles ganz anders. Wohl lag die Stadt ein Stück entfernt, aber grade dieses Stück Straße wurde frisch geschottert, Straßenwalzen waren da, Straßenarbeiter, Sprengwagen, Pferdegespanne mit Schotter und Sand. An alldem zwängte sich auf einem schmalen Sommerweg der ganze Verkehr von und zu der Autobahn vorbei. Suse fuhr meisterhaft. Es passierte uns auch gar nichts. Nur mit der Spitze des Kotflügels faßten wir ein Schottersieb, das Sieb machte einen überraschenden Satz, drehte sich um seine Achse und stürzte polternd. Es hatte aber niemand gesehen, auch war dem Sieb nichts geschehen. So war kein Anlaß, auszusteigen und jemanden zu suchen, der dreißig Mark annahm.

Wir kamen nach Eisenberg hinein. Natürlich hatten die Fabriken grade geschlossen, und die Straßen waren überfüllt von Fußgängern und Radfahrern. Ich möchte wissen, ob erfahrenen Autofahrern das Unheil auch so treu bleibt wie uns, aber wahrscheinlich halten erfahrene Autofahrer

Anhäufungen von Radfahrern für kein Unheil. Wir schoben uns langsam hindurch, viel schneller als die Radfahrer waren wir auch nicht.

Ich hatte gehofft, ein Hotel am Rande der Stadt zu finden, aber wir mußten ganz hinein, einen steilen Berg durch eine immer enger werdende Straße hinauf.

»Das ist unser Hotel!« rief ich endlich erlöst, und wir hielten.

»Geh gleich rein«, sagte Suse, »und frag, ob sie ein Zimmer frei haben. Und vor allem frage nach einer Garage. Ich sehe hier gar keine Möglichkeit für eine Garage.«

Sie hatten ein Zimmer frei, und der Kellner war bereit, uns die Garage zu zeigen. Ich nickte Suse zu, als wir aus dem Hotel traten. Der Kellner führte mich zu einer Straßenecke. »Da runter«, sagte er gleichgültig und eilig. »Und wenn Sie ganz unten sind, bei der gelben Mauer, steht links ein Tor auf, da kommen Sie auf den Garagenhof.«

Er drehte um und ging ins Hotel, als sei gar nichts dabei. Aber es war was dabei. Ich sah die enge Einbahnstraße zwischen zwei Häuserwänden hinab. Hiergegen war der Pendelsche Sandschmeißberg, von dem Suse so oft geträumt hatte, eine sanfte Böschung! Es ging steil, steil hinab, und unten, wo die gelbe Mauer anfing, schien nicht die geringste Möglichkeit zu sein, im scharfen Winkel abzubiegen. Einen Augenblick erwog ich die Möglichkeit, diesem Hotel zu entfliehen und ein anderes zu suchen. Aber ich verwarf sie.

»Na, Suschen«, sagte ich so munter wie nur möglich. »Unter kommen wir hier, und Garagen haben sie auch. Nur ein bißchen schwierig ist's reinzukommen. Ich glaube, wir haben's mit den Garagen!«

Und ich schilderte ihr den Weg.

»Laß mich selbst sehen«, sagte sie und ging hin. »Schön!« sagte sie nur und setzte sich ans Steuer. Sie hatte den Mund fest geschlossen und fuhr los, ohne rechts und links zu sehen. Es dauerte eine ganze Weile, bis ihr der abendliche

Verkehr die Einfahrt in die hohle Gasse freigab. Dann fuhr sie abwärts, ich sah das rote Stopplicht leuchten. Ich war nicht mitgefahren, ich stand oben, ich hätte sie nur nervös gemacht. Als ich laufend unten ankam, stand der Wagen schon in einer Garage.

»Großartig, Suse!« rief ich. »Ging's schwer?«

»Ach was, schwer!« sagte sie. »Alles geht!«

Aber wir hatten es in dieser ersten Zeit wirklich mit den Garagen. Ich übergehe den ganzen nächsten Tag, an dem wir durch Sonne und strömende Aprilschauer fuhren. Ich übergehe die sich immer wieder festklemmenden Scheibenwischer, denen ich immer von neuem einen Schubs versetzen mußte. Wir verließen bei Nürnberg die Autobahn (weil sie nämlich damals noch nicht weiterging) und schlugen uns auf Chausseen durch immer südlichere, ganz ungewohnt aussehende Dörfer bis nach Schwabach durch. Da wir hier unsere Tagesdosis von zweihundertfünfzig Kilometern geschafft hatten (genau wie gestern in gut zehn Stunden), so beschlossen wir, in Schwabach zu übernachten.

Es war ein äußerst sympathischer Ort, schon weil er völlig eben lag, also keine Schluchten als Garageneinfahrt haben konnte. Eng konnte aber darum diese Einfahrt doch sein. In dem von uns erwählten Hotel ging die Einfahrt über einen sehr engen Hof, auf dem noch Biertonnen und Gartenstühle standen. Wäsche hing an der Leine. Wie der Friedrich uns zeigte, mußte man in einem rechten Winkel über diesen kleinen Hof in die Garage. Der Friedrich war übrigens eine Friederike, ein starkknochiges bayerisches Weib ...

Suse fuhr vorwärts und rückwärts, schlug rechts ein, links ein, setzte vor – und wir rannten, die Friederike und ich, und räumten je nach Bedarf Fässer und Gartenstühle aus einer Ecke in die andere, hoben die Wäscheleine hoch ... Es war für mich ein erhebender Moment, als der rückwärts fahrende Wagen drohte, eine Biertonne gegen die Wand zu quetschen. Mutig sprang die bayerische Maid dazwischen, stemmte die Schulter gegen den neunzigpferdigen Wagen und drückte dagegen! Gottlob bremste Suse grade, sonst hätten wir das Weib an der Wand plattgedrückt!

Als auch das zweite Garagentor aus den Angeln gefahren war, gaben wir den Kampf auf und ließen den Wagen auf dem Hof stehen. Nichtsdestoweniger fanden wir auf unserer Rechnung am nächsten Morgen (neben sechs Mark für Reparatur der Garagentore) drei Mark für Garagenmiete. Wir diskutierten den Fall. Suse war für Reklamation, ich aber als Juristensohn sah den Fall sachlicher: dadurch, daß wir auf dem Hof hielten, blockierten wir die Garageneinfahrt, machten also die Garage für andere unbenutzbar, mußten also zahlen. Wir zahlten!

Der nächste Tag war nur eine Kleinigkeit! Hundertzwanzig Kilometer Weg brachten uns auf schönen, aber schmalen Straßen, an Weinhängen entlang durch das Taubertal nach Mergentheim. Ich hatte Suse glänzend durchgefranzt, sogar eine Umgehungsstraße um das enge, winklige Rothenburg hatte ich entdeckt. Am Ziele angelangt, verfuhren wir uns natürlich noch, ängstigten den Wagen auf steilen, kurvenreichen Wegen einen Berg hinauf, um zu entdecken, daß das, was wir für ein Sanatorium gehalten hatten, eine Kaserne war. Aber jetzt konnte uns selbst eine Talfahrt nicht mehr schrecken. Wir fanden das Sanatorium, und so ziemlich unser erstes war die Erkundigung nach der bestellten Garage. Sie lag fünf Minuten entfernt, auf einem Garagenhof.

Suse und ich, wir sahen uns an. Wir gedachten des Garagenhofes mit Biertonnen und Gartenstühlen in Schwabach, wir gedachten des Höllenschlundes in Eisenberg, wir gedachten unserer schiefen Garageneinfahrt in Mahlendorf – welche Prüfung stand uns nun in Mergentheim bevor?

Noch waren die Kotflügel in jenem schwarzglänzenden vollendeten Zustand, in dem wir Berlin verlassen hatten, bisher hatten wir nur ein bißchen mit der Stoßstange operiert!

Aber dann leuchteten unsere Augen, als wir auf dem Mergentheimer Garagenhof hielten. Das war ein Hof wie ein Exerzierplatz, flach wie die Hand, und die Garagen waren so geräumig, daß auch der größte Wagen spielend Platz hatte! Wir sahen uns zufrieden lächelnd an, Suse setzte sich ans Steuer, gab Gas, flitzte in die Garage und – schramm! kratz! schramm! – schlitterte sie an der rauh geputzten Seitenwand entlang! Hinüber der rechte Kotflügel! Und wie hinüber!

Ich habe Suse selten so wütend gesehen! Wütend über sich selber. Den ganzen Rückweg zum Sanatorium beschimpfte sie sich mit den schmählichsten Ausdrücken! Ich hatte ernste Befürchtungen wegen einer Gallenkolik!

Schließlich beruhigte sie sich und konnte sogar über ihr Mißgeschick lachen. Suse ist nicht die Spur nachtragend, auch nicht sich selbst gegenüber. Und dieser Frühsommer war so schön, und Mergentheim sah bezaubernd aus, und wir waren so glücklich dort, und die Kur schlug gleich gut an, und wir bekamen die besten Nachrichten von den Kindern, und selbst ich fand das Essen ausgezeichnet, trotzdem ich zur Gesellschaft auch Diät aß – nein, es war eine gute Zeit. Ich hatte keinerlei Sorgen, nicht einmal eingebildete.

Jeden schönen Tag zogen wir unser Auto aus der Garage, jeden Tag passierte Suse einwandfrei Aus- wie Einfahrt, und jeden Tag fuhren wir in das herrliche Land. Fünfmal sahen wir die Grünewaldsche Madonna in Stuppach, wir sahen den Riemenschneiderschen Altar in Creglingen, wir fuhren an der Tauber entlang, an der Jagst, wir sahen den Main ...

Aber eines Tages faßte uns Norddeutsche Sehnsucht nach weiteren Wasserflächen, und ich suchte und fand auf der Karte einen Ort Rot am See, und wir fuhren nach Rot am See, um endlich wieder am Wasser zu sitzen. Wir kamen nach Rot und suchten den See, fanden ihn nicht und erfuhren schließlich, daß es hier vor vielen, vielen Jahren einen See gegeben hatte, daß jetzt aber Ackerboden gepflügt wurde, wo Wellen gelaufen waren.

Wir vergaßen unsere Sehnsucht nach Wasser wieder und fuhren nach herrlichen Orten, die Ochsenfurt hießen und Mulfingen und Schmerbach, und wir saßen in der Barockkirche von Bartenstein. Durch die offene Kirchentür fiel die Sonne herein, das Chorgestühl war herrlich geschnitzt, und wir fanden das Leben auch herrlich!

Und all das verschaffte uns unser Auto! Die Kur brauchte Suse kaum zwei Stunden Zeit zu lassen, und schon fuhren wir los und sahen etwas Schönes. Jeder Ort hatte etwas Schönes oder doch etwas, was für uns Wasserkantenmenschen ungewohnt und köstlich anzusehen war. Wir liebten unser Auto.

Fährnisse gab es für die Unerfahrenen noch immer. Wir fuhren auf einem Nebenweg über ein Hochland, und plötzlich fiel das Land steil ab, tief unten schäumte die Jagst, wir sahen ein Dörfchen liegen. In engen steilen Serpentinen zog sich der Weg zum Tal, und wir fuhren bergab, und in einer Kurve, einer richtigen Haarnadelkurve, bekam Suse den Wagen nicht herum und brachte ihn grade noch einen Meter vorm Absturz zum Stehen! Da hielten wir und waren zu Ende mit unserer Kunst, denn Suse sagte: »Wenn ich jetzt die Bremse losmache, rollt der Wagen schon über den Absturz, ehe ich den Rückwärtsgang eingeschaltet habe! Was machen wir bloß? Rum kriege ich ihn im Vorwärtsgang nie!«

Nun, ich sitze jetzt hier an meinem Schreibtisch, wir sind nicht über den Absturz gerollt, Suse hat den Wagen also doch wohl rum oder rückwärts gekriegt, ich erinnere mich nicht mehr. Aber ich erinnere mich noch, daß wir am Schluß dieses Serpentinenweges auf einer langen wackligen Holzbrücke, die völlig geschlossen wie ein Tunnel war, die Jagst überfuhren, trotzdem am Anfang der Holzbrücke ein Schild stand: Nur bis 1,5 Tonnen Gewicht. Unser Wagen aber wog leer schon dreiunddreißig Zentner. Wir debattierten natürlich darüber. Ich war so sehr gesetzestreu. Als aber Suse mir klarmachte, daß Gesetzestreue zurück und hinauf über den

Serpentinenweg hieß, da war ich nicht mehr gesetzesgetreu, und wir fuhren über die Brücke mit fast zwei Tons.

Schöne Tage, unvergeßliche Tage! Es ist mir heute, da ich dies schreibe, als habe an jedem einzelnen von ihnen die Sonne geschienen. Und doch muß es Regentage gegeben haben, denn wir fanden die Zeit, den Wagen in eine Werkstatt zu bringen und den Kotflügel wenigstens ausbeulen zu lassen. Lackiert sollte er dann am Schluß der Reise in Würzburg werden, in Mergentheim war keine Autolackiererei.

Im allgemeinen fuhren wir beide sehr einträchtig durch die Lande. Ich war nicht mehr so nervös und reizbar, auch mir hatte die Kur gutgetan. Aber ein sehr sanfter Mensch werde ich in diesem Leben kaum mehr werden – es sei denn, daß ich jenseits der hundert Jahre vertrottele –, und namentlich als Franz war ich völlig Diktator. Da gab es keine Diskussion, ich kommandierte rechts! und links!, und so mußte ohne Mucken gefahren werden.

Bis der Himmel dafür sorgte, daß auch auf diesem Gebiet meine Diktatur gelockert wurde und ich einen Pflock zurückstecken mußte. Es war an einem schönen Sonntagmorgen, und wir wollten eine Freundin zur Bahn fahren. Der Ort, in dem diese mit zwei schweren Handkoffern bewaffnete Freundin die Bahn besteigen wollte, hieß Lausa – schon der Name hätte mich warnen sollen! Wir hatten diesen Ort noch nie gesehen, aber auf der Karte war er vorhanden. So fuhren wir ihm entgegen durchs schöne Taubertal und durch verwinkelte Ortschaften, in denen viel sonntäglich vergnügtes Volk auf der Straße war.

An der richtigen Stelle, genau, wo es nach der Karte zu sein hatte, zweigte eine Nebenstraße ab. Einen Wegweiser gab es auch, »Lausa 5 Kilometer« stand darauf – alles in Ordnung, unübertrefflicher Franz!

»Wir haben alle Zeit«, sagte ich. »Der Zug geht erst in drei viertel Stunden! Der Ort da muß schon Lausa sein.«

Aber Suse ist nicht mehr so sehr für Langsamfahren, und

ich bin es eigentlich auch nicht, wir fahren mit fünfzig oder sechzig Kilometern dahin.

Unzweifelhaft liegt Lausa vor uns, wo es seinen Bahnhof hat, wird sich ermitteln lassen. Es ermittelt sich schon. Meine immer wachen Franz-Augen entdecken ein Schild »Zum Bahnhof«.

»Links!« brülle ich Suse an, und links fährt die Gute.

Im gleichen Moment aber erkenne ich, daß meine immer wachen, aber mit Brille bewaffneten, trotzdem etwas kurzsichtigen Augen mich getäuscht haben. Nicht »Zum Bahnhof« steht da, sondern »Zur Badeanstalt«. Und Suse hat das bekannte Dreipunktschild entdeckt: »Für alles Fuhrwerk verboten«.

»Rechts!« brülle ich noch lauter. Und tröstend, während wir schon rechts durch das Gras sausen: »Es ist nur ein Grasgarten, wir sind sofort wieder auf der alten Straße!«

Aber das Gras hat uns einen tiefen Graben verdeckt, der zwischen Garten und Straße liegt – rums! sausen wir in den Graben! Unsere Geschwindigkeit hatte sich durch die beiden Kurven vermindert, aber dreißig, vierzig Kilometer hatten wir noch immer darauf! Es polterte schrecklich, der Wagen flog hin und her, wie von einer Riesenhand gebeutelt, und da hielten wir! Heil und ganz – Gott sei Dank waren sämtliche Scheiben aus Sicherheitsglas. Keinem war etwas geschehen …

Aufatmend sahen wir uns in die Gesichter.

Mit sanftem Vorwurf meinte Suse: »Wenn du mich bloß nicht immer so anbrüllen wolltest! Ich habe das Verbotschild wohl gesehen, aber wenn du derart ›links‹ brüllst, dann muß ich einfach links fahren. Ich kann nicht anders.«

»Du hast vollkommen recht, Suse«, sagte ich zerschmettert. »Ich werde dich nie wieder in meinem Leben anbrüllen!«

(Ich hoffe, ich habe diesen Schwur wenigstens vierzehn Tage lang gehalten.)

»Ihre Frau fährt aber großartig«, sagte unsere Freundin von hinten. Sie hat eine kleine Pieke auf mich, sie findet immer, ich würdige die Vorzüge meiner Gattin nicht genug.

Ich schwieg, mir blieb nichts als Schweigen. Sie hatte ja recht: Suse fuhr großartig, und ich war ein irreführender Franz.

Wir stiegen mit Mühe aus dem schiefen Wagen und besahen unsere Lage. Zwei Räder, aber die Räder einer Seite, standen auf der Straße, die beiden anderen Seitenräder schwebten über dem Grabengrund. Mit dem Fahrgestell saß der Wagen auf.

»Ach, vielleicht tut er's«, sagte ich hoffnungsvoll. »Gib nur feste Gas, Suse!«

Suse gab feste Gas, aber die beiden Grabenräder drehten sich über der Leere, und die beiden Straßenräder faßten nicht.

»Warte!« rief ich eifrig. »Ich lege die Wagendecken unter, dann fassen sie!«

»Unsere schönen Wagendecken!« sagte Suse bedauernd.

Aber ich war in meinem Drang, den angerichteten Schaden durch zusätzlichen Schaden zu vergrößern, nicht zu hemmen: ich stopfte die Wagendecken unter die Räder. »Gib Gas!« rief ich.

Die Wagendecken wurden von den Rädern erst ein wenig durch den Straßenstaub gewühlt, dann verächtlich nach hinten geschleudert.

»So geht das nicht«, erklärte Suse und stieg wieder aus dem Wagen. »Du mußt Vorspann aus dem Dorf holen, irgend jemanden, der uns abschleppen kann.« Und besorgt setzte sie hinzu: »Hoffentlich ist dem Fahrgestell nichts passiert, es gab einen furchtbaren Krach, als wir aufsetzten!«

»Ja, und mir müssen Sie jetzt meine Koffer zur Bahn tragen«, sagte die Freundin nicht ohne Schadenfreude. »Es wird höchste Zeit. – Tjüs, Suse, es waren herrliche Tage, und laß dir nie etwas von deinem Mann einreden. Du bist die großartigste Fahrerin von der Welt! Mit *dir* würde ich immer fahren!«

»Beeile dich ein bißchen mit dem Vorspann, Junge!« sagte Suse mahnend. »Es ist nicht angenehm, hier Parade zu sitzen.«

Denn schon fing die sonntägliche Bevölkerung Lausas an, sich um den im Graben gelandeten Wagen zu sammeln.

Ich ergriff die beiden Handkoffer, die Dame machte nicht den geringsten Versuch, mir einen abzunehmen. (Ich hätte das ja nie zugelassen, aber trotzdem –!) Die Sonne brannte heiß, und schnell stellte sich heraus, daß der Bahnhof am anderen Ende Lausas lag. Lausa ist *sehr* langgestreckt. Es ist bestimmt der langgestreckteste Ort, den ich je in meinem Leben mit zwei schweren Handkoffern passiert habe.

Unsere liebe Freundin tat natürlich nach Frauenart überhaupt nicht, als merke sie etwas von meinem schweren Schleppen und Schwitzen. Heiter plauderte sie von dem schönen Maientag, und immer, wenn ich Anstalten machte, die Koffer einmal abzusetzen und zu verschnaufen, ermunterte sie mich: »Los! Los! Sie wollen doch nicht, daß ich meinen Zug versäume?!«

Ich wollte es nicht, sogar noch fünf Minuten zu früh kamen wir an. Nun aber duldete sie nicht, daß ich mich durch einen kühlen Trunk erfrischte, unbarmherzig scheuchte sie mich von hinnen: »Los! Los! Denken Sie an Ihre arme Frau, die da verlassen und angestarrt im Auto sitzt! Du lieber Himmel, hat es je eine so langmütige Frau gegeben –?! Ich, ich hätte Ihnen die Augen ausgekratzt, wenn Sie mich so in den Graben geschrien hätten!«

So angespornt, durchirrte ich Lausa auf der Suche nach einem Vorspann. Ich fand keinen, niemand wollte an diesem Sonntag seine Pferde aus dem Stall ziehen, nicht für gute Worte und nicht für Geld, und Autos schien es in Lausa nicht zu geben. Wir Norddeutsche haben ja überhaupt im »Musterländle« nicht viel Glück: man hält uns alle für Berliner, und die Schwaben lieben die Berliner nicht. So bekam vielleicht der Mann von der Wasserkante so viele Nein, die eigentlich dem Berliner galten.

Aufgelöst und ziemlich trostlos eilte ich zu Suse zurück. Wir würden den Wagen im Chausseegraben lassen und mit der Bahn nach Mergentheim zurückfahren müssen, dort einen Abschlepper zu finden. Ein verdorbener Sonntag!

Ich bog, immer eiliger laufend, um die letzte Ecke, und das gestrandete Auto kam in Sicht. Suse saß anscheinend behaglich in ihm und las ein Buch. Etwa zwei Schritte von ihr standen auf der Straße ein gutes Dutzend Eingeborene, Männer und Jungmänner, und betrachteten schweigend die Leserin.

»Du liest?« fragte ich überrascht Suse.

»Ich tue, als ob ich läse«, antwortete sie und klappte den Hotelnachweis zu. »Seit einer halben Stunde betrachten sie mich, es ist ein wenig irritierend. – Nun, kommt Vorspann?«

»Nein«, sagte ich. »Niemand will kommen. Ich fürchte, wir müssen den Wagen vorläufig hier stehenlassen und mit der Bahn nach Mergentheim fahren.«

»Na schön.« Suse stand auf, ergeben in ihr Schicksal. »Dann wollen wir alles zusammenpacken und abschließen.«

Stumm sahen die Schwaben unserem Beginnen zu.

»Daß auch kein einziger Mensch vorspannen will!« rief ich in versteckter Anklage gegen die Zuschauer.

Ein biederer vierschrötiger Schwabe trat an den Wagen und legte seine große Hand behutsam auf die Motorenhaube. »Dös Wägele müßt man doch schiebe könne?« fragte er, zurückschauend auf die anderen. Sie murmelten beistimmend.

»Erlauben Sie mal!« rief ich, gekränkt in meinem Besitzerstolz. »Das Wägele wiegt gut seine dreiunddreißig Zentner! Da ist nichts mit Schieben!«

»Dreiunddreißig Zentner – und was ist denn dös?« fragte er verächtlich, streifte die Ärmel hoch und spuckte in beide Hände. »Kommt mal her und packt an! Dös werde wir gleich habe!«

Er verteilte seine Truppen, hauptsächlich im Graben, das Auto auf die Straßenseite hinüber zu drücken. Suse nahm am Steuer Platz, gab Gas – ein Keuchen aus Männerbrust: mit einem Ruck schoß der Wagen auf die Straße und stand!

Wir sahen uns in die freudestrahlenden Gesichter und schüttelten uns die Hände. »Ich sag's, wie's ist: ä Wägele!« sprach der Anführer, und diesmal hatte ich nichts zu protestieren. Im Gegenteil, ich stimmte lachend zu. Dann machte ich mich an eine von meiner Freude befeuerte Trinkgeldverteilung …

Auf der Heimfahrt aber von dieser so glücklich abgelaufenen Grabenlandung schlossen Suse und ich einen Vertrag: ich würde von jetzt an meine Kommandos rechtzeitig geben und uns lieber einmal falsch fahren lassen, als schreien und im Graben enden. Und ich glaube, diesen Vertrag habe ich nach bestem Können gehalten. Ich lerne nur schwer, aber manchmal lerne ich im Leben doch noch etwas dazu. Besonders wenn es mir so leichtgemacht wird wie von Suse.

Die schönen Tage in Mergentheim neigen sich ihrem Ende zu. Nun ist es soweit: mit dem ausgebeulten Kotflügel fahren wir nach Würzburg zum Lackieren. Eigentlich ist das in sechs, acht Stunden gar nicht zu machen, aber als wir den Meister sehr bitten, geht es eben doch. Mit einem funkelnden Auto fahren wir heim nach Mergentheim, Suse fährt in die Garage und – kratz schrumm kratz! – ist der Kotflügel hinüber!

Lieber Leser, du denkst, ich stelle deine Langmut gar zu sehr auf die Probe. Aber es ist wahr, es ist keine Schriftstellerlüge, es ist gewißlich wahr. Ich kann ein notariell beglaubigtes Zeugnis von Suse beibringen, diesmal schwindle ich nicht!

Ich gebe zu, es klingt fast unglaublich, und doch ist es so. Wochenlang ist Suse mühelos in die Garage hinein- und herausgekommen, aber – merke wohl! – da waren die Kotflügel beschädigt. Sobald der Kotflügel heil war, passierte auch etwas. In den Sternen stand's geschrieben, daß wir in diesem ersten halben Jahr nie mit heilem Kotflügel fahren sollten. Dann änderten die Gestirne wohl ihre Stellung, und von Stund an geschah den Kotflügeln nichts mehr!

Suse bedrückte vor allem, daß sie wieder mit eingebeultem Kotflügel vor Onkel Herbert treten sollte! Doch das schafften wir, in langen Etappen fuhren wir heimwärts, und in der Stadt Celle erblühte unser Kotflügel zu neuem Glanz, der von Stund an nicht mehr lädiert wurde! Worauf Suse noch am Abend unserer Heimkunft dem Onkel Herbert lachend ihr Mißgeschick erzählte.

Anderthalb Jahre haben wir unseren Wagen gefahren, viele schöne Fahrten haben wir in ihm gemacht. Freunde hat er in unseren abseitigen Winkel geholt, die sonst nicht zu uns hätten kommen können, und zu Freunden sind wir mit ihm gefahren, denen wir sonst nur geschrieben hätten. Er hat unser Leben reicher gemacht, lebendiger. Nie wurde er mir etwas Alltägliches, Selbstverständliches, ich empfand ihn immer als ein beglückendes Geschenk.

Dann kam der Krieg. Eine letzte Fahrt machten wir noch mit ihm, unsern Jungen aus der Stadt Berlin zu uns zurückzuholen. Die langen Landstraßen waren fast leer, kaum ein Wagen begegnete uns. In Berlin stand alles an den Lautsprechern: Danzig war besetzt, der Krieg mit Polen begann …

Suse fuhr den Wagen in die Garage, er wurde aufgebockt, abgeschlossen. Da stand er, der gute willige Gefährte, der Bringer vieler Freuden, Glück aus Lack, Leder und Stahl, ohne Leben. Ich besann mich auf meine alten Künste, ich kaufte mir ein Fahrrad und radelte wieder wie vor Jahrzehnten. Es erwies sich, daß ich das Radeln nicht verlernt hatte, nur fiel ich nicht mehr so gerne wie früher.

Allmählich wurde das Heiligtum, die Garage, zu einem Abstellplatz. Neben das Auto wurden Frühbeetfenster gesetzt, Angelgerätschaften, Ruder. Eine Obstbaumspritze wurde hineingefahren, sogar eine Jauchenpumpe. Als wir mit einem großen Hühnerkäfig gar nicht mehr wußten wohin, banden wir ihn dem Auto aufs Verdeck. Betrat man nun die Garage, so sah man den Wagen nicht mehr, man suchte das Pökelfaß oder ein Ruder. Immer dicker wurde die Staubschicht auf dem schwarzen Lack …

Dann kam in diesem Winter der Tag, da das Auto zur Wehrmacht einberufen wurde. Jetzt holten sie unseren alten Gefährten!

»Also ist es soweit!« sagte ich zu Suse. »Ich denke, wir lassen den Wagen holen. Wer weiß, ob wir ihn in Gang kriegen!«

»Unter keinen Umständen!« rief sie. »Diese letzte Fahrt will ich selbst in meinem Wagen machen!«

Es war ein bitterkalter Januartag, zweiundzwanzig Grad unter Null, als wir den Wagen aus der Garage holten. Hühnerkäfig und Jauchenfaß hatten noch einmal weichen müssen, ehe sie die Alleinherrschaft in der entweihten Garage antraten. Stundenlang wirtschafteten wir mit dem Wagen herum, um ihn in Gang zu kriegen, füllten immer wieder heißes Wasser in den Kühler, erhitzten die Ölwanne mit einer Lötlampe – er wollte nicht.

Schließlich, nachdem wir drei Batterien leergestartet und alle Arme lahmgekurbelt hatten, zeigte sich, daß das Massekabel entzwei war. Ich hatte noch immer keine Ahnung, was das Massekabel war, aber ich nickte ernst mit dem Kopf und bestätigte, daß der Wagen unmöglich starten könne, wenn so viel Masse da sei …

Also mußte der Wagen mit Pferden angeschleppt werden, und nun startete er! Die Pferde wurden abgehängt, und wie der Blitz fuhr Suse den Pendelschen Sandschmeiß-berg hinauf. Oben wartete sie auf uns, aber über dem Warten war der Motor von neuem entschlafen und startete wiederum nicht. Wir schoben ihn an, wir schleppten ihn an – schließlich kamen wir wieder in Gang! Nun stand unsere letzte Fahrt ein wenig unter der Angst, der Motor könne stillestehen und nicht wieder starten. Bei unserer ersten großen Fahrt hatten wir vor der Hitze Angst gehabt, wir hatten dem Motor Kühlung gefächelt. Auf der letzten kleinen Fahrt fürchteten wir die Kälte! Und dann das Massekabel! Verdammt!

Nun sitzen wir wieder wie früher im Wagen, hinten drin das Mückchen, ich als Franz neben der Suse. Aber es gibt nichts zu franzen, diesen Weg kennen wir, wie oft sind wir ihn gefahren! Ganz mechanisch greife ich in den Handschuhkasten und finde eine ganze Packung meiner geliebten, lange entbehrten Zigaretten! Guter, tüchtiger Wagen!

»Suse!« rufe ich. »Sieh mal – hier waren noch Zigaretten!«

»Großartig!« nickt sie. »Und merkst du, ich kann noch genauso fahren wie früher! Ich hatte ein bißchen Angst, ich hätte es verlernt, aber es geht großartig. Nicht einen Augenblick war ich unsicher!«

Aber wir wären doch nicht wir, wenn auf dieser letzten Fahrt alles glattgegangen wäre! Erst zwei Drittel unseres Weges liegen hinter uns, da stirbt der Motor dahin, der Wagen rollt aus, und wir halten.

»Der Schnaps ist alle!« ruft Suse. »Ich sage es ja, warum haben die uns auch nur zehn Liter geschickt?!«

»Zehn Liter hätten schon gereicht«, sage ich. »Aber wir haben drei Stunden lang gestartet, damit haben wir eine Masse Brennstoff veraast! Was machen wir nun?«

Wir halten auf der freien Landstraße, in losem niedrigem Kiefernwald. Es sind noch immer zweiundzwanzig Grad Kälte, und der Wind pfeift. Rasch wird es kalt im Wagen.

Gottlob ist ein Waldwärterhaus in der Nähe, ich trabe dorthin, rufe die Wehrmacht an und bitte um einen Wagen, der uns Brennstoff bringt. Der Wagen wird sofort in Marsch gesetzt werden …

Unterdes traben wir nun neben unserem immer kälter werdenden Auto auf und ab, mit den Armen schlagend, mit den Füßen trampelnd. Es dämmert schon, es ist nachmittags fünf Uhr, bis zwölf Uhr sollten wir den Wagen stellen!

Dann kommt der Wagen der Wehrmacht angeflitzt. Gott, wie diese Jungen in voller Fahrt wenden können, Suse erblaßt vor Neid! Der Tank wird gefüllt, Suse startet, und der Motor rührt sich nicht. Neue Versuche – umsonst! Ach, dieses elende Massekabel!

Also anschleppen – aber nun will unser alter Gefährte auch das nicht mehr, wir müssen uns abschleppen lassen. Unsere letzte Fahrt, am Seil, hinten steuert Suse den toten Wagen, vorne schleppt ihn solch kleiner Bursche mit dreißig oder vierzig PS! Vorbei, vorbei!

Es ist dunkel, als wir auf den großen Kasernenhof kommen. Die Musterungskommission ist längst fort. Aber wir werden nicht getadelt, an diesem kalten Tag wird nicht auf militärische Pünktlichkeit bei Zivilisten gerechnet. Viele Wagen sind noch unterwegs, um die so lange stillgelegten Autos in Gang zu setzen oder abzuschleppen. Suse war bei weitem nicht die einzige, die noch einmal eine letzte Fahrt im eigenen Wagen tun wollte.

Das große Garagentor wird aufgemacht. Wir schieben unseren Wagen in die mollige Wärme, sorgsam wird er so gestellt, daß er mit dem Kühler an der Heizung steht. Hoffentlich ist der Kühler nicht eingefroren! Wir werden beruhigt, nein, der Kühler ist nicht eingefroren, morgen werden sie den Wagen schon in Gang bringen. Keine Angst, er wird tadellos laufen. Solch ein Wagen! Das bißchen Massekabel kriegen sie sofort zurecht!

Wir treten zurück in das Dunkel, in das eisige, winddurchbrauste Dunkel. Erst jetzt, da wir aus der warmen Garage kommen, merken wir, wie erfroren und hungrig wir sind. Seit dem frühen Morgen sind wir mit dem Burschen im Gang! Aber während wir irgendeinem Hotel zustreben, uns zu wärmen und zu essen, denken wir gar nicht an den eigenen Zustand, sondern wir sprechen nur von unserem Wagen.

Es tut uns so gut, daß er nun in der Wärme steht, mit vielen, vielen anderen Wagen. Daß er von morgen an wieder laufen wird, wie es sein Beruf ist. Daß er nicht mehr bestaubt und vergessen in einer Garage steht mit Hühnerkäfig und Jauchenpumpe. Wir denken an die Soldaten, die ihn nun fahren werden, und wir wünschen, daß er sich ihnen ebenso geduldig und zuverlässig erweisen werde wie uns!

Wir reden von ihm wie von einem guten Menschenfreund, von dem wir Abschied genommen haben wie von einem lebendigen Wesen. Und für uns war er ja auch ein lebendiges Wesen, dieses Ding aus Eisen, Leder und Lack, ein Stück von unserem Leben!

Von Rautchen bis Brumbusch

Mein Vorbesitzer, der Herr Pendel, hatte mir Rautendelein, den Airedale, als eine Blüte des Hundegeschlechts gepriesen. Sie sei wachsam, treu, klug, und vor allem kenne sie keine schwache Stunde, was bei einer Hündin selten, doch wünschenswert ist. Auch sei Rautendelein genügsam, ihre Ernährung sei das Einfachste von der Welt. Und wirklich bekam sie bei Pendels nur Kartoffeln, gewürzt mit Soße aus einem Soßenwürfel.

Meinen Augen präsentierte sich Rautendelein als eine sehr magere Airedale-Hündin mit kurzgelocktem, rauhem Fell – daher ihr Name! – und mit schönen braunen Augen. Sie rasselte erschrecklich mit der Kette und bellte mich wütend an. Also bezahlte ich für sie fünfzig Mark, für die

Kette drei Mark, für Hundesteueranteil acht Mark und für einen Eimer mit Soßenwürfeln achtzehn Mark, denn »ich will Ihnen ja auch nicht alles verehren«!

Rautchens Genügsamkeit konnten wir nicht auf die Probe stellen, denn Suse erklärte den Pendelschen Hundeküchenzettel für barbarisch und gab ihr, was ein braver Hund haben muß: zu den Kartoffeln Knochen, Fleischabfälle, auch Gemüsereste. So rundete sich Rautchen bald.

Ihre Treue bewies sie dadurch, daß sie sofort mit Pauken und Trompeten zu uns überging. Sie machte eine wirre Zeit durch, weil der Hof von Bauarbeitern wimmelte und sie sich nicht darüber klarwerden konnte, wer nun eigentlich ihr Herr war. Da ich aber täglich mit ihr spazierenging, was ihr noch nie im Leben geboten war, weil sie nur an der Kette hatte leben müssen, schloß sie mich bald innig in ihr Herz. Sie bewies diese Liebe vornehmlich dadurch, daß sie mich, sobald sie meiner ansichtig wurde, ansprang und versuchte, mein Gesicht abzulecken. Trotzdem sie jedesmal prompt dafür Schläge bekam, war sie von dieser Neigung nicht zu heilen. Damit bewies sie ihre Klugheit.

Was nun ihre schwache Stunde anlangt ... Mein Hof war damals, soweit ihn nicht Gebäude umstanden, von einer hohen Mauer aus Feldsteinen umgeben, die auch noch mit Stacheldraht bewehrt war. Wir wohnten wie in einem Kastell. Als ich eines Morgens zu sehr früher Stunde auf diesen Hof kam, traf ich Rautchen in inniger Unterhaltung mit einem riesigen Dobermann. Dieser Herr, mir wohlbekannt und in ein nicht sehr entferntes Landhaus gehörig, war weithin bei Briefträgern, Gartenfrauen und Landarbeitern berüchtigt wegen seiner Bissigkeit. Hier aber, bei einem Schäferstündchen ertappt, versuchte er feige, die Hofmauer zu erklimmen.

Aber es erging ihm wie manchem Liebhaber: zu der Liebsten war er beflügelter Pfote geeilt, kein Hindernis war ihm schwierig erschienen. Jetzt, nach verrichtetem Werk, schien ihm die Zinne zu steil, und kräftig konnte ich ihm das Fell gerben, bis er heulend durch den Stacheldraht entfloh.

Er kam nie wieder, aber statt seiner stellten sich Plisch und Plum ein, mit vielen Geschwistern, die dahingingen, ehe ihre blinden Äuglein sich noch dem Sonnenlicht geöffnet hatten. Aber Plisch und Plum blieben, ein vergnügtes, hilfloses Hundepaar, zwei kläffende, quiekende Bälle aus Haaren und weichem Fleisch mit ungeheuren Köpfen. Vorläufig sahen sie nach gar nichts und allem aus; wir waren gespannt, wie sich die Kreuzung Airedale/Dobermann bewähren würde.

Um diese Zeit, ehe die beiden Knaben noch der Mutter-milch entwöhnt waren, wurde ihre Mutter Rautchen von einem bösartigen Hautleiden ergriffen. Die Haare fielen ihr aus, schwärende, eitrige Stellen bildeten sich – traurig war die Blüte des Hundegeschlechtes anzusehen. Damals wa-ren in der Gegend Krähen mit Strychnin vergiftet, und ich nahm an, Rautchen habe solche strychninvergiftete Krähe gefressen.

Ich ließ den Tierarzt kommen. Der Tierarzt, ein schwe-rer, trauriger Mann, der in einem uralten Hanomag fuhr (hinten rund und vorne rund; es war, als führe er in einem großen, ihm grade passenden Pantoffel), der Tierarzt also hielt mir einen Vortrag über Ekzeme im allgemeinen und Hunde-Ekzeme im besonderen. Meine Theorie mit der Strychnin-Krähe wurde verworfen, das Ekzem war einfach »so« gekommen, wie Ekzeme eben kommen. Wir müßten die Hündin dreimal täglich von oben bis unten salben, je-den zweiten Tag warm baden, reizlos ernähren, dann würde sie – vielleicht – durchkommen.

Rautchen sah wie eine Aussätzige aus, bei dem Gedanken, sie dreimal täglich mit Perubalsam einzureiben, schüttelte sich jeder. So wurde sie zu einer Spritze Blausäure verurteilt. Ich hielt Rautchen in meinem Arm, als sie die Spritze be-kam. Sie war eine Gefährtin auf manchem Spaziergang ge-wesen, dankbar für jedes Streicheln, für jedes gute Wort, ein wenig stürmisch in ihrer Liebe, aber gut. Dumm, aber gut. Sie sollte sich nicht quälen müssen.

Sie quälte sich nicht. Die Spritze wirkte fast augenblicklich. Mit geschlossenen Augen jacherte sie leise, als laufe sie auf der Spur eines Karnickels. Einen Augenblick zitterte sie auf meinem Arm, dann war es vorbei.

Meine Spaziergänge waren nun einsam, Plisch und Plum waren noch zu klein für weitere Wege. Einmal kam ich auf solchem Wege in die Bergfelder Bahnhofswirtschaft, und natürlich wurde ich sofort nach meiner Raut gefragt. Wo ich sie gelassen hätte? Ich ginge doch sonst immer mit ihr?

Ich erzählte von ihrem Ende. Ich erzählte von den Strychnin-Krähen. Ich erzählte weiter: »Und dieser Schafskopf von einem Tierarzt behauptet, es sei bloß ein Ekzem, so aus der Luft, verstehen Sie? Von gar nichts her! Solch ein Trottel!«

Die Bahnhofswirtschaft war recht besetzt, ich wußte gar nicht, wer da alles saß. Und ich hatte ziemlich laut erzählt. Ein schwerer, trauriger Mann hob vom Nachbartisch sein Rotweinglas zu mir: »Doch, doch, Herr Fallada! Es war kein Strychnin, es war ein Ekzem, verlassen Sie sich darauf!«

Nickte mir ernst und traurig zu und trank mir einen Schluck!

Ich habe es dem guten Tierarzt immer hoch angerechnet, daß er mir meine leichtsinnige Rederei nie nachgetragen hat. Er war eine Seele von Mensch, selbst wenn ich mit dem Strychnin recht gehabt haben sollte.

Doch zurück zu den beiden Waisenkindern, zu Plisch und Plum. Die Flasche mit dem Gummisauger erwies sich als überflüssig, sie schlabberten vergnügt ihre Milch aus einer Schüssel, ohne erkenntliche Sehnsucht nach ihrer dahingegangenen Mutter. Sie wuchsen und gediehen sichtlich. Bald konnte ich sie auf meine Spaziergänge mitnehmen – und was wurden das für Spaziergänge! Alle drei kehrten wir erschöpft heim – aber meist getrennt! Es war nicht möglich, in die beiden Köter Appell zu kriegen, einer stiftete immer den andern zu neuem Unfug an. Ich konnte schreien und pfeifen, locken und listen – einer hörte bestimmt nicht, und bis ich diesen einen gefangen hatte, war der andere bestimmt wieder weg.

An den Ufern unserer großen Seen gibt es mit hohem Schilf bestandene Niederungen, für den Menschen, der trockene Füße liebt, selbst im Hochsommer unbetretbar, für Hunde aber eine ideale Spielstube. Es muß dort bezaubernd gerochen haben, nach Karnickelpfötchen und Fuchs, ab und zu burrte schwerfällig eine Wildente hoch ... Und ich stand da am Rand dieser Niederung, ich brüllte mir die Seele aus dem Leibe, ich pfiff wie eine Lokomotive vor einem geschlossenen Einfahrtsignal, aber wer nicht hörte, das waren natürlich Plisch und Plum!

Einsam mußte ich nach Hause schreiten, und wenn sie dann eine halbe Stunde später am Hoftor anlangten, demütig die Bäuche im Staube schleppend, schuldbewußt die Augen verdrehend, so gab es eine fürchterliche Abrechnung. Ich fürchte, ich habe damals in meinem Ärger manchmal des Guten zuviel getan und damit Plischi zumindest eine Schwäche beigebracht, die ihn sein Leben lang nicht mehr verließ und die unsere Sympathien für ihn zeitweilig sehr in Gefahr brachte, nämlich eine Blasenschwäche. Ängstigte er sich sehr, freute er sich ungemein, so wurde er undicht und sprengte.

Wie viele Male habe ich Suse mit wütendem Gesicht ins Haus zurückeilen sehen: »Dieser elende Köter! Nun kann ich mir schon wieder die Beine waschen und frische Strümpfe anziehen! Einfach ekelhaft ist das!«

Ja, wenn er spazierengehen sollte, so brachte sich Plischi um vor Freude. Er sprang laut bellend (auch das war ihm nie abzugewöhnen) um einen herum, schmiegte sich an einen, rannte einem bevorzugt durch die Beine, und schon wurde gesprengt! Armer Plischi, wohl war ich der eigentlich Schuldige, aber du wurdest bestraft!

Und auch dein anderes Laster, das dir schließlich zu einem vorzeitigen Tode verhalf, habe ich gepflegt: deine unbändige Jagdleidenschaft. Ich hätte deine Jugendspiele in den Schilfwildnissen nie dulden dürfen. Gleich deiner Mutter Rautchen, die einmal sechzehn Ratten hintereinander erlegte, hattest du Jägerblut in dir. Auf Fährten zu laufen, hinter einem Hasen zu rasen, war dein ganzes Glück!

Ein einziges Mal in deinem Leben hast du etwas erwischt, und da war dein Bruder Plum noch bei dir, ihr waret beide noch sehr jung. Am Tage vorher war Treibjagd gewesen, und ihr stöbertet nach eurer Gewohnheit Busch auf Busch ab. Aus einem Schlehdorn sprang ein waidwund geschossener Hase, von Plum aufgestöbert, Plischi direkt vors Maul. Er packte zu, so war sein Instinkt, und dann erschreckte ihn das jämmerlich quäkende lebendige Fleisch in seinem Maul namenlos. Er ließ es fallen und stieß ein klagendes Geheul aus … Da sprang Plum zu … Doch schneller hatte ich den Hasen ergriffen und mit einem kräftigen Schlag hinter die Löffel das scheidende Leben ganz ausgelöscht …

Ich sah mich scheu um. Wildernde Hunde sind höchst unbeliebt, und dies war Wilderei, nicht nur von Hunden! Weit und breit war kein Mensch zu sehen, weit und breit lagen die verschneiten Felder öde und still unter einem schneidenden Ostwind. Ich versteckte schlechten Gewissens den toten Hasen unter einem Steinhaufen und schleppte die beiden Hunde, die sehr aufgeregt waren, an ihren Halsbändern mit mir fort. Still und heimlich würde ich nach Einbruch der Dunkelheit den Hasen ins Dorf schmuggeln …

Aber eine Viertelstunde Weg ließ mich zu einem besseren Entschluß kommen. Ich habe kein Zeug zu einem Wilddieb. Ich liebe es nicht sehr, ein schlechtes Gewissen zu haben. Ich machte wieder kehrt und holte den Hasen unter seinem Steinhaufen hervor. Jetzt, da er tot war und schon steif zu werden anfing, hatten die Hunde kaum noch Interesse für ihn. Manchmal stießen sie neugierig mit den

Nasen gegen den weißwolligen Bauch und sahen dann gelangweilt fort. Das war nichts mehr zu spielen, ich hatte ihr Spielzeug entzweigemacht!

Offen trug ich meine Trophäe durchs Dorf, und zu Hause angekommen, rief ich den Jagdpächter an und berichtete ihm von meinem Mißgeschick. Wie selten im Leben fand Tugend sofort ihren Lohn: der Hase wurde mir als Sonntagsbraten verehrt. Mit diesem Jagdpächter traf ich dann auch kurz darauf ein Abkommen, an welchen Stellen des Reviers ich meine Hunde frei laufen lassen durfte. Dort gab es nur Ginster, Schlehdorn, wilde Kaninchen, Wacholder und ab und an einen verlaufenen Hasen. Ich nannte es König Lears Heide.

Viele, viele hundert Male habe ich dort Plischi hinter einem Karnickel herrasen sehen, immer mit dem gleichen hoffnungsvollen Geläut. Dann kam er nach einer Weile zu mir zurück, jachternd, mit hängender Rute, grenzenlos verlegen. Aber schon das nächste Kaninchen riß ihn wieder fort von meiner Seite, dieselbe Hoffnung, derselbe Eifer – und am Schluß dieselbe Verlegenheit.

Am erheiterndsten aber war es, ihn hinter einem Hasen dreinjagen zu sehen. Bei einem Hasen war alles anders, ein Hase verschwand nicht unerreichbar in einem Erdloch, ein Hase blieb immer vor ihm, spornte ihn zu höchsten Leistungen an ...

Ich bin überzeugt, sämtliche Hasen auf König Lears Heide kannten den Plisch. Sie setzten sich gemütlich in Gang, hoppelnd wie die Osterhasen der Kinder, und sahen sich fleißig nach ihm um. Er jagte, daß ihm die Zunge bis auf die Erde hing, sie legten kaum im Tempo zu. Schließlich fing Plischi vor Verzweiflung an zu weinen, im tollsten Lauf weinte er, jämmerlich jaulte er und lief und raste, und der Hase sah sich nach ihm um ...

Über einen Hügel mit grüner Saat sah ich die beiden kleiner werden und verschwinden, und fünf Minuten darauf kam Plischi angeschlichen, völlig erledigt, hinter meinen Hacken schlich er wie ein schuldiger Verbrecher. Aber das nächste Karnickel setzte ihn wieder in Gang ...

Damals hatte uns Plum schon verlassen. Es war nicht zu machen gewesen mit zwei solchen Hunden! Sie hielten den ganzen Haushalt in Gang! Einer machte bestimmt immer Unfug! Und dann ihr Bellen, sie unterstützten sich direkt im Bellen! Wenn der eine pausierte, setzte der andere ein. Ich aber bin so empfindlich gegen Geräusche! Sinnloses Hundegekläff macht mich tobsüchtig!

(Übrigens soll der Plum, der uns schon sehr jung verließ, ein ausgezeichneter Hütehund bei Schafen geworden sein.)

Plischi war wesentlich größer als seine Mutter, er war auch viel klüger. Schön braun und schwarz gefleckt mit dem kraus gelockten Haar der Airedales, hatte er den ganzen unbändigen Mut der Dobermänner. Später wurde er ein schrecklicher Beißer und Stänkerer, aber davon erzähle ich noch. In seiner Jugend galt sein Haß nur den Katzen. Katzen duldete er nicht. Nur an einer Hundeleine konnte man ihn durchs Dorf führen; sah er eine Katze, sauste er ihr sonst bis in die innersten Gemächer der Häuser nach. Kein Schlagen half, erst mußte die Katze hinüber. Das hat mir viel Ärger mit den Katzenbesitzern eingetragen.

Aber draußen auf dem Felde durfte Plischi die Katzen jagen. In manchem Jahr hat er sechs, acht wildernde Katzen erledigt und sich dadurch auch die Sympathie des Jagdpächters erworben. Ebenso wie der hasse ich wildernde, streunende Katzen, und manches Mal, wenn Plischi weinend unter einem Baum saß, auf den er eine Katze gejagt hatte, habe ich seinem Flehen nachgegeben und die Mörderin mit Steinen aus dem Baum in seine Fänge gejagt. Hatte er sie erst einmal, so gab es auch für den stärksten, wildesten Kater keine Rettung mehr. Er konnte noch so sehr kratzen, Plischi mochte noch so sehr von Blut triefen, er erledigte den Kater, er ließ ihn nie wieder los. Meist war ja

Wasser in der Nähe, dann lief er mit dem Kater in den See und tauchte ihn, tauchte ihn so lange, bis er tot war.

Bei all seinem kämpferischen Geist war er aber ein überaus geduldiger und langmütiger Hund. Schläfrig lag er in der Sonne an seiner Kette und sah blinzelnd zu, wie das Hühnervolk sich an seiner Futterschüssel sammelte. Schließlich trat nach eifrigem Gekakel und Gegacker eine mutige Henne vor und nahm einen Schnabel voll aus der Schüssel. Eiliger Rückzug, neues, noch eifrigeres Gekakel, und die Hühner drangen vereint auf seine Futterschüssel ein. Er legte den Kopf gelangweilt auf die Pfoten und schloß die Augen. Oder aber – er stand auch plötzlich auf, gewaltiges Kettengerassel, fluchtartig, laut schreiend stoben die Hühner auseinander – und Plischi stand da, sich reckend und gähnend. Von den Hühnern nahm er überhaupt keine Notiz.

Eine Zeitlang besaßen wir ein Huhn, das sich darauf kaprizierte, seine Eier nicht in die dafür bestimmten Nester, sondern in Plischis Hundehütte zu legen. Nachdem es das ein paarmal in seiner Abwesenheit getan hatte, glaubte es ein Recht auf diesen Platz erworben zu haben. Lag nun Plisch in seiner Hütte und kam der Legedrang über die Henne, so stellte sie sich vor die Hütte und fing an, Plischi aufgeregt anzugackern.

Eine Weile reagierte er nicht, dann, wenn ihm dies törichte Weibergeschwätz zuviel wurde, stand er auf und räumte seinen Palazzo. Mit ein paar aufgeregten, keineswegs dankbaren Schlußbemerkungen nahm die Henne seinen Platz ein. Dann saß Plisch oft lange vor der Hütte, von Zeit zu Zeit steckte er den Kopf in die Tür. Aufgeregtes Gegacker antwortete ihm. Er zog den Kopf zurück, gähnte und wartete geduldig, bis Madame fertig war.

Wenn sie dann triumphierend seine Hütte verließ, ging er sachte hinein, faßte das Ei vorsichtig mit dem Maul und legte es ebenso vorsichtig in seine Futterschüssel. Erst dann nahm er seinen Schlafplatz wieder ein. Nie hat er ein

Ei angerührt, und Hunde sind von Natur leidenschaftliche Eierfresser. –

In einem Sommer bekamen wir Besuch von Berliner Freunden, die einen Hund mitbrachten, eine schwarze Zwergpudel-Hündin, eine elegante Stadtdame, hoch prämiiert. Peggy war ein richtiger Großstadthund, dazu auch noch ein Damenhund, verwöhnt, ohne jeden Appell, eine gehässige Kläfferin, genau wie die entschwundene Bettina. Selbstverständlich war Peggy das verwöhnte Kind kinderloser Leute.

Wie diese Dame des Westens getrimmt und geschoren war, das war einfach zum Staunen – ich meine natürlich die Hündin. Sie trug wunderbare Haarröllchen an jedem ihrer stöckrigen Beinchen, und ich müßte lügen, aber ich glaube wirklich, auch am geschorenen Schwanz trug sie noch ein Röllchen!

Natürlich hatte Peggy von Wald, Feld und Flur nicht die geringste Ahnung. Sie hatte immer nur in Großstadtstuben und auf Steinstraßen gelebt. Bei unseren gemeinschaftlichen Spaziergängen zockelte sie auf die stumpfsinnigste Art neben uns her, als ginge sie an der Leine. Kaum sah sie erstaunt auf den wild rasenden Plisch, der es immer eilig hatte, denn nicht einen Busch durfte er bei seinem Stöbern auslassen!

Ich glaube, Herr und Hund waren sich völlig einig in der Verachtung dieser Asphaltblüte. Plischi kümmerte sich nie um Peggy, sie war einfach Luft für ihn. Immerhin gelang es mir mit Zeit und List, Peggy zu verführen. Als sie sich das erstemal auf unserem Misthaufen gewälzt hatte, jubelte ich innerlich, während unsere Freundin kummervoll seufzte.

Später versuchte Peggy eine schwächliche Imitation von Plischis Rasereien. Ihr Fell war dafür nicht so geeignet wie sein hartes, krauses – völlig feucht, beschmutzt und stinkend kam sie von unseren Ausflügen heim, und ihre Besitzerin seufzte stärker. Schließlich entdeckte Peggy einen

Herzwinkel für die Mäusejagd. Mit ihren gepflegten Pfötchen fing sie an, nassen Ackerboden aufzuwühlen, ihre Nase beschmutzte sie, die dunkle Wolle an Brust und Bauch war ständig mit Lehm beschmiert. Ihre Besitzerin war unglücklich: Peggy schien beinahe so etwas wie ein richtiger Hund zu werden, schon ging sie mit Plisch und mir lieber spazieren als mit ihrer Herrin.

Bald zeigte es sich, daß diese Dame von der Tauentzienstraße auch von schlechten Sitten war. Sie verfolgte unsern braven Plisch mit unsittlichen Anträgen. Der war der reine Parzival, kaum ein Jahr alt und entschieden noch nicht aufgeklärt. Unsere Freundin war in tausend Ängsten, daß ihrer Peggy etwas passieren könnte. Peggy war hoch prämiiert, in irgendeine Zwergpudel-Stammrolle eingetragen und durfte laut Statut eine Ehe nur mit einem ebenso hochwertigen Zwergpudel eingehen.

Aber die Befürchtungen unserer Freundin waren grundlos. Manches Mal beobachteten wir die lasterhafte Dame Peggy, wie sie vor Plischis Hundehütte umhertänzelte und sich ihm in der widerlichsten Weise anbot. Plisch lag an der Kette und sah bodenlos verlegen aus. Bestimmt hielt der Ahnungslose Peggy für hysterisch. Die Dame schwänzelte und tänzelte, sie hielt dem Herrn ihr entzückendes Hinterteilchen hin und stieß kleine ermunternde Quieker aus. Plisch hob verächtlich die Nase und zog sich in seine Hütte zurück, wenn ihm dies Gebaren zu dumm wurde. Wir waren also völlig beruhigt und überließen Peggy ihren unbefriedigten Wünschen ...

An einem Tag unter den Tagen aber stand unsere Berliner Freundin in der Küche und plättete, ich war in derselben Küche mit der Zubereitung meines geliebten Kaffees beschäftigt, die ich ungern anderen überlasse. Plötzlich erheben wir lauschend die Köpfe. Ein fast diabolisch triumphierendes Quieken tönt vom Hofe! Wir sehen uns an ...

»Jetzt ist's passiert!« flüstere ich.

»Meine arme Peggy!« ruft die Freundin, und ihre Augen füllen sich mit Tränen.

Wir stürzen auf den Hof. Jawohl, wir haben recht gehört, es ist passiert: Peggy ist eine nicht standesgemäße Ehe eingegangen. Das feile Frauenzimmer hat mir meinen Parzival verführt!

»Meine arme Peggy!« weint die Freundin. »Das hält sie nie aus! So ein großer Hund – da geht sie drauf dabei! Oh, meine Peggy! Meine liebe Peggy! Sie wird mir sterben –!«

Die Wochen gehen dahin, Peggy ist nicht gestorben; und unsere Gäste müssen zurück in die große Stadt Berlin. Unsere Freundin sieht mich immer flehender und trauriger an, schließlich spricht sie: »Würden Sie nicht meine Peggy hier behalten, bis sie – ach, Sie wissen schon –, bis sie ihre kleinen Hundebabys bekommen hat? Ich kann meine Peggy nicht leiden sehen! Und wenn ihr was passiert …!«

Ich gebe meinem Herzen einen Stoß: »Nun gut, soll die Dame von der Tauentzien ihre schwere Stunde bei uns abhalten! Aber das sage ich Ihnen: Sperenzien werden für dies verwöhnte Frauenzimmer nicht gemacht! Im Haus bleibt die Kläfferin nicht! Sie bekommt eine kleine Hütte im Stall, da ist es warm genug für sie!«

Herzzerreißend wurde Abschied genommen, mir aber wurde in der letzten Minute ein Bademantel überreicht. Nicht als Geschenk für mich, für meine Aufopferung, obwohl es ein recht hübscher und auch noch gar nicht alter Bademantel war, nein, sondern (mit Tränen in den Augen gesagt): »Für meine Peggy – wenn es soweit ist, Sie wissen schon! Es ist *doch* kalt im Stall, ich habe heute zur Probe eine halbe Stunde dort gesessen, und Peggy soll es doch gemütlich haben!« Ich nahm den Bademantel, aber im stillen schwor ich mir zu, daß Peggy ihn nicht haben sollte.

Es wurde Herbst, dann kam der Winter. Auf unsren täglichen Spaziergängen begleitete mich und den Plisch die Dame Peggy. Niemand, ihre eigene Herrin nicht, hätte jetzt diese

Tauentzien-Schöne wiedererkannt! Aus der Asphaltblüte war ein munteres Landkind geworden, das mit Leidenschaft der Mäusejagd oblag und eine ausgesprochene Vorliebe für Jauchebäder hatte. Nichts mehr von modischen Röllchen an Beinen und Schwanz! Das ganze Fell, von feuchter Ackererde beschmutzt, bildete eine graugräuliche Wirrnis. In die Augen hingen zottelige Locken, und nur diese Augen noch blickten so dummfrech wie eh und je. Manchmal sagte Suse seufzend: »Ich glaube, ich muß die Peggy wirklich mal putzen. Wir können es einfach nicht verantworten, wie sie aussieht!«

»Sonst noch was?« fragte ich brummig. »Wir putzen unseren eigenen Hund nicht, und diesen Mistbock willst du putzen?! Laß das man lieber bleiben! Ich bin überzeugt, die Peggy hat sich noch nie so wohl im Leben gefühlt wie jetzt!«

Aber das war nicht ganz richtig, wohl fühlte sich Peggy im Stall bei Kuh und Schwein nicht. Die Nächte hindurch weinte sie, sie war an den Umgang mit Menschen gewöhnt. Manchmal erbarmte ich mich ihrer und holte sie für ein paar Stunden in mein Zimmer. Da lag sie dann, möglichst entfernt von mir, denn sie erwiderte meine Antipathie, unter einem runden Tischchen, schnaufte beträchtlich und bellte von Zeit zu Zeit ganz unmotiviert, aber gellend.

Ein völlig hysterisches Frauenzimmer, und allmählich verstärkte sich bei uns der Gedanke, daß auch an ihrer Trächtigkeit gar nichts daran sei, ein Fall hysterischer Schwangerschaft, wie er im Buch steht. Wohl rundete sich ihr Leibchen, aber dies konnte auch etwas für die gesunde Landkost beweisen. Wohl wies sie weitere Werbungen des Knaben Parzival-Plisch mit giftigem Keifen ab, damit aber zeigte sie nur ihre treulosen, unbeständigen Tauentzien-Sitten.

Alle Augenblick kam mein Futtersmann gestürzt und meldete: »Ick glöv, de Peggy jungt!«

Wenn wir dann in den Stall kamen, wand sich die Dame in Krämpfen, auf dem Rücken liegend, die Pfötchen gen Himmel. Mit verdrehten Augen starrte sie uns flehend an und stieß kleine wimmernde Schreie aus. Aber das war auch alles, nichts erfolgte. Gar nichts!

»Du sollst sehen«, sagte ich zu Suse, »sie hält uns alle zu Narren. Nach jedem Trächtigkeitskalender müßte sie längst geferkelt oder gehundelt haben. Hysterie – nichts wie Hysterie! Jetzt schreiben wir aber und lassen sie zurückholen. Ich bin dieser Giftnudel reichlich überdrüssig!«

Wir hatten bereits geschrieben, als Suse eines Tages zu mir in die Stube trat. »Du«, sagte sie, verführerisch lächelnd, »es ist heute wirklich sehr kalt drüben im Stall, darf die Peggy nicht für eine halbe Stunde zu dir? Bloß, damit sie sich ein bißchen aufwärmt.«

Solchem Lächeln meiner Gattin kann ich noch immer schwer widerstehen. »Meinethalben«, sagte ich. »Aber wenn sie jault, fliegt sie im Bogen hinaus!«

Dame Peggy quartierte sich wieder unter dem runden Tischchen am anderen Ende der Stube ein, und ich fuhr fort, den täglichen Berg von Korrespondenz abzutragen, wobei ich mir immer vorkomme wie Sisyphus: jeden Tag rollt der Stein Post auf mich zurück, den ich eben ächzend fortgewälzt habe.

Aber mitten im Tippen erreichen seltsam winselnde Laute mein Ohr. Mit einem Satz springe ich auf, renne in die Ecke, starre – wie vom Donner gerührt bin ich! So also war es gemeint! Da haben wir die Bescherung!

Ich stürze an die Tür, ich brülle: »Hierher! Hilfe! Um Gottes willen! Suse, wo steckst du denn? Sofort, bring den Bademantel mit! – Kannst du dir so was vorstellen?! Kriegt das Mistvieh ausgerechnet in meinem Zimmer auf unserem besten deutschen Perser Junge! Da – drei kriechen schon rum! Ewig hat sie gebellt und gejault und gewimmert, aber ihre Jungen kriegt sie in völliger Stille, ohne einen Laut, solch ein Mistvieh, ein miserables!«

Während dieser zornig hervorgestoßenen Sätze habe ich Peggy bereits mit ihren drei Kindern in den Bademantel gehüllt, und nun trage ich die Last hinüber in den Stall. Als ich drüben auspacke, sind es bereits fünf, ein hübsches Farbensortiment, helle, dunkle, gefleckte, gestreifte, getigerte ... Ich rechne: fünfzig Prozent Zwergpudel, fünfundzwanzig Prozent Dobermann, fünfundzwanzig Prozent Airedale, so kommt die Rasse auf den Hund. Aber das Ergebnis zu sehen, muß interessant sein, ein paar von den Tölen werde ich groß werden lassen. Bin mal neugierig, wie viele es werden.

Es wurden neun. Aber über Nacht hatte Peggy bereits eine Vorwahl getroffen: vier, die ihr selber nicht gefallen hatten (wahrscheinlich zu kühn in der Farbenzusammenstellung), hatte sie aus ihrer Hütte gepackt, von der mütterlichen Bettwärme ausgeschlossen. Sie waren am Morgen, als wir sie fanden, bereits verblichen. Von den verbliebenen fünf wählte ich zwei: einen schwarzen Knaben, der den Namen Barry erhielt, und ein falbes Mädchen Polly.

Barry ist später ins Hotelfach übergegangen, in ein weiblich geleitetes und ein weiblich bedientes Hotel. Er hat dort trefflich männliche Herrschergelüste entwickeln können und tyrannisiert den ganzen Gasthof, Besitzerinnen, Mädchen und Gäste. Er ist ein ausgesprochen kluger und schöner Hund mit einem kurzen schwarz glänzenden Fell, erheblich größer als seine Mutter. Ein Liebling der Frauen, verwöhnt und unleidlich.

Manchmal sehe ich ihn heute noch an der Theke stehen, aufmerksam den Bierschank beobachtend, ich glaube, er kontrolliert die Kellnerin.

Seine Schwester Polly verblieb bei uns. Sie wurde nicht so groß wie Barry, war aber ein überaus zufriedenes listiges Geschöpf. Mit ihrer grenzenlosen Frechheit brachte sie meine Frau zur Verzweiflung. Wenn im Hause das Warnsignal ertönte: »Ruhe, Papa schreibt!«, wenn Hausfrau, Mädchen, Kinder auf Zehen schlichen, der Kuh im Stall das Maul zugehalten und der Kanarienvogel verhängt wurde, dann brach sicher Polly in ein triumphierendes Kläffen aus!

Suse schürzte sich zur Jagd auf die Sünderin, unter Beteiligung von Hilfstruppen. Immer weiter bellend, immer weiter kläffend floh Polly. Sie hielt dies für ein ausgezeichnetes Spiel. Flüchtend erfüllte sie den ganzen Hof mit ihrem Lärm. Die Verfolger wurden hitziger, sie trieben Polly in eine Ecke, aufmunternde Rufe erschollen …

Mit zerrauftem Haar erschien der Hausherr und schrie wütend: »Seid ihr denn alle wahnsinnig geworden –?! Ich arbeite –!« Und in der einbrechenden Stille raste Polly aufjauchzend zwischen den Beinen der Frauen hindurch ins Freie.

»So ist es richtig!« spreche ich voll Verachtung. »Fünf Weibsen werden mit einem Hund nicht fertig!«

Zornig ruft Suse: »Fang du ihn doch selbst! Wenn du es besser kannst!«

Aber das muß ich nicht gehört haben. Gesenkten Hauptes steige ich in mein Arbeitsgemach hinauf und grolle mit meinen Lieben, die während meiner Arbeitszeit Krawallszenen aufführen!

Schließlich ist Polly eingefangen und in den Holzstall gesperrt. Wenn ich oben sehr genau horche, kann ich ihr protestierendes Gekläff schwach hören – und der Leser verlasse sich darauf, ich horche sehr genau! Bitternis erfüllt mein Herz: warum sperren sie die Polly eigentlich nicht in den Keller? Hirnverbranntheit! Ausgerechnet dahin, wo ich sie hören muß!

Schließlich vergesse ich Polly und schreibe wieder. Tiefe Stille umgibt mich. Ich komme voran. Eine Seite … Eine zweite Seite …

Da! Ein triumphierendes, durch nichts gedämpftes Bellen! Irgendein Unseliger (er wird es schon mit Suse zu tun kriegen!) hat ahnungslos die Tür des Holzstalles geöffnet und Polly die Freiheit wiedergegeben.

Und Polly benutzt sie, darauf kann man sich verlassen! So leicht läßt sie sich jetzt nicht wieder fangen! Die Geräusche der beginnenden Jagd dringen zu mir herauf, ergeben lege ich die Feder hin und schicke mich ins Warten. Du lieber Himmel, unter solchen Umständen soll man nun geistig arbeiten! Traf es je ein sterblicher Dichter so schlecht wie ich –?!

Dann aber verfiel Polly auf ein zweites Spiel, und dieses Spiel kostete sie die Stellung bei uns. Sie ging auf die Hühnerjagd, und nicht nur sie, sie verführte auch ihren eigenen Vater dazu, einen völlig gesetzten und wohlerzogenen älteren Herrn! Nicht, daß sie dem Huhn einen Leibesschaden zufügten, ihr Spiel war viel grausamer und ausgiebiger.

Die beiden Verbrecher trennten ein Huhn von der Gemeinschaft und trieben es listig in einen Raum, sei es in den Kohlenschuppen, sei es auf die Scheunendiele, in die leere Garage, in den Holzstall ... Dort jagten sie das Huhn zwischen sich hin und her, sie spielten Ball mit ihm, sein verzweifeltes Gegacker, sein vergebliches Hochflattern belustigten sie in hohem Maße.

Manchmal fing auch einer der beiden Schurken das unselige Huhn. Es sorgsam im Maul haltend, lag dann Plischi da, die beiden Vorderläufe von sich gestreckt, und knurrte drohend, während Polly, ebenfalls böse und feindselig knurrend, den Plischhund auf hohen Pfoten umschlich, lüstern nach seiner Beute.

Natürlich war nach einem solchen Spiel das Huhn total mit seinen Nerven herunter und ganz untauglich zum Eierlegen. Trübsinnig vor sich hin starrend saß es in einer Ecke, völlig lebensüberdrüssig.

Als ich von diesen neuen Schandtaten erfuhr, wollte ich meinen Ohren nicht trauen. Mein guter braver Plisch, für den ich die Hand ins Feuer gelegt hätte, der auf unseren Spaziergängen nie ein Huhn anschaute, der sogar einer frechen Eierlegerin seine Hütte geräumt hatte – jetzt war er ein sadistischer Hühnerjäger geworden! Schamlos verführt von der Tochter einer Großstadtmetze! Polly mußte aus dem Haus, auch Suse verlangte es gebieterisch. Sie erklärte, den ständigen Pollyjagden nicht mehr gewachsen zu sein. Entweder der Haushalt, Familienleben oder Polly – beides ging nicht.

Polly kam aus dem Haus, sie ging durch drei, vier Hände. Sie war mit ihrem falben Fell ein auffallend schöner lebendiger Hund, jeder nahm sie gerne. Aber sie war auch ein schamlos frecher Hund: jeder scheint sie noch lieber fortgegeben zu haben. Sie starb, wie sie lebte: als eine freche Übertreterin aller Gesetze. Beim Wildern traf sie die Kugel eines Försters. Eigentlich schade, uns hat Polly viel Spaß gemacht.

Mit den Jahren ist Plisch nun ein alter, weiser Hund geworden. Er ist unser und der Kinder Freund, wir haben uns an ihn gewöhnt, seine kleinen Schwächen nehmen wir in Kauf. Er ist auch ein gebildeter Hund: wenn ich täglich mit ihm spazierengehe, hält er den Hof sauber, nie verrichtet er dort sein großes Geschäft, das spart er sich für unsere Wege auf. Er ist ein glänzender Wächter, er ersetzt uns zuverlässig eine elektrische Klingel.

Ich habe es wohl schon gesagt: in Mahlendorf gibt es nicht einen Laden, alles, was wir zum Leben brauchen, kommt aus Bergfeld. Im Frieden war das kein Problem: drei Kaufleute kamen einmal in der Woche nach Mahlendorf, zwei mit ihrem Auto, der dritte mit einem Pferdefuhrwerk. Ihr Gefährt war ein richtiger kleiner Laden: vom Tabak bis zum Zucker, vom Stallbesen bis zum Petroleum konnte man alles darin kaufen.

Der Pferdefuhrmann Püster nun war ein altmodischer Mann. Er kam mit einem richtigen großen Planwagen, wie man ihn auf Bildern sieht. Unter dem Wagen lief ständig ein großer, böser Schäferhund, der jede Annäherung an das köstlich beladene Fuhrwerk verbot, wenn Herr Püster mal abwesend war. Aber einmal gelang es Plischi doch, aus der Gartenpforte zu entschlüpfen und sich auf den andern zu stürzen. Es gab ein zorniges Geknurr, ein kurzes Aufheulen, und auf mein gebieterisches Gebrüll hin (glaubte ich) erschien Plischi wieder auf dem Hof und verschwand schlechten Gewissens (nahm ich an) in seiner Hundehütte.

Erst am nächsten Morgen entdeckten wir, was wirklich geschehen war. Die kleine Mücke entdeckte es. Aufgeregt kam sie zu uns: »Papa! Mummi! Plischi ist ganz kaputt!«

Jawohl, der Arme, er war stark beschädigt! Mit einem einzigen Riß des scharfen Eckzahns hatte ihm sein Gegner vom Augenwinkel ab die ganze Backe aufgerissen, die nun als blutiger Lappen tief herunterhing. Er sah jammervoll aus, unser Guter, er, den ich immer für seine Kühnheit »Plisch, mein Löwe« genannt habe.

Zuerst sah die Sache ganz aussichtslos aus, aber unseren Plisch opferte ich nicht so leicht. Nachdem ich von unserem alten traurigen Tierarzt einen Korb bekommen hatte (»da ist eben nichts zu machen, da fehlt ja ein Riesenstück«), ließ ich von weiterher einen jungen Tierarzt kommen. Es war spät am Abend, als er eintraf. Wir hatten Besuch, ein Mann vom Film war mit seiner Frau bei mir, und zwischen Film und Plisch teilte sich diese Nacht.

Der große Hund lag geduldig auf dem Küchentisch, sorgfältig wurde Naht auf Naht gelegt, Nervenstränge geflickt, Muskeln aneinandergenäht. Manchmal weinte er leise, gab mir aber dabei, sich zu entschuldigen, die Pfote und lag wieder mucksmäuschenstill. Zwischendurch gingen wir zurück ins Zimmer, tranken ein Glas Wein und sprachen wieder von den ungeheuren Möglichkeiten des Films, von dem Film, den wir gerne schreiben wollten, dem Film aus dem Alltag, bei dem jeder fühlt, hier geht's um deine Sache, um dich selbst – von dem Film, den alle träumen, diesem magischen Zauberer Film ... bei dem das Herz stocken muß. Dann gingen wir zurück zu Plisch ...

Als alles genäht war, blieb als schwierigstes, den Hund am Aufkratzen der Nähte zu hindern. Wir konstruierten eine lange, feste Tüte aus Pappe, die ihm um den Kopf gelegt wurde, und bereiteten ihm ein Lager im Stall. Als wir nach einer Viertelstunde Filmgeschwätz wieder nach ihm sahen, war die Tüte ab und die Backe blutig gekratzt. Da erbot sich der junge Tierarzt, den Hund mit sich zu nehmen. Sein Vater, der auch Tierarzt und vor allem Tiernarr war, würde schon ein Auge auf ihn haben. Wir nahmen das Angebot an, der arme Dulder wurde ins Auto verfrachtet, und wir waren ohne Plisch.

Wie still der Hof ohne unseren Hund war! Wie oft hatte ich über sein Gebell geschimpft, und nun ertappte ich mich dabei, wie ich in der Arbeit innehielt und lauschte. Nichts –? Nein, nichts, und dann erinnerte ich mich: ach so! Niemand meldete mehr Fremde an, plötzlich standen die Leute in der Küche, ohne Warnung! Und meine Spaziergänge taugten gar nichts mehr, ohne den fröhlichen, dankbaren Begleiter! Keiner jagte mehr hinter Kaninchen her, aufgeregt läutend.

Aber die Berichte des alten Tierarztes lauteten günstig, die Wunden heilten. Der rührende Mann, der mich fast täglich anrief, hatte den eigenen Hund in die Küche verbannt, und Plisch war immer um ihn, in seinem Sprechzimmer, bei seinen Fahrten über Land, in seinem Schlafzimmer: ich hätte mich ihm nie so intensiv widmen können.

Dann war es soweit, daß ich Plisch holen durfte. Ich stehe im Wartezimmer, die Tür öffnet sich, und herein stürzt Plisch, stürzt sich auf mich, springt an mir hoch, leckt mein Gesicht, heult vor Wonne, macht meine Schuhe naß – heute wird ihm alles verziehen! »Ach, Plischi, du mein Guter, mein Löwe! Ja, ja, das Herrchen ist wieder da! Ja, nun kommst du wieder mit mir, nun gehen wir wieder alle Tage spazieren! Ach, du mein Löwe –!«

Er ist kaum verändert, der alte Tierarzt ist mit Recht stolz auf sein Werk. Nichts hatte gefehlt, Lappen ist sorgfältig an Lappen genäht, schon sind wieder die Haare über die Nähte gewachsen, man sieht nichts von ihnen. Nur eine ganz kleine Spur ist das Auge heruntergezogen, das ist alles. Ich danke viele, viele Male, ich zahle einen lächerlichen Betrag und bezahle nie all die Mühe, die sich der alte Mann mit meinem Hund gegeben hat. Die Tür zum Flur wird geöffnet –: Plisch und ich gehen.

Da, ein zorniges Gekläff, ein wütendes Bellen ... In der letzten Minute, in der allerletzten Minute sind Plisch und der Hund des Tierarztes aneinandergeraten! So lange hat man sie sorgsam getrennt gehalten. Der Hund des Tierarztes ist von einer wütenden Eifersucht auf den Eindringling beseelt, in einer Sekunde sind die beiden ineinander verbissen! Als wir den ganzen Flur mit Wassergüssen überschwemmt, als wir die Gegner auseinandergerissen haben, zeigt sich: der Hund des Arztes ist unverletzt, aber Plischis eben geheilte Wunden sind wieder aufgerissen, nicht schlimm, aber doch so, daß noch einmal genäht werden muß! Verdammtes Verhängnis!

Nun, schließlich kam Plisch wieder nach Haus. Aber er war nicht mehr derselbe Plisch, sein Charakter hatte sich völlig geändert. Zwar, uns gegenüber war er der gleiche geblieben, in seiner Treue und stürmischen Liebe. Noch immer war er der geduldige Freund meiner Kinder, mit dem sie alles aufstellen konnten, er knurrte nie. Aber sonst war er böse geworden, er war ein Streithammel und Beißer geworden, er mußte einen andern Hund nur sehen, so stürzte er sich auf ihn!

Du lieber Himmel, was habe ich in den nächsten Jahren für schreckliche Beißereien mit Plisch durchgemacht! Schweißtriefend, am ganzen Leibe zitternd, kam ich oft nach Haus! Wieviel Stöcke habe ich an den elenden Kötern zerschlagen und sie doch nicht auseinandergekriegt! Wieviel Wunden trug Plisch davon, die er sich selbst heil leckte, ohne je in seiner Streitlust nachzulassen! Den stärksten Hund fiel er ohne Besinnen an. Manchmal wußte ich mir nicht anders zu helfen, ich schleppte das verbissene, wutverkrampfte Knäuel zwei-, dreihundert Meter weit bis an den nächsten See, schmiß sie hinein, und kaum draußen, stürzten sie sich wieder aufeinander!

Durch das Dorf, auf allen Wegen, wo ich nur Hunde ahnte, führte ich Plisch an einer doppelten dicken Lederleine. Ich hatte ihm ein Würgehalsband angelegt, aber auch das half eigentlich nichts. Kam er an einem Haus vorbei, in dem er einen Feind wußte, so brachte er sich vor Wut um, knurrte, drohte, heulte vor Zorn, herausfordernd, den Feind verhöhnend und lockend. Ich nahm ihn so kurz, daß er schließlich auf den Hinterbeinen marschierte, das Würgehalsband brachte ihn fast um, aber noch mit seinem allerletzten Atem knurrte und drohte er!

Und doch konnten wir uns immer noch nicht entschließen, Plisch abzuschaffen. Abschaffen konnte ja nur Töten heißen, diesen bissigen Hund konnten wir keinem andern Menschen zumuten. Schon jetzt wagte niemand mehr, mit ihm auszugehen, außer mir. Auch für mich waren diese Wege oft eine schreckliche Last. Immer hatte ich meine Augen überall, ich schlug Seitenwege ein, sobald ich nur einen Hund in der Ferne sah, nur noch auf König Lears Heide ließ ich ihn frei. Aber auch dahin verliefen sich manchmal Hütehunde von den Kühen oder Schafen, und sofort war der Teufel los!

Aber Plisch war nun durch viele Jahre unser Gefährte gewesen. Er war der Freund der Kinder, der zuverlässige Wächter des Hauses. Und er war kein böser Hund, er hat nie einen Menschen gebissen. Von seinem Hundestandpunkt aus war er völlig in seinem Recht. Der Schäferhund des Püster hatte ihn angegriffen und schwer verletzt! Dem Plisch konnte ich nicht böse sein!

Dann riß Plisch den Hund unseres dörflichen Malermeisters in Stücke, er zerpflückte ihn buchstäblich in seine Bestandteile! Es war keine Ruhmestat, denn dieser Hund war eine kleine, rassenlose, schwanzlose Töle, kein würdiger

Gegner eines Löwen. Auf der anderen Seite muß ich sagen, daß dieses kleine Mistvieh den Plisch seit langem schwer gereizt hatte. Immer, wenn ich mit meinem angeleinten Plisch durchs Dorf ging, hatte das kleine Hundchen giftig hinter ihm drein gekläfft. Im Gefühl völliger Sicherheit hatte es ihn durch das ganze Dorf verhöhnt, ja, manchmal sogar mit seinen Zähnen feige nach den Hinterbeinen des Großen geschnappt! Ich war nicht dabei, als das Unglück geschah, ich war verreist, hörte nur die erregten Klagen und blechte ... Noch blieb Plisch, aber die Stimmung gegen ihn und seinen Herrn im Dorf war recht bedrohlich.

Dann wurde unser Jagdaufseher mitten im Dorf von einem wirklich bösen Hund angefallen und gebissen. Er machte keine langen Umstände, nahm seine Büchse und schoß den Angreifer auf der offenen Dorfstraße tot. Natürlich tobte seine Besitzerin, und da sie den Schaden hatte, sollten ihn möglichst viele haben: sie zeigte meinen Plisch als noch viel gefährlicher an. Von der Behörde wurde mir aufgegeben, den Plisch nur noch an der Kette und Leine zu halten, jedes Freilaufenlassen wurde verboten ...

Plisch aber war kein Kettenhund, dafür floß zu edles Blut in seinen Adern. Es war schon schwer genug für ihn gewesen, zweiundzwanzig Stunden auf dem engen Hof gehalten zu werden, nur zwei Stunden täglich auf meinen Spaziergängen hatte er frei sein dürfen. Ihm jede Freiheit zu nehmen, das war Tierquälerei – lieber sollte er sterben.

Wieder kam unser alter Tierarzt mit der Zyankalispritze. Leider ging es bei Plisch nicht so gut wie bei seiner Mutter: als er die Hälfte der Spritze bekommen hatte, brach die Nadel, und der Rest der Dosis versickerte. Er mußte sich quälen. Er sah mich schrecklich traurig und verzweifelt an, er verstand mich nicht, er wollte mich sogar beißen. Nun, nach zwei, drei Minuten war es vorbei. Ich grub ihn bei meinem Bienenhaus ein. Jetzt ist schon das Gras über die Stelle gewachsen, aber vergessen wird er nicht von uns. Plischi, du unser Freund durch sieben Jahre! Du unser Löwe! Wird dich je einer erreichen?!

Eines war klar: ohne Hund konnten wir nicht leben. Wir brauchten einen Wächter für den Hof, einen Ersatz für die stets versagende elektrische Türklingel, einen Gefährten für die Kinder, und mir fehlte der tägliche Begleiter auf meinen Spaziergängen. Unser künftiger Hund mußte der Hund aller Hunde werden. Negativ wußten wir schon vieles von ihm: er durfte kein Beller sein, kein Beißer, kein Raufbold, kein Wilderer. So groß die Zahl der Hunderassen ist, unter diesem Gesichtspunkt gesehen, verminderte sie sich rapide. Denn auch kinderlieb mußte der Hund sein, Achim war erst ein Jahr alt.

Wir lasen und schlugen nach und berieten, und dann lasen wir wieder. Rassen, die wir nie gesehen, tauchten aus den Prospekten der Hundezüchter vor uns auf, wurden verworfen und entschwanden. Manche erregte Debatte hatte ich mit Suse, sie war natürlich für einen Scotch-Terrier, solche philosophische Sauerkrautwurst, zu Depressionen geneigt, alt geboren, uralt dahinlebend, ein Knurrer gegen Kinder, ewig gekränkt.

In dieser Not erinnerte ich mich an einen Frühlingsspaziergang in den Wald, Bullerbusch genannt, den ich mit Uli, Mücke und Plisch unternommen hatte. Wir waren ausgezogen, für ihre Mutter Anemonen und Leberblümchen zu pflücken.

Plischi war damals schon in seinen bissigen Zeiten, und im Bullerbusch begegnete uns nun, alleine wandelnd, ein riesiger kohlpechrabenschwarzer Hund, ein Kalb von einem Hund, zottig wie ein Bär. Natürlich versuchte Plisch mit ihm anzubinden, aber diesen Koloß konnte er nun doch nicht erschüttern. Der Gewaltige brummte bloß ein wenig und kümmerte sich einen Dreck um Plisch.

Dafür ging er Schritt um Schnitt mit uns, sah aus seinen großen traurigen braunen Augen aufmerksam unserem Blumenpflücken zu und begleitete uns, als wir schließlich nach Haus gingen. Den ganzen Weg vom Bullerbusch bis in unsere Küche marschierte er hinter uns drein. Die Kinder waren natürlich selig über diesen Begleiter, und er war auch wirklich ein Staatshund mit seinem riesigen klugen Kopf.

Als er so hinter uns drein gezottelt war, hatten die Kinder natürlich wissen wollen, wie der Hund hieß, und weil der Plisch von ihm im Bullerbusch angebrummt war, hatte ich ihm den Namen »Brumbusch« gegeben. (Man müßte wohl eigentlich »Brummbusch« schreiben, aber ich habe mich nun an die wohl falsche, aber kürzere Schreibweise gewöhnt und will es dabei lassen.)

Nachher hatte ich Mühe genug, den Brumbusch erst aus unserer Küche, dann vom Hof zu kriegen. Schließlich lag er vor der Pforte, den Kopf auf den beiden Vorderpfoten, und sah nur zu uns hinüber. Er bettelte nicht, er bellte nicht, er sah uns bloß an – in der heißen Sonne liegend, viele Stunden lang. Ich hätte ihn gerne behalten, die Kinder wären glücklich über ihn gewesen, aber das durfte nicht sein. Brumbusch gehörte einem anderen Mann. Über Nacht war Brumbusch dann verschwunden; kurz darauf zog sein Besitzer aus der Gegend, wir haben Brumbusch nicht wiedergesehen.

Es war beim Mittagessen, daß mir der erlösende Einfall kam: »Kinder!« rief ich. »Jetzt weiß ich es, wir müssen einen Brumbusch haben! Ihr erinnert euch doch noch: Brumbusch aus dem Bullerbusch?«

Wie sie sich erinnerten! Wie sie gleich Feuer und Flamme waren! Das war ein Hund, der sie überzeugte! Und auch Suse war nicht abgeneigt. »Was war denn das für eine Rasse?« fragte sie.

»Ein Neufundländer«, sagte ich. »Warte, wir schlagen gleich im Brehm nach!«

»Nicht jetzt! Nicht während des Essens!« mahnte sie.

Aber wir waren nicht mehr zu halten. Die Aussicht,

einen Brumbusch zu bekommen, zerriß alle Bande gewohnter Ordnung. Wir holten den Brehm, Uli brachte seinen kleinen, ich meinen großen Brehm, und abwechselnd lasen wir vor, während das Essen kalt wurde. Wir erfuhren, daß die Neufundländer leidenschaftlich gern ins Wasser gehen und Holz herausholen, daß sie leicht abzurichten sind, Ertrinkende zu retten, daß sie aber Schwimmenden oft lästig fallen mit ihrem Bemühen, sie aus dem Wasser zu holen. Neufundländer seien auch kinderlieb, ihnen anvertraute Kleinkinder seien vor jeder Gefahr sicher. Auch behauptete der alte Vater Brehm, daß sie nicht bellten und daß sie sich als die Könige unter den Hunden fühlten, mit gemeinem Pack gäben sie sich nicht ab, sie ignorierten es. Aber ihnen angetane Kränkungen vergäßen sie schwer, sie rächten sich oft noch lange danach. Jagdinstinkte hätten die Neufundländer nicht ...

»Suse!« rief ich. »Ist das unser Hund, oder ist er es nicht?«

»Das stimmt schon alles«, meinte Suse. »Aber wenn ich denke, was euer Brumbusch damals in meiner Küche alles vertilgt hat! Erinnere dich bitte daran, daß wir jetzt Krieg haben!«

»Ach was!« sagte ich. »Wir werden ihn schon irgendwie satt kriegen! In diesem Haus war noch jeder satt geworden!«

So wurde Brumbusch bestellt. Er wurde mir von seinem Zwinger als sechswöchiger Rüde avisiert, genannt »Gregor von Mannheim«. Unter seinen Ahnen wies er so hochklingende Namen auf wie »Hilda von Strudelhof«, »Asra von der Nußhöhe« und »King George von der Negerhut«. Auch erfuhr ich, daß es sogar eine »Fachschaft für Neufundländer« gibt.

Gregor von Mannheim kam natürlich nicht in Frage, unser Hund hieß Brumbusch. Ich will es hier gleich bemerken, daß Brumbusch, der bereits in der ganzen Gegend bekannt ist und überall mit Entzücken und Bewunderung begrüßt wird, besonders von den Kindern, nur »Rumbusch« genannt wird. Ich hoffe sehr, dies ist keine Malice gegen seinen Besitzer.

Mit Spannung erwarteten wir den Telefonanruf der Bahn, daß Brumbusch eingetroffen sei. So ein kleiner junger Hund auf einer so weiten Reise in die wilde weite Welt hinein, in einer Kiste! Er mußte sofort erlöst werden. Nachdem wir lange genug gewartet, nachdem wir uns schon eingebildet hatten, Brumbusch sei ein »Irrläufer« geworden, Brumbusch sei unterwegs verhungert und erstickt, kam der Anruf. Uli und ich bestiegen unsere Räder und sausten ab nach Bergfeld, in einem Tempo, das ich mir altem Mann nicht mehr zugetraut hätte. Jede Minute, die Brumbusch früher aus seiner Kiste erlöst wurde, war Gewinn! An diesem Morgen war die Mücke weinend in die Schule gegangen, sie haderte mit ihren Eltern, ihrem Lehrer, dem Himmel, daß sie Brumbusch nicht gleich sofort auf der Stelle sehen konnte. Uli hatte schon Ferien ...

Wir brauchten Brumbusch nicht mehr aus seiner Kiste zu erlösen, die Bahnbeamten hatten es schon getan. Wir trafen den jungen Mann auf dem Bahnsteig, unter Güterwagen herumschnüffelnd, höchst vergnügt schwänzelnd, mit jedem Freundschaft schließend. Unser Stationsvorsteher, der Bahnhofswirt nebst Tochter, zwei Güterbodenarbeiter, etzliche französische Kriegsgefangene, alle beobachteten ihn mit Wohlwollen. Alle lächelten. In den Fenstern des Bahnhofs lagen mehr Lächler und Lächlerinnen. Unser Bahnhofswirt hatte sich nicht lumpen lassen: er hatte Brumbusch nach seiner langen Reise bereits kartenfrei gestärkt.

Mit Hilfe so vieler Männer wurde Brumbusch in meinen Rucksack verstaut, so daß nur sein Kopf heraussah. Ich schwang mich aufs Rad, Uli fuhr als Beobachter hinterdrein, daß Brumbusch auch richtig sitze – und los ging die Fahrt!

An jenem Tage war Brumbusch sechs Wochen alt und wog ganze acht Pfund. Heute ist er elf Monate und wiegt achtundachtzig. Nie wieder werde ich mit ihm in einem Rucksack am sonnigen Seeufer entlangfahren können! Schnöde Menschen, wenn sie mich mit meinem Brumbusch sehen, sagen: »Der gibt mal einen guten Bettvorleger!« Oder noch schnöder: »Wenn die Schlachtebestimmungen noch schwieriger werden, stechen Sie einfach Ihren Brumbusch ab! Der ist soviel wie ein ganz nettes Schweinchen!«

Mit so gemeinen Leuten rede ich natürlich nie wieder ein Wort, denn unterdes ist Brumbusch längst unser aller Freund geworden, ein ganz anderer Freund als der unvergeßliche Plischhund, von einem ganz anderen Charakter, aber schon ebenso unersetzlich wie er.

Seit wir ihn damals im Rucksack heimfuhren, ein kleines hilfloses vergnügtes Haarbällchen, haben wir Freundschaft miteinander geschlossen. Ein paarmal machten wir unterwegs Station, befreiten ihn aus seinem engen Gefängnis, ließen ihn herumlaufen und an Bäumchen und Steinchen riechen. Das hat den lieben Brumbusch nicht gehindert, sein kleines Geschäftchen gerade auf meinem Rücken zu verrichten, und leider war der Rucksack nicht wasserdicht! Nun, solche kleinen Zwischenfälle können eine echte Freundschaft nicht stören.

Heute sind wir – gottlob! – über die Frage der Stubenreinheit hinaus. Grade dabei habe ich gesehen, wie verschieden doch Hunde behandelt werden müssen. Plisch war auch nicht von schlechten Eltern, aber eine Tracht Prügel ab und zu tat ihm nur gut. Wenn sich aber Brumbusch in der Küche verewigt hatte und ich schlug ihn, so fuhr er mit allen Zähnen auf mich los. Schläge vertrug er nicht, je mehr ich ihn schlug, um so stärker rückte er mir auf den Leib. Als ich sein Vergehen entdeckt hatte, war er schuldbewußt gewesen, jetzt aber war der Anlaß des Schlagens völlig vergessen, er hatte kein Schuldbewußtsein mehr, er wehrte sich. Ich bin überzeugt, ich hätte ihn eher totschlagen können, ehe er mit Wehren aufgehört hätte.

Da lernte ich: einen Neufundländer darf man nicht schlagen, der Hund ist zu edel und zu klug dafür. Ein paar Klapse pro forma zu ein paar strafenden Worten genügen vollkommen. Dann ist er völlig zerknirscht über das Unheil, das er angerichtet hat, geht hinaus auf den Hof und setzt sich dort hin. Trübe sinnt er über seine Schandtat nach, und richte ich wieder ein freundliches Wort an ihn, so kommt er langsam zu mir, setzt sich vor mich hin und reicht mir, mich groß ansehend, seine Pfote.

In der schlimmsten Wachszeit hatte Brumbusch natürlich stets Hunger, trotz aller Anstrengungen bekam Suse ihn nie satt. Da war es natürlich eine große Verlockung für ihn, wenn unser kleiner Achim mit seinem Butterbrot herumlief und es ihm womöglich noch unter die Nase hielt. Ein paarmal hat er auch zugefaßt und sanft dem Achim das Brot aus der Hand genommen. Aber nachdem ihn Suse deswegen kräftig ausgescholten hat, tut er es nicht mehr. Achim kann Brumbusch das Brot noch so verlockend hinhalten, Brumbusch dreht den Kopf weg und schließt die Augen. Welch ein Opfer! Was für eine Selbstbeherrschung!

Einmal hat Brumbusch mich aber doch recht kräftig gebissen, mir die rechte Hand ziemlich böse zugerichtet, und das kam so: Ich ging mit ihm in einem Wäldchen am Seeufer spazieren, auf einem schmalen Fußpfad, den im Sommer die Waldarbeiter benutzen, der jetzt im Winter aber ganz unbegangen ist. Damals war Brumbusch schon ein recht kräftiger und auch ganz vernünftiger Hund, noch nicht ausgewachsen, aber doch schon seine fünfzig, sechzig Pfund schwer, mit einem herrlichen, sehr scharfen Gebiß. Wir waren schon gute Freunde.

Nun hatte irgendein verdammter Schurke, der wohl seiner Frau ein Fuchs- oder Marderfell besorgen wollte, mitten auf dem Fußweg einen großen Schwanenhals aufgestellt, das ist ein Tellereisen der kräftigsten Sorte. Elender Wilderer der, er ist leider trotz aller Bemühungen des Jagdpächters noch nicht erwischt!

Brumbusch läuft mir voran und tappt in das Eisen. Ein stählernes Zuschnappen, ein wahnsinniges Aufheulen vor Schmerz – und mein Brumbusch saß mit dem einen Hinterlauf im Eisen! Erst kapiere ich gar nicht, was los ist, so was habe ich in all meinen Mahlendorfer Jahren noch nicht erlebt! Tellereisen mitten auf einem Weg! Dann stürze ich herzu, um den jammernden, heulenden Brumbusch zu befreien!

Aber Brumbusch versteht das falsch. In seinem großen dummen Kopf sitzt die Idee, daß ich ihm diesen Schmerz bereite, er fletscht die Zähne und beißt zu. Auch jetzt ist er noch edel und anständig, nicht ganz vergißt er, daß ich sein Freund bin, wenn ich ihm auch weh tue. Er hätte meine Hand zerfleischen können, so beißt er nur einmal kräftig zur Warnung zu ...

Ich habe einen Strick in der Tasche, es gelingt mir, Brumbusch die Schnauze zuzuschnüren. Ich stürze mich auf das Eisen, und Brumbusch hat sich schon wieder von dem Strick befreit und fällt mich von neuem an. Wieder muß ich vor seinen wütenden Bissen zurück.

Ich versuche es immer von neuem, ihn zu befreien, aber es gelingt mir nicht. Es ist ein schweres und großes Eisen, alt, die Feder eingerostet. Ich brauche den Fuß und beide Hände, um die Bügel aufzubiegen, und jedesmal vereitelt das Brumbusch, gegen dessen Angriffe ich mich wehren muß. Ich bin sehr aufgeregt, ich weiß noch, daß ich ihn angefleht habe: »Brumbusch! Ich will dir doch nichts tun! Ich will dir doch helfen, Brumbusch!«

Aber der Hund hört nicht, er ist halb wahnsinnig vor Schmerz.

Schließlich sehe ich ein, daß dies allein nicht zu schaffen ist, ich muß Hilfe holen. Zum Dorf ist es viel zu weit, aber ich erinnere mich, einen Pflüger auf dem Feld gesehen zu haben, eine Viertelstunde ab. Es ist beinahe Mittag, ich flehe, daß Jochen ein fleißiger Pflüger sein möge, noch nicht heimgegangen in den Stall, und ich setze mich in Trab. Hinter mir höre ich ununterbrochen das jammervolle Schmerzgeheul meines Hundes.

Es ist gut zehn Minuten bis zum pflügenden Jochen hin, querfeldein, über Sturzäcker fort, zwei recht stattliche Hügel hinauf und hinunter. Wie ich laufe, in meinem dicken Wintermantel! Ab und zu schlenkere ich das Blut von meiner rechten Hand, die Kälte beißt in den Wunden! Wie ich keuche! Ach, ich bin ein älterer Herr geworden mit einem angefressenen Bäuchlein – so frisch wie vor dreißig Jahren galoppieren wir beide nicht mehr, ich und mein Bauch!

Gottlob ist Jochen fleißig, gottlob pflügt Jochen noch. Mit ein paar Worten sage ich ihm Bescheid, sofort spannt er die Pferde aus. Eines bietet er mir als Reitpferd an, aber ich schüttele den Kopf. Vor vielen Jahren konnte ich ein bißchen reiten, so wie man als Inspektor reiten lernt, aber jetzt möchte ich keinen Sturz riskieren, ich muß heil hin zum Brumbusch.

Wieder trabe ich zurück. Halbwegs holt mich Jochen auf seinem Braunen ein, er galoppiert, als sitze ihm der Teufel im Nacken. Ich lege noch einen Schritt zu, trotzdem ich mich am liebsten glatt auf die gefrorene Erde setzen und nach Luft schnappen möchte. Jetzt lausche ich schon wieder, ob ich Brumbusch noch jammern höre, eine gute Viertelstunde ist mindestens vergangen, seit ich ihn verlassen habe. Eine gute Viertelstunde den Fuß im Eisen, ein blutjunger, unerfahrener, weicher Hund!

In den kleinen Kieferkuscheln am Eingang des Wäldchens hat Jochen seinen Braunen festgemacht. Das Pferd ist unruhig, es wiehert kurz und wirft immer wieder den Kopf. Das Klagegeheul des Hundes macht auch das Pferd nervös …

Jochen steht einen Schritt ab von Brumbusch, der halb erschöpft jaulend dasitzt, aber noch immer zornig genug ist, jeden mit seinen Zähnen anzufassen! Aber nun geht alles ganz schnell: ich werfe dem Brumbusch eine Schlinge über die Schnauze, ziehe sie zu und halte seinen Kopf fest an mich gedrückt. Jochen tritt auf die Feder, biegt die beiden Halbbögen des Schwanenhalses auseinander – und Brumbusch ist frei! Leise nur noch jammernd, hinkt er auf drei Beinen von uns fort.

»Manning! Manning!« sagt Jochen. »Wat ein Glück, nur mit den Zehen hat Rumbusch dringesteckt! Es hätt ihm den Knochen glatt durchgeschlagen!«

Ja, wir haben Glück gehabt, Brumbusch wie ich, wie es ja überhaupt mein Schicksal ist, im Unglück Glück zu haben. Es ist Brumbusch nichts passiert. Ganz von selbst geht er nach drei, vier Minuten in den See. Und dann zottelt er hinter mir nach Hause, noch etwas zurückhaltend, eine Spur gekränkt, aber schon im Beginn, das ihm angetane Unrecht großmütig zu vergessen. Beide sind wir etwas erschöpft. Ab und zu setzt sich Brumbusch auf die Hinterkeulen, um sich auszuruhen, dann stelle ich mich neben ihn und sage ihm ein paar Worte, daß wir doch noch Freunde sind. Er hebt seine große zottige Vorderpfote und reicht sie mir ...

Ruhe, jetzt wird gearbeitet!

Ein paar Tage gehe ich noch still umher. In meinem Kopf wiederholt sich mit hartnäckiger Regelmäßigkeit ein ganz bestimmter Satz, der erste Satz meines neuen Romans. Wenn ich mit dem Hund spazierengehe oder wenn das Licht gelöscht ist, im Einschlafen oder mitten in unserer fröhlichen Tischrunde überfällt es mich, und ich fange an, die erste Szene aufzubauen. In der großen Linie weiß ich längst, wie der neue Roman laufen wird, aber nun arbeitet mein Kopf an dem ersten Kapitel, was der sagen wird, wie jene Person einzuführen ist. Mein Kopf ist hartnäckig, unerbittlich kaut er den Stoff des ersten Kapitels immer wieder durch.

Ärgerlich sage ich zu ihm: »Ja, ja, das weiß ich nun schon, mein Lieber! Denk doch mal über das zweite Kapitel nach!«

Aber das will er nicht. Er will sich jetzt nur mit dem ersten Kapitel beschäftigen; bis das niedergeschrieben ist, weigert er sich, über das zweite nachzudenken. Also muß ich mich zur Niederschrift des ersten entschließen.

Ich nehme all meinen Mut zusammen, ich benutze einen Augenblick, da ich mit Suse allein bin, und sage zu ihr: »Du, Suse, ich glaube, ich fange wieder mit Arbeiten an ...«

»O Gott, Junge!« ruft sie und schaut mich erschrocken an. »Schon wieder? Und du hast mir fest versprochen, diesmal mindestens ein Vierteljahr Pause zu machen! Du warst das letztemal völlig erledigt, als du fertig warst!«

»Ja, ich weiß«, gebe ich schuldbewußt zu. »Diesmal wollte ich auch bestimmt gründlich ausruhen. Aber die Sache ist die, daß mein Kopf plötzlich wieder zu arbeiten angefangen hat, ich wollte es wirklich nicht. Und nun predigt er mir ewig den gleichen Text vor, und wenn ich ihn jetzt nicht niederschreibe, so wird er abgestanden und verbraucht, und ich habe ihn für ewig verloren.«

»So laß ihn verlorengehen!« ruft Suse. »Dir fällt immer wieder etwas Neues ein. Du mußt dich wirklich einmal gründlich ausruhen. Du machst eigentlich überhaupt keine Pause mehr zwischen deinen Arbeiten!«

»Suse«, sage ich vorwurfsvoll, »sage doch bloß so was nicht! Ich habe jetzt volle drei Wochen pausiert. In diesen drei Wochen habe ich alles aufgearbeitet, was liegengeblieben war. Ich habe sämtliche Rohbilanzen gemacht, die Kasse stimmt auf den Pfennig. Ich habe die Bücher neu geordnet, und das Bücherverzeichnis ist auf dem laufenden, auch das Schallplattenverzeichnis. Alle Photos sind eingeklebt, alle Schränke geordnet. Ich habe den Schalter in deinem Zimmer repariert und aus der Senkgrube den silbernen Löffel gefischt, den Achim reingeworfen hatte. Meine Bienen sind versorgt, ich habe sogar schon den Bestellplan für das nächste Jahr gemacht und den Kunstdüngerbedarf ausgerechnet. Meine Briefmappe ist völlig leer, ich weiß keinen Menschen mehr, an den ich schreiben könnte. Suse«, sage ich bittend, »ich komme mir ohne Arbeit wie der überflüssigste Mensch von der Welt vor, ich muß wieder arbeiten!«

»Aber ruhe dich doch einmal richtig aus! Lege dich im Liegestuhl in die Sonne und lies ein Buch. Bade. Geh mit den Kindern spazieren. Nimm richtig einmal Urlaub, wie es jeder vernünftige Mensch tut.«

»Aber da ist dieser Stoff, den ich im Kopf habe«, widerspreche ich hartnäckig. »Es ist ein hübscher kleiner Stoff, ich möchte ihn nicht gerne verlieren.«

»Du wirst ihn schon nicht verlieren!« ruft Suse wieder. »Wenn du es hier nicht aushalten kannst, so geh ein bißchen auf Reisen. Deine Mutter schreibt schon so lange, warum du gar nicht kommst. Zwei Jahre bist du jetzt nicht bei ihr gewesen!«

»Ach, Reisen!« sage ich. »Du weißt, ich vertrage das Reisen nicht, ich kann nicht unter so vielen Menschen sein. Und dann das ewige Reden … Nein, am wohlsten fühle ich mich hier in meiner Höhle. Ich möchte mit Arbeiten anfangen.«

»Ja«, sagt Suse bitter. »Das möchtest du. Und ich weiß ja auch, alles Reden nützt nichts, wenn du dir das erst einmal in den Kopf gesetzt hast. Aber wenn du fertig bist, klappst du wieder zusammen, und ich kann dich als halbe Leiche in ein Sanatorium schaffen –!«

»Diesmal klappe ich bestimmt nicht zusammen!« sage ich siegesgewiß. »Diesmal wird es ja nur ein Romänchen, dreihundertfünfzig, höchstens vierhundert Druckseiten. Ich habe gedacht, Suse«, fahre ich überredend fort, »ich setze mein Tagespensum auf sechs Druckseiten fest. Dann kann ich vormittags noch mit dem Hund spazierengehen und habe den Nachmittag für allen Kleinkram frei. Das ist doch wirklich ein bequemer Arbeitsplan!«

»Das von den sechs Druckseiten täglich«, sagt Suse, »das habe ich nun schon bei jedem Roman von dir gehört, und nie hast du es eingehalten. Zum Schluß schreibst du dann doch wieder zwanzig oder gar fünfundzwanzig und schläfst überhaupt nicht mehr!«

»Aber Suse«, lächle ich überlegen. »Das kann bei diesem Romänchen nun wirklich nicht passieren. Wenn ich zwanzig Druckseiten am Tage schreiben wollte, so wäre ich in vierzehn Tagen mit dem ganzen Buch durch. So was tue selbst ich nicht!«

»Ach, red du!« meint Suse ärgerlich. »Aber wem nicht zu raten ist, dem ist auch nicht zu helfen! Wann willst du denn anfangen?«

»Ich habe gedacht, morgen ...«

»Und in welchem Zimmer willst du diesmal arbeiten?«

»Ich nehme das Balkonzimmer. Es ist doch am ruhigsten. Man hört dort nichts vom Hof und von der Küche.«

»Aber wenn jemand im Garten ist, wirst du gestört.«

»Das wird ja diesmal alles gar nicht so schlimm. Sechs Seiten Tagespensum, das ist doch nur ein Klacks für mich. Ich bin augenblicklich auch gar nicht sehr geräuschempfindlich und schlafe für meine Verhältnisse ganz gut.«

»Also schön«, ergibt sich Suse. »Dann werde ich allen im Haus Bescheid sagen, daß du von morgen an arbeitest. Die werden sich aber freuen –!«

Erleichterten Herzens begebe ich mich in mein künftiges Arbeitsgemach hinauf und fange an, mich einzurichten. Die Aussprache mit Suse liegt hinter mir, sie ist einverstanden, daß ich wieder arbeite. Gottlob, daß dies Schwerste erledigt ist!

Ich glaube alles, was ich ihr gesagt habe, von den sechs Seiten täglich, von dem Romänchen, von der geringen Geräuschempfindlichkeit, von dem guten Schlaf. Das alles ist im besten Glauben gesagt, ich habe nicht geschwindelt. Ich fühle mich wirklich frisch und arbeitslustig.

Und doch ist dies alles eigentlich ohne innere Verbindlichkeit gesagt. Ich hoffe, daß es so kommt, ich wünsche es. Denn ich hasse es, hinter einem Roman als kranker, von völliger Schlaflosigkeit geplagter Mann in einem Sanatorium herumzuliegen. Ich habe Angst vor jenem Zustand der Überreizung, in dem mich schon die Fliege an der Wand ärgert.

Aber im geheimsten Innern weiß ich, daß vielleicht alles anders kommen wird. Ich glaube, daß es ein Romänchen von dreihundertfünfzig Seiten werden wird, aber ich weiß es nicht. Ich hoffe es, aber ich habe doch schon erlebt, daß aus einer geplanten Filmerzählung von einhundertfünfzig Seiten ein ausgewachsener Roman von siebenhundertfünfzig Seiten wurde. Der Stoff wollte es so, ich stehe von Stund an unter dem Gesetz des Stoffes, unter höherem Befehl.

Ich will mich hier beileibe nicht als der gottbegnadete Dichter aufspielen, der, das Auge in holdem Wahnsinn rollend, vom Himmel inspiriert losdichtet. Ich weiß, ich bin ein Bücherschreiber, wie es viele gibt. Aber jeder von uns vielen hat seine eigene Arbeitsart, und wenn ich die meine nicht schilderte, so wäre dieser Bericht von dem Leben heute bei uns zu Haus ganz unvollständig. Das Wichtigste fehlte ihm, nicht etwa nur für mich, denn meine Arbeitsart, zu der ich nun einmal von Natur her verdammt bin, lastet auf allen Hausgenossen. Ich schildere, wie es ist, noch heute, noch jetzt, da ich diese Zeilen schreibe, und wie es wahrscheinlich sein wird, solange ich noch einen Federhalter in meiner schreibkrampfbehafteten Hand halten kann.

Es gibt glücklichere Kollegen, die schreiben dann und wann, wie es ihnen Zeit und Einfall eingibt. Dann setzen sie wieder aus, sie erholen sich, reden mit andern, erleben was, und nun schreiben sie wieder. Und es gibt andere glückliche Kollegen, die setzen sich sogar an die Maschine, sie können »in die Maschine dichten«, munter tippen sie los, und druckreif entrollt sich der Roman der Walze!

Von alledem weiß ich nichts. Ich bin ein alter Arbeitsesel. Sitze ich erst einmal über der Arbeit, so muß ich jeden Tag, den Gott werden läßt, mein gesetztes Pensum schreiben, mindestens mein gesetztes Pensum. Ob es stürmt oder die Sonne scheint, ob mir ein Kind krank ist, ich Streit mit der Suse hatte, ob lieber Besuch kommt – alles ganz egal, erst kommt das Tagespensum. Und wenn ich mir die Zeit stehlen muß, wenn ich nachts um zwei Uhr aufstehen muß, wenn mir jede Arbeitslust fehlt, dies ist das eherne, unumstößliche Gesetz meines Lebens, das einzige Gesetz vielleicht, das ich nie gebrochen habe: das Pensum wird geschrieben!

Aber davon wird noch zu reden sein, jetzt habe ich noch gar nicht begonnen zu arbeiten, ich bin noch bei den Vorbereitungen. Ich sagte nur, daß ich meine Versprechungen der Suse im besten Glauben gegeben habe. Was ich nun aber tue, da ist vielleicht schon eine Spur von Selbstbetrug dabei. Ich suche das Papier aus, auf dem ich diesen Roman schreiben werde. Es gibt vielerlei Schreibpapier, aber man kann es in zwei große Klassen teilen: in liniiertes Papier und in unliniiertes. Aus irgendwelchen unerfindlichen Gründen will ich diesen Roman durchaus auf liniiertes Papier schreiben, und nun wühle ich in meinen Papiervorräten herum. Ich habe da ein ganz hübsches Papier, leicht gelblich, was meinen überanstrengten Augen guttut, und noch Quart, nicht dieses DIN, wo rein gar nichts auf die Seite geht.

Aber die Linien stehen verdammt weit auseinander, sechs solche Seiten am Tage vollschreiben, das ist einfach lächerlich! Zu so was braucht man sich gar nicht erst hinzusetzen! Schließlich finde ich ein Papier, das enger liniiert aussieht. Ich zähle die Zeilen nach. Wahrhaftig, es sind sechs Zeilen mehr darauf, das bedeutet, daß mein Tagespensum auf diesen Seiten ein ganzes Fünftel größer ist als auf dem anderen Papier.

Die Stunden, da ich alles für die neue Romanarbeit vorbereite, gehören zu den glücklichsten meines Lebens. Was seit Tagen, seit Wochen oft, in meinem Kopf leierte, morgen werde ich es los sein. Ich werde weiterkommen, über das nächste Kapitel nachdenken können. Ich loche das Schreibpapier, und mit Lineal und Zentimetermaß ziehe ich Seite für Seite einen sauberen Bleistiftstrich, der einen Rand für Verbesserungen und Einschaltungen abgrenzt.

Dann wähle ich einen Schnellhefter für die Arbeit aus. Jedes Buch verlangt eine bestimmte Farbe. Diese Erinnerungen liegen in einem blauen Deckel, »Damals bei uns daheim« war resedagrün behaust, »Wolf unter Wölfen« natürlich knallrot.

Dann lege ich die Zettelchen an, die geliebten Zettelchen. Über einem steht »Personen-Namen«. Ich weiß schon eine ganze Menge Personennamen des neuen Romans, sorgsam, mit der besten Schrift der drei Wochen ausgeruhten Hand werden sie eingetragen. Auf den zweiten Zettel kommen die Ortsnamen, auch von denen weiß ich schon ein paar. Der dritte Zettel wird die Kapitelüberschriften tragen, eine Überschrift weiß ich. Sie wird hingeschrieben.

Nun kommt der vierte, der wichtigste Zettel. »Arbeitskalender« steht darüber. Sorgfältig ziehe ich Linien, mache Karos. Vom morgigen Tag an schreibe ich die Daten der Tage in den nächsten zwei Monaten hin. Hinter jedem Tagesdatum ist ein Karo frei, dort wird das erfüllte Tagesquantum an Seiten eingetragen. Dahinter wird die Gesamtzahl der geschriebenen Seiten stehen. Und alle Woche wird das Wochenquantum festgestellt, das Wochenquantum ist maßgebend. An den einzelnen Tagen kann es Abweichungen geben, das Wochenquantum aber ist unerbittlich.

Oh, was für ein Pedant ich bin, ich weiß es wohl! Aber vielleicht liegt das daran, daß ich so lange Jahre meines Lebens ein verbummelter, tatenloser Mensch war, der vormittags um zehn noch aus seinem Bett die Stubendecke anstierte. Nun hasse ich Bummelei. Ich begrenze mich, errichte

Zäune, schaffe Verpflichtungen. Fronherr und Fröner in einer Person! Diese jetzt noch leeren Karos werden mich vorwurfsvoll anstarren, lasse ich nur eines leer, habe ich nur einen Tag gefaulenzt. Der ganze Arbeitskalender wäre dann geschändet, nicht auszudenken!

Habe ich dann noch den Füllfederhalter ausgewaschen und neu gefüllt, den Löscher frisch bezogen, kommt die Schlußarbeit, die Krönung aller Vorbereitungen: ich schreibe das Titelblatt des neuen Romans. Oben steht »Hans Fallada«, darunter kommt der Titel, dann folgt, wieder eine Zeile tiefer, das Wort »Roman« und darunter »Rowohlt-Verlag, Stuttgart–Berlin«.

Ich sehe mir das an, mein Herz pocht, ich bin glücklich.

Nun schreibe ich ganz unten links hin: »Begonnen am …«, darunter »Beendet am …«. Ich fülle das Datum bei »Begonnen« nicht aus, trotzdem ich weiß, daß ich morgen beginnen werde. Nein, nein, das tue ich nicht. Ich habe ja noch nicht begonnen – ich kann mir den Arm brechen, ein Zahngeschwür bekommen, das Haus kann abbrennen –, nein, nur noch nicht das Datum! Schriebe ich heute das Datum hin, käme bestimmt etwas dazwischen, und ich könnte morgen nicht anfangen. In diesen Dingen bin ich verdammt abergläubisch!

Nun tue ich noch in meinen Tabaktopf einen besonders schönen Tabak – für morgen. Morgen ist ein Festtag, morgen fange ich an, morgen rauche ich also etwas Auserwähltes. Leise ziehe ich die Tür zu meinem Arbeitszimmer zu. Alles ist vorbereitet. Morgen! …

Unterdes hat Suse im Hause die Kunde verbreitet, daß ich morgen mit Arbeiten anfangen werde. Ich kann nicht behaupten, daß dies für meine Hausgenossen eine freudige Nachricht ist. »Du lieber Himmel!« sagt Fridolin. »Da kann man wieder beim Abwaschen nicht mehr singen!«

Und Edeltraud: »Und die Treppe! Immer auf Strümpfen rauf und runter, und knarren tut sie doch!«

Wieder Friedel: »Und der Plisch hat sich in letzter Zeit das Bellen so angewöhnt! Es braucht nur einer bei der Erbschmiede aufzutauchen, schon legt er los!«

Meine Frau beruhigt die erregten Gemüter: »Mein Mann wird diesmal nur einen ganz kleinen Roman schreiben, er arbeitet höchstens zwei, drei Stunden täglich. Sicher werdet ihr beim Abwaschen singen können, und mit der Bodentreppe kann man sich schon so einrichten. Wenn man sich ganz rechts hält und die dritte Stufe von oben ausläßt, knarrt sie fast gar nicht. – Den Plisch aber übernehme ich.« Und zu der Mücke: »Also, Mückchen, du hast es gehört: von morgen an arbeitet der Papa wieder. Der vordere Hof ist euch verboten, ihr spielt nur hinter der Scheune. Und wenn ihr im Obstgarten seid, denkt ihr daran, daß ihr immer ganz leise sein müßt.«

Mücke antwortet weinerlich: »Aber, Mummi, wenn wir schaukeln, dann müssen wir schreien dürfen. Je höher die Schaukel fliegt, um so döller muß man schreien!«

Mitleidslos antwortet Suse: »Dann werdet ihr eben eine Zeitlang mal nicht so hoch schaukeln, und es wird auch gehen. Du weißt, Mücke, wenn Papa erst Krach macht, wird euch die Schaukel ganz ausgehängt. Also seht euch lieber von Anfang an vor.«

Und Suse ergreift eine Ölkanne und macht sich daran, sämtliche Türen des Hauses sammetweich zu ölen. –

Ich erwache. Draußen der Himmel ist noch grau, ganz sachte erst fangen die Vögel an zu zwitschern. Ich sehe auf die Uhr: es ist noch nicht ganz halb vier. Wieso bin ich heute so früh aufgewacht? In der letzten Zeit schlief ich doch ganz befriedigend, selten wurde ich vor fünf Uhr wach!

Dann fällt mir ein: heute ist mein erster Arbeitstag! Mein Kopf ist klar, noch einmal wiederhole ich mir die ersten Sätze, denke den Stoff des ersten Kapitels durch. Alles ist parat, eine innerliche Freude erfüllt mich.

Einen Augenblick liege ich noch behaglich da. Dann fällt

mir ein, daß es noch reichlich zwei Stunden Zeit ist, bis die Mädchen aufstehen, bis das Haus lebendig wird. Soll ich nun etwa hier liegen und mich langweilen? Es ist ein glücklicher Zufall, daß ich an diesem ersten Tage zeitig aufgewacht bin! Um sechs kann ich schon einen großen Teil meines Tagespensums hinter mir haben! Die werden heute gar nicht zu merken bekommen, daß ich arbeite! Die können singen und Türen schlagen, soviel sie wollen!

Eine Viertelstunde später sitze ich an meinem Schreibtisch. Auf das erste weiße Blatt Papier schreibe ich jene ersten Sätze, die meinem Kopf so lange zugesetzt haben. Ich schreibe sie langsam mit meiner allerschönsten Schulschrift, jedes Kind könnte sie lesen.

Aber schon beim Niederschreiben dieser ersten, so bekannten Sätze geschieht mir etwas Seltsames. Schon nach dem zweiten Satz merke ich, daß etwas fehlt, ein ganzes Bindeglied, mindestens einen ganzen Absatz muß ich dazwischenschieben, ehe der dritte Satz folgt, sonst versteht der Leser die ganze Situation nicht.

So geht es mir immer, und doch falle ich immer wieder darauf herein. Ich denke: diesmal habe ich bestimmt alles beisammen. Aber ich kann nur beim Niederschreiben denken. Erst bei der Niederschrift, beim langsamen Malen der schweren Hand, den Federhalter verquer durch die vom ständigen Schreibkrampf gehemmte Hand gesteckt, kommen mir jene plötzlichen Einfälle, die wie Eingebungen des Himmels sind, die beglücken, begeistern, die Mut machen. Dann denke ich: Es steckt doch noch etwas in dir. Etwas Glut ist noch, nach so vielem Schreiben, unter der Asche von Handfertigkeit und Routine geblieben. Die Freude, die du eben fühltest, muß auch dein Leser spüren, den Schmerz, der dich eben ergriff, muß auch er empfinden!

Und doch, während ich diesen plötzlichen, überraschenden Einfall niederschreibe, kommt er mir bekannt vor. Nie habe ich bewußt daran gedacht, aber im Unterbewußtsein hatte mein Hirn den Faden weitergesponnen. Wie oft ist es mir so gegangen, daß ich mich abends völlig verzweifelt schlafen legte: ich wußte nicht, wie es morgen weitergehen sollte. Die Situation war so verfahren, mit allem Nachdenken fand ich nichts, was mein Held in dieser Lage anfangen sollte!

Ich wache trübe auf, zu einer grämlichen grauen Stunde. Noch immer weiß ich nicht weiter. Es ist ganz zwecklos, heute zu arbeiten, erst muß der erlösende Einfall kommen. Aber da ist dieses eiserne Muß, dieses Tagespensum, ich muß soundso viel Druckseiten schreiben und wenn es lauter Geschwafel ist! Da hilft mir kein Gott davon, die Zahl regiert! Also schreibe ich. Ich schreibe widerwillig einen Absatz und noch einen Absatz, und plötzlich fängt die Hand an, schneller zu schreiben, ein Blitz und noch ein Blitz: mein ganzer Weg liegt plötzlich klar vor mir. Du lieber Himmel, daran hätte ich nie gedacht, darauf wäre ich nie gekommen!

Aber ich bin ja darauf gekommen, ich, nur ich allein! Mit niemandem habe ich ein Wort über meine Nöte gesprochen, auch mit Suse nicht. Mein gutes braves Hirn hat alles für mich fertig gemacht, während ich schlief. Ich mußte mir keine Sorgen machen, ganz unnötig war ich gestern abend so grätig zu meiner Familie. Es geht ja doch immer weiter, dafür sorgt mein Kopf schon. Natürlich schlafe ich ein wenig dünn in dieser Zeit dadurch, daß mein Hirn immer weiterarbeitet, daß es nie ausruht. Aber damit werden wir uns schon abfinden, es ist ja nur eine kurze Zeit, zwei Monate etwa. Hinterher werde ich gründlich ausruhen, tief schlafen, viele Wochen lang. Diesmal mache ich mindestens ein Vierteljahr Pause!

Ich nehme an, daß es diese plötzlichen Einfälle sind, diese Eingebungen von oben, die meine Leser dazu bringen, meine Bücher »spannend« zu finden. Wenn nicht einmal der Autor es von heute auf morgen weiß, wie das Buch weitergehen wird – wie kann es da der Leser erraten? Gewiß, in großen Zügen weiß ich wohl, wohin die Straße geht. Ich kenne auch schon die Szenen, um derentwillen das Buch eigentlich geschrieben wird. Aber wie der Weg dahin geht, die Biegungen, die plötzlichen Ausblicke, Hindernisse, die ich nicht voraussah, die im Charakter des Helden liegen, die seine Mitspieler ihm bereiten – das alles weiß ich nicht, das alles überrascht mich genauso wie meine Leser!

Soviel von dem einen Gesetz meines Schaffens. Da ist aber noch ein anderes Gesetz, das ich erwähnen muß. Dieses andere Gesetz aber ist dem einen fast gleich. Der aufmerksame Leser hat es vielleicht ein paar Seiten zuvor nicht übersehen, daß ich meiner Frau nur die Eröffnung machte: »Von morgen an arbeite ich wieder!« Kein Wort darüber, was ich denn arbeiten werde. Vielleicht hat er gedacht, daß ich diesen Punkt nur ausgelassen habe, daß ich mit meiner Frau doch wenigstens von meinen Arbeitsplänen spreche, und seien es auch nur ein paar Worte, die ich ihr darüber sage, über das Thema wenigstens.

Nichts, mein lieber Leser, kein Wort davon. Zu niemandem. Sie weiß heute, daß ich an einem Band Erinnerungen arbeite, und sie wußte vor einem halben Jahr, daß mich ein Roman beschäftigte, mehr nicht. Was ich arbeite, womit ich umgehe, das weiß nur ich allein, bis die letzte Zeile des Buches geschrieben ist.

Dies ist ein heiliges, unantastbares Gesetz, auch im Glauben unseres Volkes tief verankert: du sollst über ein Ungeborenes nicht reden. Dies ist nichts, was ich mir etwa ausgedacht habe, ich kann einfach nicht darüber sprechen. Es ist mir verboten. Es ist ein Tabu. Allein muß ich sein mit denen, die ich schaffe, allein will ich mit ihnen umgehen, die in mir entstehen, zum Leben erwachen.

Nur in sehr geringem Maße ist mir die Gabe verliehen, mich durch Sprechen mitzuteilen. Ich werde erst ich selbst, wenn ich die Feder in der Hand halte. Früher, zu Olims Zeiten, als mir dieses Gesetz noch nicht so klar war, konnte ich einmal beglückt sagen: »Du, Suse, mir ist da ein herrlicher Stoff eingefallen!« Dann erzählte ich ihn. So erfüllt ich von diesem Stoff auch war, ich wußte immer merkwürdig wenig davon zu erzählen. Gleich war ich wieder alle. Und Suse sagte ein wenig verlegen: »Entschuldige, Junge, so recht was kann ich mir darunter nicht vorstellen!«

Meist war der Stoff mir dann verdorben.

Heute weiß es Suse längst, daß ich über das, was ich schreibe, nicht reden kann. Sie fragt mich gar nichts mehr, sie scheint völlig interesselos. Im Anfang ging sie noch so weit, zu mir zu sagen, wenn ich zerrauften Haares von meinem Olymp hinabstieg: »Na, ging's gut heute?«

Sie fragt das längst nicht mehr. Vielleicht sieht sie mich schnell von der Seite an, um den Stimmungsstand zu erkunden, aber bestimmt so, daß ich nichts davon merke. Sie weiß, ich bin verletzlich wie ein rohes Ei. Ich gefriere innerlich, ich bin nur noch böseste Abwehr, werde ich etwas gefragt nach meiner Arbeit. Es ist ein heiliges, völlig unverbrüchliches Tabu, dieses Schweigen über das Werdende.

Habe ich je die Absicht gehabt, in diesem Abschnitt von so geheimen Dingen zu reden? Ich hatte die Absicht, ein wenig zu erzählen, wie ein Roman bei mir entsteht, von meinen pedantischen Vorbereitungen, von meiner umständlichen Arbeitsart, die am ehesten der eines gewissenhaften, ein wenig schrulligen Aktenschreiberleins zu vergleichen ist. Von der Tyrannis dieses Schreiberleins, der wegen eines Romans ein ganzes Hauswesen auf den Kopf stellt, wollte ich berichten, mich selbst persiflieren.

Nun habe ich von Dingen geschrieben, die mein innerstes Sein berühren, meine tiefsten Geheimnisse entblößen. Ich, der ich vor mir immer die These verfochten habe, der Autor dürfe in seinen Büchern nicht mit Lob, nicht mit Tadel, nicht mit Erklärungen zu spüren sein, jeder Leser müsse sich selbst sein Urteil bilden – ich rede nun nur von mir. Ich weiß nicht, ob diese ganz privaten Dinge irgendeinen Menschen interessieren können. Ich weiß auch nicht, ob ich nicht mein Tabu verletze dadurch, daß ich von diesen Dingen schreibe. Schließlich weiß ich nicht, ob ich je diese Seiten irgendeinem Menschen zu lesen gebe.

Aber ich weiß, daß ich dies jetzt, zu dieser Stunde, am 4. Mai 1942, an einem beliebigen Wochentag, niederschreiben mußte. Nichts, draußen wie drinnen, ließ mich diese Überraschung erwarten. Es ist, in diesem elenden, kalten Frühjahr, ein besonders elender und kalter Tag. Draußen legen die Leute bei mir Kartoffeln, ein paarmal versuchte es sogar zu schneien. Ich bin im Gleichgewicht mit mir, ich habe keine besonderen Sorgen. Die Arbeit freut mich. In ein oder zwei Wochen werde ich die letzte Zeile dieses Buches geschrieben haben, wieder einmal liegt dann ein Werk hinter mir. Ich kann, sosehr ich Umschau halte, nicht den geringsten Grund entdecken, warum ich grade heute alle meine geheiligten Bräuche breche und von diesen geheimen Dingen rede. Und doch tue ich es.

Immer habe ich einen Mann wie Knut Hamsun bewundert, der nie wollte, daß sein Privates die Öffentlichkeit beschäftigt. »Ihr habt meine Bücher«, dachte er. »Laßt mich zufrieden! In meinen Büchern habt ihr mich viel deutlicher, als ihr mich je mit Augen sehen werdet!« Er mochte sich nie photographieren lassen, vor Besuchern floh er. Ich verstehe ihn so gut, er war mir immer ein Vorbild.

Und hier sitze ich nun und tue das grade Gegenteil dessen, was ich bewundere, was mir bis heute Richtschnur war. Ich weiß wahrhaftig nicht, warum ich es tue. Ich muß dies eben jetzt schreiben. Da ist das Papier, und hier bin ich. Soundso viel Seiten Tagespensum habe ich heute erledigt, fleißig, wie ein Schüler seinen Aufsatz schreibt. In etwa fünf Minuten, wenn diese Seite heruntergeschrieben ist, habe ich mein Tagespensum fertig. Ich packe zusammen und gehe an meine anderen Beschäftigungen. Was morgen wird, nach diesem hier, das weiß ich nicht. Aber wiederum weiß ich, daß ich auch morgen mein Tagespensum schreiben werde, vielleicht das, was ich mir ausgedacht habe, vielleicht etwas ganz anderes, das erst unbewußt in mir lebt. So ist es und nicht anders. Ich kann nichts daran ändern. Niemandem zur Lust, keinem zu Leide, wie es eben die Stunde bringt …

Ich bin weit vom Wege abgeschweift, weit bin ich meiner Arbeit vorausgeeilt. Erinnert man sich noch? Ich schrieb den zweiten ausgedachten, geplanten Satz nieder, als ich entdeckte, vor dem dritten Satz sei zur Klärung der Situation ein langes Einschiebsel nötig. An dieser Stelle wich ich vom Wege ab. Nun kehre ich wieder dorthin zurück.

Ich schreibe also dieses Einschiebsel, es ist am Morgen meines ersten Arbeitstages, kurz nach vier Uhr. Ich bin frisch und gut aufgelegt. Dann erwische ich meinen dritten Satz, und nun schreibe ich fort, langsam eine Seite um die andere füllend. Als um sechs die Mädchen zur Arbeit hinuntergehen, als das Haus lebendig wird, habe ich schon reichlich vier Seiten fertig, und sechs sind mein vorgesetztes Arbeitspensum!

Pünktlich um sieben Uhr fünfzehn wird in diesem Hause der Kaffee getrunken. Trotzdem ich heute Freiherr und Baron bin, mit zwei Dritteln meiner Tagesarbeit hinter mir, werfe ich mehr als einen unruhigen Blick auf die Uhr: wenn Suse bloß nicht zu spät kommt! Pünktlich um sieben Uhr fünfundvierzig muß ich wieder an meiner Arbeit sitzen!

Im Gegensatz zu mir bleibt Suse abends gerne länger auf, findet dafür aber morgens nicht leicht aus dem Bett. Und da schon eine Überschreitung von zwei Minuten der gewohnten Tischzeit meine beste Laune in eine sehr üble verwandeln kann, so entsteht hieraus mancher Ärger. Zwar behauptet Suse, es sei manchmal einfach nicht möglich, die Zeiten auf die Minute innezuhalten. Plötzlich hat sich ein schon fertig angezogenes Kind wieder eingedreckt, oder Achim hat den so notwendigen Kamm unauffindbar versteckt.

So was sind natürlich ganz lahme Entschuldigungen, die vor mir nicht bestehen können. Entweder ist man pünktlich, oder man ist es nicht. Sieben Uhr fünfzehn ist pünktlich, sieben Uhr sechzehn die Hölle! Sind Zwischenfälle zu erwarten, so steht man eben eine halbe Stunde früher auf. Aber da liegt es eben, meine Liebe, du findest morgens nicht aus dem Bett! Ich wecke dich um sechs Uhr fünfzehn, und der Sicherheit halber wecke ich dich noch einmal um sechs Uhr dreißig, aber wenn ich dann der äußersten Sicherheit halber noch einmal um sechs Uhr fünfundvierzig ins Schlafzimmer schaue, so liegst du womöglich noch in den Posen! Dann kann natürlich ein versteckter Kamm das Gefüge der Welt zerbrechen und mir meinen ganzen Arbeitstag verderben! Mir kann man nichts vormachen mit Zwischenfällen! Pünktlich ist unter allen Umständen sieben Uhr fünfzehn!

Aber an diesem Morgen meines ersten Arbeitstages habe ich Glück. Schon um sieben Uhr vier erscheint Achim in der Küche, fertig gewaschen und bekleidet, klappert gewaltig mit dem Deckel des Mülleimers und erscheint von Zeit zu Zeit bei mir, in der Absicht, mich zu einem Stallbesuch zu verführen. Diese Stippvisiten benutzt er dazu, angebissene Äpfel unter den Radioapparat zu schieben oder Mohrrüben hinter meinen Bücherreihen zu verstecken. Ich habe wenig Zeit für ihn, ich kann nicht mit in den Stall: ich muß die Uhr im Auge behalten, ob wir auch sieben Uhr fünfzehn …

Um sieben Uhr neun erscheint die Mücke, in Filzlatschen, eine Haarschleife in der Hand. Sie wird angedonnert ob solchen liederlichen Auftretens und zu dem Mädchen geschickt, um sich frühstücksfertig machen zu lassen. Um sieben Uhr dreizehn tritt sie zum zweitenmal bei mir an, befriedigend anzuschauen.

Um sieben Uhr vierzehn erscheint Suse, und meine schon recht gereizte Stimmung verklärt sich rapide. Wir werden pünktlich frühstücken, pünktlich werde ich an meiner Arbeit sitzen – welch glückverheißender Tagesanfang!

»Also heute fängst du mit deiner Arbeit an!« sagt Suse und macht dabei Achim ein Honigbrot fertig.

»Natürlich!« antworte ich möglichst kurz, um weiteren Fragen nach meiner Arbeit vorzubeugen. Mit keinem Wort verrate ich, daß schon zwei Drittel meines Tagespensums hinter mir liegen.

»Mücke hat heute Schule, und Achim wird von Frau Vogler ins Dorf geholt«, sagt Suse. »Die Kinder stören dich also nicht. Und wir andern werden uns die größte Mühe geben, leise zu sein, nicht wahr?«

Alle nicken.

»Na ja«, antworte ich unerhört großmütig. »Ich glaube, heute wird alles gutgehen, ich bin ziemlich in Form.«

Dann sitze ich an meiner Arbeit und fange wieder an zu schreiben. Es kann natürlich nicht die Rede davon sein, daß ich nur noch zwei Seiten schreibe. Dann wäre ich ja schon um halb zehn fertig und hätte mich schön lächerlich gemacht. All solch Aufwand wegen einer guten Stunde Arbeit! Nein, den heutigen glücklichen Tag muß ich dazu ausnützen, um eine kleine Arbeitsreserve zu schaffen. Es kann im Lauf der Woche immer irgend etwas dazwischenkommen, Besuch oder was im Stall, oder ich muß nach Bergfeld; nachholen ist schwer, vorausarbeiten leicht.

Überhaupt sind natürlich die sechs Seiten Tagespensum nicht so wörtlich zu nehmen. Das gäbe bei sechs Arbeitstagen in der Woche ein Quantum von sechsunddreißig Seiten. Denn der Sonntag bleibt stets frei zum Kopfausruhen, zum Posterledigen, für die Familie, bleibt frei bis auf die Fälle, wo er aus irgendwelchen Gründen doch nicht frei bleibt. Sechsunddreißig ist eine verdammt krumme Zahl, vierzig klingt viel besser, trotzdem auch das noch eine jämmerliche Wochenleistung ist. Ich weiß von Zeiten, wo ich vierzig Seiten in knapp zwei Tagen schrieb. Also vierzig Seiten in der Woche, das bedeutet, daß ich an vier Wochentagen je sieben, an zweien je sechs Seiten schreiben muß. Na also! Fünfzig ist natürlich eine viel hübschere, rundere Zahl, aber ich habe mir nun einmal fest vorgenommen, mich bei dieser Arbeit nicht zu hetzen. Suse habe ich auch so was versprochen, wenn ich mich recht erinnere ...

Aber lassen wir vorläufig diese ganze alberne Rechnerei! Wir werden schon sehen, wieviel ich heute fertigbringe. Es ist immer gefährlich – aber das versteht Suse nicht –, das Tagespensum gar zu gering anzusetzen. Man muß sich alle Tage wieder warmschreiben, erst auf der dritten, vierten Seite kommt man richtig in Gang! Und dann kann man nicht plötzlich aufhören, das Feuer ausgehen lassen. Ein bißchen muß man da schon weiterschreiben dürfen! Und dann kann man auch nicht mitten in einer Schilderung aufhören, einen Dialog unterbrechen, es muß da ein Einschnitt sein –! Aber über all so was kann man mit Suse nicht reden, sie hat immer Angst, ich überarbeite mich! Ich mich überarbeiten, wo ich so in Form bin!

Gegen halb elf Uhr mache ich Schluß, eigentlich nur darum, weil ich mit dem Hund spazierengehen muß. Auch der Hund muß sein Recht haben, so ein großes Tier kann nicht immer nur auf dem Hof gehalten werden, auch das ist ein »Muß«, das mich verpflichtet. Um diese Zeit habe ich neun Seiten hinter mir, ein ganz befriedigender Start.

Ich gehe spazieren, ich esse zu Mittag, ich lege mich schlafen – für diesen geheiligten Nachmittagsschlaf, der Ausgleich für den kurzen und dünnen Nachtschlaf ist, krieche ich noch einmal richtig ins Bett. Als ich dann um vier Uhr wieder herunterkomme, glotzt mich die Welt blöde und langweilig an. Was soll ich nun eigentlich anfangen? Schon wieder spazierengehen? Ausgeschlossen! Lesen? Am Tage liest man nicht, man liest abends im Bett, um die Gedanken abzustellen! Arbeiten? Aber ich habe nichts zu arbeiten, ich habe alles aufgearbeitet!

Und gleichgültig sage ich zu Suse: »Ich habe heute früh noch nicht alles geschafft. Ich gehe einen Augenblick hinauf, vielleicht für eine halbe Stunde. Sorge ein bißchen für Ruhe, nicht wahr?«

Als ich nach zwei Stunden wieder herunterkomme, habe ich zwölf Druckseiten fertig, zwei Tagespensen! Und was sehr wichtig ist, ich habe einen schönen »Überhang« für morgen, morgen werde ich viel besser starten als heute!

Der »Überhang« ist noch eine Extrakinderei von mir, die ich mir alle Tage spendiere. Trage ich die Tagesleistung in den Arbeitskalender ein, so werden nur die vollen Seiten gezählt, angebrochene Seiten gelten nicht, sie kommen dem nächsten Tage zugute. Breche ich diese Seite nun sehr an, schreibe ich sie so voll, daß nur noch zwei oder drei Zeilen an ihr fehlen, so habe ich einen prachtvollen Überhang für den nächsten Tag. Ich brauche nur drei Minuten zu schreiben, und schon liegt eine Druckseite erledigt hinter mir! Welch göttliche Idee, namentlich wenn man alle Tage das gleiche macht, in Wirklichkeit also immer eine Neun-Zehntel-Seite mehr schreibt, als man sich anrechnet! Welch pedantischer Kindskopf!

Dann wache ich am nächsten Tage auf, und meine Uhr ist drei Viertel sechs! Um diese Zeit hatte ich gestern schon vier Seiten fertig – was nützt mir da das bißchen Überhang? Heute werde ich mich wahnsinnig hetzen müssen, um noch etwas Vernünftiges fertigzubringen! Es kann nämlich nicht die Rede davon sein, daß ich heute nur sechs oder acht Seiten schreibe! Wie sieht denn das aus im Arbeitska-lender, gleich am zweiten Tag so nachzulassen?! Aus sol-chem Roman kann nie etwas Vernünftiges werden, der den Autor selbst so wenig fesselt! Also los, mein Lieber! Und von morgen an wird der Wecker auf vier Uhr gestellt!

Schon bin ich verloren, schon weiß ich, jetzt geht die Hetzerei los, wie noch bei jedem Buch. Ich halte das Tages-pensum auf zwölf, und dann steigere ich es, denn zweiund-siebzig als Wochenleistung ist wieder eine krumme Zahl. Fünfundsiebzig ist viel besser, achtzig aber wäre wünschens-wert.

Schon nach einer Woche fühle ich in der rechten Schläfe

ständig, erst nur leicht, bald schwerer, den Kopfschmerz, den ich immer von zu vieler Arbeit bekomme. Mein Schlaf wird ganz dünn und kurz, ununterbrochen mahlt das Gehirn, um Stoff für vierzehn Druckseiten zu schaffen! Auf vierzehn Druckseiten passiert schon eine ganze Menge.

Dann versuche ich, mich zu bremsen. Ich will nicht wieder hinterher daliegen, mit aller Welt zerfallen, ich will nicht wieder in ein Sanatorium müssen, weil ich völlig überreizt bin, weil ich fast gar nicht mehr schlafen kann. Ein paar Tage gelingt es mir, ich arbeite wirklich weniger.

Aber dann packt mich der Zahlenwahn von neuem! Du lieber Gott, in der vorigen Woche hatte ich achtzig Druckseiten geschrieben, und in dieser sind es nur fünfzig! Ich werde ja nie fertig werden, wenn ich weiter so bummele! Längst hat sich ja herausgestellt, daß auch dies kein Romänchen, sondern ein voll ausgewachsener Roman ist. Nun muß ich schon die paar Wochen durchhalten, bis ich fertig bin. Je langsamer ich arbeite, um so mehr verlängere ich diese Qual! Jetzt nur fertig werden, so schnell wie möglich! Dann werde ich mich erholen, meinethalben ein ganzes Jahr lang, es kommt gar nicht darauf an.

Und ich rase weiter, von Seite zu Seite, von Kopfschmerzen geplagt, fast ohne Schlaf, von plötzlichen schrecklichen Wutausbrüchen überrascht, Wutausbrüchen wegen einer knarrenden Tür, wegen eines Hundegebells, wegen eines Garnichts! Bis ich fertig bin!

Ich müßte ein sehr schlechter Erzähler sein, wenn der Leser jetzt noch nicht verstanden hätte, daß ich bei alldem unter einem Zwang handele. Von dem Augenblick an, da ich mich hinsetze und die erste Seite niederschreibe, bin ich verloren, nur der Zwang regiert! Ich habe zu schreiben, so viel und wie der Zwang es will, ob ich mag oder nicht, ob ich mich krank mache oder nicht. Gute Vorsätze, die aufrichtigsten Versprechungen gelten nichts – ich muß schreiben! Dies ist es, dafür bin ich da auf der Welt, so muß ich arbeiten, schreiben, anders ist es mir nicht gegeben, dazu bin ich verurteilt, so bin ich begnadet.

Lange Jahre habe ich sehr unter diesem Zwang gelitten, ich verstand das alles nicht. Da ich ein ziemlich menschenscheuer Mann bin und einsam auf dem Lande lebe, habe ich keinen Umgang mit anderen Schriftstellern. Ich weiß nicht, ob einer von ihnen ähnlich arbeitet. Nach allem, was ich gehört und gelesen habe, tun sie es nicht.

Ich habe mir hundertmal überlegt, was mich denn eigentlich so hetzt? Ist es die Sorge um Geld? Wenn es die je einmal war, wenn ich je möglichst rasch schrieb, um Geld zu schaffen, so ist die Sorge vorbei. Mein Verleger hat immer ein oder zwei Manuskripte von mir liegen, die auf die Veröffentlichung warten. Er kann ja nicht gut im Jahre drei »Falladas« herausbringen; ich gelte schon ohnedies als Vielschreiber. Also die Sorge um Geld ist es nicht.

Oder habe ich Angst, daß die Eingebung, die »Inspiration«, abreißen könnte, daß ich, solange die glückliche Stunde noch dauert, das Werk zu Ende führen will, das sonst ein Torso bleibt? Es gab eine Zeit, da ich an diesen Grund glaubte. Aber jetzt weiß ich seit Jahren aus Erfahrung, daß der Faden, solange ich arbeite, nicht abreißt. Noch nie habe ich ein Buch liegengelassen, unvollendet, weil der Strom aussetzte. Nein, deswegen könnte ich ruhig langsamer schreiben.

Oder fürchte ich, krank zu werden, ehe die letzte Seite geschrieben ist? Es ist eine solche Qual, ein Buch auch nur nach einer kurzen Pause wieder in Gang, die Feuer wieder ins Glühen zu bringen! Ob mir das nach einer längeren Pause glücken würde – ich weiß es nicht! Aber das weiß ich, daß ich noch nie schlappgemacht habe, solange ich schrieb, vor der letzten Seite. Ich habe mit Grippe geschrieben und mit einer schrecklichen Kiefervereiterung, aber mein Tagespensum habe ich geschrieben. Im Auto bin ich nach Berlin gefahren, habe mir eine Kieferresektion machen lassen, bin sofort zurückgefahren und habe mein Pensum geschrieben, der Zwang war über mir!

Es ist doch ein wundervolles Abenteuer, dieses Leben! Es ist – trotz allem, wegen allem – herrlich, über Papier gebeugt zu sitzen und von dem größten aller Wunder, dem Menschen, zu schreiben, meinethalben auch einmal von sich. Wenn die dunklen Mächte sich regen in Hirn und Herz, wenn sie Gestalt annehmen, wenn sie zu wandeln anfangen, zu sprechen, Menschen wie du und ich, die doch nie gelebt haben – herrlich!

Es ist eine Gnade, ein Geschenk der Götter – und nichts ist wahrer, als daß die Götter nichts umsonst geben. Man zahlt für alles Glück seinen Preis – warum für dieses nicht? Ich möchte kein anderes Glück, ich möchte mit keinem Menschen tauschen. Ich möchte auch nicht anders arbeiten, als ich arbeite ...

Und dann: ich bin fünfzig, und alles mildert sich. Ich schreibe nicht mehr fünfundzwanzig Seiten täglich, wie noch vor fünf Jahren. Ich brülle nicht mehr plötzlich los. Mein Schlaf ist nicht üppig, aber ganz erträglich. Der Zwang ist noch da, aber er ist ein milder Zwang geworden. Ich habe es mir für heute vormittag vorgesetzt, noch mit dem Hund in den Wald zu gehen und nachzusehen, ob in diesem kalten Frühling nicht endlich die ersten Morcheln kommen. Aber ich habe gestern acht Seiten am Vormittag geschrieben, und so werde ich auch heute acht schreiben. Wenn ich darum nicht in den Wald komme, weil die Zeit zu knapp ist, um so schlimmer für mich! Der Zwang ist da, nicht so hoch wie früher in seinen Anforderungen, aber nicht weniger unerbittlich!

Die achte Seite ist geschrieben, es ist fünf Minuten vor zehn Uhr morgens: ich kann noch in den Wald. Ich lege die Feder hin ...

Wieder zurück. Es gibt noch keine Morcheln, am 5. Mai noch keine einzige! Nichts war schon grün im Walde, noch nicht einmal das Gras auf den großen Kahlschlägen. Aber es war schön, wieder einmal dort zu sein, auch ohne Morcheln. Ganz oben und fern ging der kalte Wind in den Wipfeln der Fichten, unten, wo ich suchte, war es still und fast warm.

Brumbusch, der zum erstenmal in seinem Leben in einem Wald war, zerrte an seiner Leine. Sein großer Kopf fuhr hierhin und dorthin, überall roch es so neu und erregend! Er ging ungern mit mir wieder nach Hause, ich ging ungern mit ihm wieder nach Hause, wo das Papier auf mich wartete. Es war so schön im Walde, ich sah nicht einen Menschen auf dem ganzen Wege. – Noch vor drei, vier Tagen habe ich zu Suse geseufzt: »Es ist nicht mehr zu machen! Ich habe gedacht, dies wird ein Büchlein, und nun wird es doch wieder ein Wälzer! Endlos habe ich noch zu schuften!«

Suse hat sich das mit höflicher Anteilnahme, aber stumm angehört. Sie weiß ja, sie darf wohl gelegentlich Mitteilungen empfangen, aber beileibe kein Wort dazu äußern!

Aber nun, plötzlich, mitten im Schreiben, dämmert es mir, daß das Ende ganz nahe ist. Plötzlich ist der Stoff verbraucht. Alles, was ich noch plante, Szenen, die ich mir ausdachte, sind nicht mehr nötig, der Roman hat sich gerundet. Er ist zu Ende.

Ich lege die Feder hin, nachdem ich das Wort »Ende« unter den Text geschrieben habe. Ein kleines Bedauern überfällt mich, als ich sehe, es sind »nur« sechshundertsiebenundachtzig Manuskriptseiten geworden. Siebenhundert sähe doch viel besser aus! Aber da ist nichts zu machen, es ist wirklich vorbei.

Die letzten Seiten werden eingeheftet, ich wiege das stattliche Manuskript in der Hand. »Ganz hübsch«, denke ich befriedigt und müde. »Das soll mir erst einmal einer nachmachen – in *der* Zeit!« Ich setze auf das Titelblatt hinter das Wort »Beendet« das Datum dieses Tages. Dann räume ich auf und gehe hinunter.

»Wo ist meine Frau?« frage ich die jungen Mädchen.

»Im Kinderzimmer«, sagen sie. »Macht grade den Achim fertig.«

Ich gehe ins Kinderzimmer. Suse blickt halb erschrocken auf zu mir. Achim turnt auf seinem Wickeltisch, vor Vergnügen schreiend. »Was ist, Junge?« fragt Suse. »Hat dich jemand gestört?«

»Nein, nein«, sage ich beruhigend. »Ich bin – bloß – fertig ...«

Sie sieht mich an. In ihre Augen kommt Licht. Sie drückt mir schnell und fest die Hand. »Ich gratuliere!« lächelt sie. »Das ist ja mächtig schnell gegangen! Vor ein paar Tagen sagtest du doch noch ...«

»Ja, mächtig schnell ...«, antworte ich und denke einen Augenblick an die Länge des Weges, an all die Anstrengungen, an den aufreibenden Kampf um eine einzige Seite pro Tag mehr. Aber auf Unterhaltungen über dies Thema lasse ich mich nicht ein.

Eine Weile sehe ich stumm zu, wie Suse mit dem Achim Gymnastikübungen macht. Sie hält ihn bei den Beinen und schwingt ihn kopfabwärts wie einen großen Uhrenpendel hin und her. Dann mache ich, gnädig wie ich heute gestimmt bin, noch eine kleine, hübsche, ermunternde Anmerkung: »Ja, Suse, nun bin ich also mal wieder fertig. Wenn ich jetzt tot umfalle, habt ihr noch eine Weile zu leben. Zur Not kannst du mein Manuskript ja entziffern.«

»Rede bloß keinen Unsinn!« lacht Suse, die ihren Mann kennt. »Ich denke, du willst auf meinem Grabe noch einen Krakowiak tanzen und eine ganz Junge heiraten?!«

»Ja«, antworte ich. »Und du sagst immer: Wenn einer von uns zuerst stirbt, willst du die Bibliothek verkaufen!«

Wir lachen beide, dann sage ich ernster: »Aber, Suse, sag's auch den Mädchen: wenn irgendwas passiert, Feuer oder so, das Manuskript liegt in der obersten Schieblade der gelben Kommode in meinem Zimmer. Meinethalben soll das ganze Haus niederbrennen, aber das Manuskript muß gerettet werden.«

»Plage dich doch nicht schon wieder mit solchen Sorgen!« bittet sie.

»Nein, natürlich nicht. Ich meine es auch nicht im Ernst. Aber sage es den jungen Mädchen.«

»Ich werde es ihnen schon sagen, habe bloß keine Angst.«

»Und im gegebenen Augenblick denkt natürlich doch kein Mensch daran!« sage ich bitter, als sei ich schon zehnmal abgebrannt. »Ich kann es so, wie es da oben liegt, nie in meinem Leben wieder schreiben, nicht für alles Geld der Welt. Es wäre für immer futsch, Suse!«

Suse zieht es vor zu schweigen, sonst schwelge ich noch eine halbe Stunde lang in Katastrophen. Und doch verläßt mich diese Sorge um das unersetzliche Manuskript erst wieder, wenn es mit soundso vielen Durchschlägen abgetippt ist, wenn diese verschiedenen Exemplare, an verschiedene Adressen gehend, das Haus verlassen haben – erst dann atme ich auf. Aber, bis dahin ist noch ein weiter Weg!

»Willst du gleich mit dem Tippen anfangen?« fragt Suse.

Aber dies geht nun doch zu weit. Dies ist ein Eingriff in meine geheiligten Reservate. Das grenzt ja an eine Vernehmung durch den Untersuchungsrichter! »Weiß ich nicht!« sage ich kurz. »Keine Ahnung!« Und ich verlasse grabesfinster das Kinderzimmer.

Ich schlendere ziellos durch Haus, Hof und Garten. Ich stehe eine Weile bei den Leuten, ich rede auch ein paar Worte mit ihnen. Dann gehe ich weiter und komme zum Bienenhaus. Die Bienen fliegen höchst erfreulich, alle meine zwölf Völker sind lebhaft im Gang. Es ist nichts bei ihnen zu tun. Im Augenblick weiß ich überhaupt nichts, was ich zu tun hätte! Ein höchst komisches Gefühl, hier mitten am hellerlichten Tag zu stehen und einfach nichts zu tun zu haben! Ich, der ich mich durch Wochen und Monate hetzte, der von einer Arbeit zur anderen lief, mit jeder Minute geizte, stehe hier und habe gar nichts zu tun! Und dieser tatenlose Tag ist noch verdammt lang! Vielleicht lege ich heute nachmittag schon Kohlebogen zwischen Papier, putze meine Schreibmaschine und fange morgen mit Tippen an?

Aber nein, nein, das darf ich nicht! Das geht bestimmt schief! Ich muß eine kleine Pause einlegen, vor allem muß ich erst richtig wieder schlafen lernen. In der letzten Zeit war mein Schlaf mehr als mäßig, zwei bis drei Stunden, das ist nicht genug. Heute abend werde ich mich ein paar Stunden lang schön in die Badewanne packen, ganz still im heißen Wasser liegen, mich ausruhen in dem Gefühl: ich bin wieder fertig! Wieder einmal habe ich es geschafft!

Das wird mir schon helfen, es hat doch schon öfter geholfen. (Manchmal freilich auch nicht.) Und ich bummle den Tag so herum, innerlich schon ganz kribbelig über meine Untätigkeit, aber äußerlich von heitrer Güte und Leutseligkeit ob des beendeten Werkes. Am Abend lege ich mich dann in die Wanne; es wird mir sehr schwer, nur zwei Stunden darin liegenzubleiben, die Zeit, die sonst raste, will nicht vergehen! Dann sage ich Suse gute Nacht. »Du bleibst noch länger auf? Schön, geh doch auch einmal früh ins Bett, es würde dir nur guttun. Ich glaube, ich werde herrlich schlafen. Ich bin todmüde.«

Ich lege mich hin, ich lese noch ein Stündchen. An so etwas wie meinen Roman denke ich überhaupt nicht mehr, ich bin völlig abgelenkt, darüber hin. Ich lösche das Licht, und kaum ist es dunkel, bin ich schon weg.

Dann wache ich plötzlich mit einem Ruck auf, als hätte eine Hand mich gestoßen. Ich tauche aus völliger Schwärze auf, als sei ich bewußtlos gewesen. Jetzt bin ich hellwach, kein Gedanke mehr an Schlaf. Ich mache Licht, und die Uhr zeigt auf halb zwei Uhr morgens! Zwei und eine halbe Stunde habe ich geschlafen –!

Ich bin völlig verzweifelt. Du lieber Gott, was soll ich nur tun? Ich habe doch nicht das geringste mehr zu arbeiten! Es sind noch fast zwölf Stunden, bis ich mich zu meinem Nachmittagsschlaf hinlegen kann! Ich kann doch nicht tatenlos zwölf Stunden herumlaufen! Und arbeiten darf ich auch nicht. Arbeiten halte ich jetzt nicht aus, ich muß mich erholen, schlafen, tief schlafen ... Aber ich bin hellwach!

Es ist schon richtig, in der letzten Zeit bin ich immer um diese Stunde wach geworden, aber da war mir das nur recht. Um so eher konnte ich an meine Arbeit gehen! Aber jetzt – wozu jetzt früh aufwachen? Und plötzlich fällt mir ein, daß diese Stunde um zwei, drei Uhr morgens die Stunde der Verzweiflung, die Stunde der Selbstmörder ist. Bisher habe ich nie daran gedacht, aber nun fällt es mir ein. Um diese Stunde kann man keine fröhlichen Gedanken haben, aller Mut hat mich verlassen, Selbstvorwürfe und Reue peinigen mich! Daß ich dies getan, daß ich jenes unterlassen habe! Wie anders könnte mein Leben sein, wenn ich –!

Nein, ich halte es nicht mehr im Bett aus. Ich werde hinuntergehen, mir einen Kaffee kochen, ganz leise das Radio anstellen und zu lesen versuchen! Vielleicht brenne ich auch ein Feuer unter dem Badeofen an und gehe noch einmal lange in die Wanne, endlich muß dieser alte Kopf doch müde werden!

Also gehe ich leise im Bademantel nach unten, um mir einen Kaffee zu kochen. Das erste, was ich feststelle, ist, daß die Schraube an der Kaffeemühle, die den Mahlgrad regelt, ganz lose gedreht ist. Natürlich, so dreht sich die Mühle am leichtesten, aber grober Kaffee wird schlecht ausgenutzt! Es kommt eben gar nicht darauf an, ich verdiene ja mit Leichtigkeit Geld wie Heu, wir können mit Kaffee schmeißen!

Erbitterung erfüllt mein Herz. Natürlich sind die jungen Mädchen während meiner Arbeit völlig verbummelt! Suse ist viel zu gutmütig, sie sagt nur im höchsten Notfall etwas. Ich werde diese Morgenstunde benutzen und das Haus mal gründlich revidieren. Beim Frühstück werde ich sie dann alle auf den Trab bringen!

»Sachte!« sagt es warnend in mir. »Sachte! Du bist völlig überreizt. Laß das lieber jetzt. Du wolltest Kaffee kochen und lesen. Fang heute lieber keinen Krach an, du tust Suse damit bloß weh.«

Aber hartnäckig bestehe ich auf meinem »Recht«! So kann es doch unmöglich weitergehen, das muß doch auch Suse einsehen! Da liegt ein angebissener Apfel – was soll das nun? Ein Apfel wird entweder gegessen oder nicht gegessen, ein Drittes gibt es nicht! Am Kühlschrank sind Fingerspuren zu sehen. Hinter dem Badeofen entdecke ich ein Spinngewebe! Nichts in Ordnung, das ganze Haus verlumpt und verlottert, wenn ich nicht aufpasse, nichts wie Verschwendung und Liederlichkeit!

Nachdem ich so noch eine halbe Stunde gewütet und zähneknirschend überall die Spuren des Verfalles entdeckt habe, stelle ich fest, daß es noch immer nicht einmal halb drei ist – eine schlechte Stunde, seine Wut an andern auszulassen! Selbst ich in meinem Wahn sehe ein, daß ich die jungen Mädchen jetzt nicht aus ihren Betten holen und wegen eines angebissenen Apfels zusammenbrüllen kann!

Ich erfülle also mein ursprüngliches Programm und koche mir einen Kaffee, einen Mokka, so steif, daß der Löffel darin steht. (Wir befinden uns in Friedenszeiten!) Während ich bei dieser Kocherei und Filterei bin, kommt mir der erlösende Gedanke: Schlafmittel! Ich muß ein Schlafmittel nehmen! Zwar weiß ich aus langjähriger Erfahrung, daß auch die schwersten Schlafmittel in diesem Zustand bei mir versagen, sie machen mich nur trüber und gereizter. Weiter ist mir ziemlich klar, daß halb drei Uhr morgens kaum die richtige Zeit zum Einnehmen von Schlafmitteln ist. Und schließlich scheint sogar mir die Kombination Mokka – Schlafmittel nicht ganz glücklich.

Aber stur wie ein Hornochse trinke ich die erste Tasse Mokka und schleiche mich auf Zehenspitzen in Suses Schlafgemach. Warum ich so schleiche, wüßte ich nicht zu sagen, denn ich muß doch Licht machen und Suse wecken, sie hat den Schlüssel zum Apothekenschränkchen. Das ist alles schon vorsorglich so eingerichtet, denn Suses Gatte benimmt sich zuzeiten wie ein Idiot und ist imstande, zehn Tabletten auf einmal zu fressen nach dem Satz: viel hilft viel.

Suse schlummert selig, es ist eine Gemeinheit, solchen Schlummer zu stören! Platzen könnte man vor Neid, wenn man solchen dicken, runden, festen Schlaf sieht! Wie man nur so schlafen kann – unverständlich!

»Du, Suse –!« Pause. Schlafen. »Du, hör mal, Suse ...« Nichts. Kräftiges Räuspern. »Suse, bitte –!« Keine Ahnung! Kräftiges Rütteln an der Schulter. »Suse, wach doch endlich mal auf –! Ich stehe hier schon eine halbe Stunde –!«

Sehr verschlafen: »Ja –? Was ist denn los –?«

»Ich kann nämlich nicht schlafen, Suse. Würdest du mir wohl ein Schlafmittel geben?«

»Was ist los –? Hat Achim gerufen?«

Mit starker Stimme: »Nein! Wach doch endlich mal auf! Wie kann man nur so verschlafen sein? Ich möchte ein Schlafmittel haben!«

Suse sieht auf die Uhr. »Nach halb drei! Jetzt willst du Schlafmittel nehmen? So spät? Geh lieber ins Bad, warte, ich mache dir gleich Feuer an. In einer Viertelstunde ist der Ofen heiß!«

Endlose Verhandlung zwischen mir und Suse. Von meiner Seite immer gereizter, von ihrer mit unermüdlicher Geduld geführt. Sie versucht, mich davon zu überzeugen, daß ein Schlafmittel mir jetzt nichts nützen, sondern nur schaden würde. Ich weiß das auch sehr gut, aber ich will durchaus mein Schlafmittel haben. Vielleicht hilft's doch. Wenn Gott will, schießt ein Besen, sagen die Russen.

Natürlich siege ich über meine sanfte Frau und ziehe ab in mein Bett, ein Schlafmittel im Bauch, die Mokkakanne mit mir tragend. Die nächsten anderthalb Stunden verbringe ich ganz erträglich, irgendein Buch lesend. So gegen halb fünf entschließe ich mich, das Licht auszumachen und es ernstlich mit dem Schlafen zu versuchen.

Natürlich wird nichts daraus. Immer zorniger wälze ich mich hin und her. Das ist nun also die Belohnung für Fleiß! Artig wie ein Musterknabe habe ich Monate hindurch geschuftet, Tag für Tag meine Schularbeiten machend – und dies ist nun der Lohn dafür! Eine reizende Welt, phantastisch gerecht eingerichtet! Ich habe Kollegen, die setzen sich an die Schreibmaschine und klimpern einen Roman herunter wie eine Klavier-Etüde! Ich aber, an dem ein unversorgtes Weib und drei Kinder hängen ...

Ich versinke in tiefe kummervolle Betrachtungen über mein unseliges, ungerechtes Schicksal. Diese Betrachtungen tun mir so wohl, daß ich wirklich ein bißchen eindrussele. Rums! Da poltert die Scheuergarde die Treppe hinunter! (Sie gehen zwar auf Strümpfen, aber wenn ich sie wäre und hätte einen schlaflosen Chef, ich ginge noch viel leiser!) Warte, jetzt werde ich euch das besorgen! Angebissener Apfel, Fingerabdrücke und Spinnweb hinter dem Badeofen machen mich hellwach. Mit Schwung fahre ich in meine Kleider. Jetzt sollt ihr was erleben –!

Genug und übergenug. Schon viel zu lange habe ich die Geduld meines Lesers mit diesem trübseligen Bericht auf die Probe gestellt. Das Ende vom Liede ist doch, daß Suse mich entweder mit unendlicher Geduld zurechtkriegt oder daß sie mich entschlossen einpackt und in ein Sanatorium steckt, weil ich für meine sämtlichen Hausgenossen (und für mich selbst) völlig unerträglich geworden bin.

Eines Tages bin ich dann wieder ziemlich in Ordnung. Den Vorsprung zwar, den ich durch mein gehetztes Arbeiten gewonnen, habe ich unterdes dreimal wieder eingebüßt. Aber das stört mich nun, da die Niederschrift beendet ist, gar nicht mehr so sehr. Auch beim Tippen, an das ich nun gehe, habe ich es nicht übermäßig eilig. Natürlich habe ich als Pedant auch dabei ein Tagespensum, es läßt sich aber darüber reden, es kann auch einmal ganz ausfallen … Du lieber Gott, die auf dem Verlag halten es gut noch ein paar Wochen aus, ehe sie den neuen Fallada zu lesen kriegen! Und das deutsche Lesepublikum erst recht.

Morgens in der Frühe sehe ich das Manuskript durch, schreibe um, verbessere, feile stilistisch. Am Tage tippe ich, und abends sehe ich das täglich Getippte auf Tippfehler durch und verbessere die, in vier, fünf Exemplaren.

Dann bekommt Suse regelmäßig als erste täglich ihre zwanzig, dreißig Seiten zu lesen. Endlich macht sie Bekanntschaft mit dem, was mich durch Monate beschäftigt, was ihr so viel zu schaffen gemacht hat. Sie liest das neue Buch mit Notizblock und Bleifeder in der Hand, sie jagt nach übersehenen Tippfehlern. Sie notiert: »Seite 67, Zeile 5 von oben: nicht wahrschienlich, sondern wahrscheinlich.« Sie könnte ja den Fehler alleine verbessern, aber da es vier, fünf Exemplare sind, die verbessert werden müssen, ist dieser umständliche Weg notwendig.

Suse ist aber auch ein unübertrefflicher Spürhund für das Auffinden von Unstimmigkeiten. War auf Seite 73 eine Steppdecke rosa und ist sie auf Seite 698 rot – Suse entdeckt diesen Farbenwechsel! Solche Fehler, die mir im Eifer des Schreibens leicht einmal unterlaufen, ärgern die Leser meist sehr. Sie haben auch völlig recht, sich über den Autor zu ärgern, die Leser: schludrige Arbeit sollte in keinem Beruf geduldet werden!

Nun also, dann bekomme ich das Manuskript zurück, mit Suses Zettel, und wieder verbessere ich, lese nach, prüfe ihre Änderungsvorschläge, die sie auch macht.

Bis dahin habe ich ein ziemlich herzliches Verhältnis zu meinem Buch gehabt, ich bin nicht blind für seine Schwächen und Fehler, bei manchen Stellen habe ich ein verdammt flaues Gefühl, schon tagelang graule ich mich vor dem Abtippen! Manches kann ich noch ausbessern, aber manche Fehler sind solchem Kind angeboren, man bekommt sie nicht mehr fort.

Sie liegen im Gesamtplan oder im Charakter des Helden – man müßte das ganze Buch umschreiben, ein ganz anderes Buch über das gleiche Thema schreiben. Und das kann man nicht, das Thema ist eben erschöpft!

Aber nun ändert sich rasch die Stellung zum eigenen Kind. Man bedenke: 1. Niederschreiben. 2. Durchfeilen. 3. Tippen. 4. Erste Tippkorrektur. 5. Zweite Tippkorrektur – sind wir nun fertig? Bei weitem nicht! Nun geht das Manuskript an den Verlag, und auch der Verlag macht noch Vorschläge. Es geht aber auch an irgendeine Zeitung, und die Herren der Zeitung würden den Roman ganz gerne bringen. Aber er müßte kürzer sein, und diese oder jene Szene ist für eine große. Lesergemeinde, die alle Alter und Berufe umfaßt, zu kraß. Also: 6. Verlagsänderung. 7. Zeitschriftenänderung.

Sind wir nun endlich fertig mit diesem elenden Roman? Aber nein! Jetzt wird das Buch gesetzt, und der Autor bekommt zu lesen: 8. die Fahnenkorrektur, 9. den Umbruch. Und das ist eine Arbeit, die sehr sorgfältig, Wort für Wort, erledigt sein will. Denn mit Recht sind Bücher mit »Druckfehlern« unbeliebt.

Um diese Zeit, bei diesen Korrekturen, habe ich schon die größte Schwierigkeit, meine Aufmerksamkeit auf den Text zu konzentrieren. Ich kenne jeden Satz auswendig, ich weiß, was im nächsten Abschnitt, was auf der nächsten Seite stehen wird – das Buch elendet mich an! Papier, nichts mehr vom Leben. Ich hasse das Buch nicht, aber es ist mir völlig gleichgültig. Es ist tot, es liegt begraben unter der neunfachen Erdschicht neunmaligen Durcharbeitens!

Versteht man nun, daß ich nie etwas von meinen früheren Büchern sehen oder hören mag? Sie sind vergessen! Ich vergesse sie wirklich vollkommen, nie habe ich mich überwinden können, auch nur eine Zeile in einem von mir erschienenen Buch wieder zu lesen. Ich öffne diese Bücher nie. So vollkommen vergesse ich sie, daß ich Suse fragen muß: »Du, sag mal, habe ich die und die Geschichte irgendwo schon mal erzählt?« Ich weiß es nicht, ich weiß es wirklich nicht.

Darum ist es mir auch nicht möglich, Kritiken, seien sie nun lobend oder tadelnd, über meine Bücher zu lesen. Es ist Suses Aufgabe, etwa übersandte Kritiken aus meiner Post zu entfernen und dem Feuer zu übergeben. Warum soll ich an Totes denken? Wenn das Buch erscheint, wenn die Rezensenten schreiben, bin ich längst mit einem anderen Buch beschäftigt. Mit dem alten Buch war nicht viel los, aber dies, das mich jetzt beschäftigt, das wird etwas! Geh mir doch mit den alten Geschichten, Suse –!

Schwierig ist natürlich nur der Leserbrief. Ich weiß es gut, welchen Entschluß es die meisten Leser kostet, sich hinzusetzen und einem ganz fremden Bücherschreiber Freude oder Empörung über sein Buch auszudrücken! Mit der Empörung wird man schon am leichtesten fertig. Man ist ja selber gar nicht mehr befriedigt von dem Buch, man teilt – gemäßigt – die Gefühle des Schreibers und findet nur, er hat grade die falschen Stellen getadelt. Außerdem verlangen die Empörten meist keine Antwort, die haben einem bloß mal richtig Bescheid sagen wollen –!

Aber was fängt man mit denen an, denen man eine Freude gemacht hat, die es einem sagen müssen, wie sehr das Buch ihnen gefallen hat?! Sie haben ja keine Schuld daran, daß der Roman längst für einen tot ist, sie wissen nichts davon. Sie haben eine Freude gehabt, und nun haben sie einem wieder eine Freude machen wollen.

»Du, Suse«, sage ich dann eines Tages über der Post. »Es ist ja eigentlich scheußlich, wie viele Briefe das heute wieder sind. Ich mache bald ein richtiges Büro auf. Aber nach diesen Briefen zu urteilen, war das letzte Buch vielleicht doch nicht ganz schlecht. Es scheint den Leuten Freude zu machen.«

»Was du dir nur alles wieder einbildest!« antwortet Suse. »Natürlich war das Buch gut, natürlich macht das Buch Freude.«

»Na ja«, sage ich und bremse diesen Überschwang ein wenig. »Irgend jemand findet sich ja immer auf dieser Welt, der sogar Milchreis mit Hering und Himbeersoße gern ißt!« Und als Suse eine ärgerliche Bewegung macht: »Ich meine ja bloß ... Und jedenfalls haben diese Briefe das Gute, daß ich mir bei meinem nächsten Roman wieder ganz besondere Mühe geben werde! Man denkt es gar nicht, aber die Leser achten doch genau auf jede Kleinigkeit.«

»O Gott!« ruft Suse erschrocken. »Du denkst doch nicht schon wieder an deinen nächsten Roman?! Du wolltest diesmal bestimmt mindestens ein Vierteljahr pausieren!«

Und nun können wir dieses Kapitel wieder von vorne anfangen. Aber wir tun es nicht, denn wir wissen schon, wie es weitergeht. Nur der Autor weiß es nicht, und er lernt es auch nicht. Ewig wird er an das geruhige Tagespensum von sechs Seiten glauben!

Porträt meiner Kinder

In den »Geschichten aus der Murkelei« erzähle ich von einem Mann, der sich ein Dutzend Kinder wünschte, sechs Jungen und sechs Mädel. Er bekam aber nur zwei und mußte sich seine anderen Kinder träumen. Dieser Mann bin ich selbst, nur daß ich es immerhin auf drei Kinder gebracht habe, zwei Jungen und ein Mädel ...

Schon als ich noch jung war, als ich überhaupt noch nicht an das Heiraten dachte, schienen mir Kinder der einzig wirklich erstrebenswerte Reichtum. Viele Kinder haben, das war noch was! Geld, was war schon Geld –? Etwas, das kam und ging, ein Übereinkommen, an sich ohne Wert, eine Anweisung auf etwas, das vielleicht nicht schmeckte! Aber Kinder, das ist man selbst, multipliziert mit einer unbekannten Größe, eine rätselhafte Spiegelung – die bleibt! Kinder sind Reichtum, weil man Kindern immer schenken kann, und nur der ist reich, der täglich schenken kann. Ich kann ihnen Feste schenken und Erkenntnisse, aber auch ein kleines Tier und die erste Primel im Frühjahr. Ich erzähle ihnen, ich schenke ihnen eine Kindheit, deren Glück man aus ihren Augen abliest, immerzu kann ich schenken!

Nein, heute bedaure ich es nicht, daß es nicht ein Dutzend wurde, nicht die Zahl macht es, sondern die Intensität. Aber vielleicht bedaure ich es doch, im geheimsten Innern vielleicht doch. Du lieber Himmel, zwölf Kinder! Ich könnte fast eine eigene Schule begründen, zwölfe säßen am Tisch und machten ihren fröhlichen Lärm. (Jetzt würde Suse sagen: »Ich weiß nicht, ob du den Lärm von zwölfen grade sehr fröhlich finden würdest! Ich habe schon genug zu tun, unsere drei für dich ruhig zu halten!« Auch wahr, aber immerhin ... zwölf ...)

1. Der Jüngste

Ich habe es schon erzählt: als der Uli geboren wurde, ging es knapp bei uns zu, wir hatten ziemlich viel Sorgen. Aber es war eine Wonne, es war ein vollkommen neues Land, das Suse und ich entdeckten, und alle Sorgen wogen federleicht gegen diese Entdeckerfreude!

Und als Lore geboren wurde, die noch heute aus längst vergessenen Gründen nur die Mücke heißt, war wieder eine schlimme Zeit. Es waren andere Sorgen, aber doch Sorgen, und vielleicht half grade die Mücke, diese Sorgen zu zerstreuen! Wieder ein Kind, ein völlig anderes Kind, fast in nichts dem Uli ähnlich – neue Entdeckungen, neuer Reichtum.

Dann kam nach einer langen Pause der Achim, äußerlich der Mücke ähnlich, aber innerlich völlig anders. Ein wahrer Vulkan an Leidenschaft, voll von Temperament, sprühend vor Lebenslust und mit einem so weichen kleinen Herzen! Auf seinen kleinen zweijährigen Beinen läuft er immer im

Trab durch die Welt. Jetzt hat er sich einen Löffel geschnappt, schon ist er auf dem Hof, nimmt den Holzdeckel
von der Regenwassergrube und feuert ihn hinein. Deckel
drüber – Trab, weiter! Um die Ecke, auf die Scheunendiele,
wo die Karnickel stehen, ein aufmerksames Horchen, ob
auch niemand in der Nähe ist, und schnell die Steckhölzer
aus den unteren Käfigen, so weit er reichen kann, und: es
mischten sich die Zibben mit den Böcken, und alle Wurfzei-
ten kamen anders, und die Rassen mischten sich, und alles
Anschreiben des pedantischen Herrn Papa stimmte nicht.

Achim aber ist längst weiter. Es ist ja Krieg, seine Mutter
hat kaum noch Hilfe, den halben Tag ist Achim sich selbst
überlassen. Herrliche Zeiten für einen Zweijährigen, der
das ganze All eines Hofes für sich allein ohne Bevormun-
dung entdecken kann! Da ist der Puter, Achim ist viele
Male vor ihm gewarnt worden, aber der Puter ist ein so komisches Tier! Er wirft den Kopf immerzu vor und macht
dabei »Blurr! Blurr! Blurr!«, und dann schreit er und wird
immer röter, und seine Flügel schleifen auf dem Sand!

Achim sieht das zu gerne, er findet ein Stück Holz und
geht auf den Puter los! Richtig, sofort schlägt der sein Rad
auf, macht »Blurr! Blurr! Blurr!« und geht auf Achim los!
Ganz so wollte der es nicht haben, er läßt das Stück Holz
fallen und flieht, der Puter immer hinter ihm drein. Aber
Achim weiß einen sicheren Winkel zwischen den Holzhau-
fen, und der Puter ist dadurch behindert, daß er in seiner
Wut nur tänzerisch schreitet: Achim entrinnt.

Eine Weile steht er da im Winkel zwischen dem Holz, sein
kleines Herz klopft noch sehr, aber schon interessiert ihn der
Geruch des Holzes. Es riecht verschieden, scharf und aroma-
tisch (das Tannene) und langsam, gewissermaßen ein bißchen
öde (das Buchene). Eine Weile polkt er am Holz herum.

Dann läßt sich sein Tatendurst nicht länger bezähmen. Er
schießt aus seinem Versteck hervor, an dem ahnungslosen
Puter vorbei und wieder auf die Scheunendiele. Die Kar-

nickel huppeln dort friedlich durcheinander, sie nehmen es dem Achim ganz und gar nicht übel, daß er sie befreit hat. Eine Weile versucht Achim, eines zu greifen, aber dafür sind sie zu schnell, und nachdem er erst einmal hingefallen ist, heult er ein bißchen und verzichtet auf die Jagd.

Doch da steht der Eimer mit der Magermilch für die Schweine. Achim hat gesehen, daß die Karnickel auch etwas von dieser Magermilch abbekommen. Er möchte sie ihnen schon geben, aber der Eimer ist zu schwer, er bekommt ihn nicht um, eher setzt er sich dabei auf seinen Pöker. Er sitzt verdrossen da, aber diese Lebenslust in ihm treibt ihn gleich wieder hoch. Er stürzt auf den Hof, da ist Sand, da ist Torfmull, da ist auch Schiet und Dreck. Von dem allen nimmt er nun mit seinen kleinen Händen und trägt's eifrig auf die Scheune – batsch, hinein in den Milcheimer! Er schreit vor Vergnügen! Wie das Weiße sich färbt, wie das Zeug da rumschwimmt – etwas ganz Herrliches! Er taucht bis über die Arme hinein, er rührt darin herum, er spricht eifrig mit sich: »Da! Da au!« Und ganz langgezogen plattdeutsch: »Dor –!«

Dann kommt ihm der Gedanke, daß er eigentlich Durst hat. Mit dem halben Oberkörper verschwindet er in dem Milcheimer, und nun schafft er es: mitsamt ihm kippt der Milcheimer um, und er sitzt da, heulend vor Schreck und begeistert von seinem Abenteuer und ein ganz klein wenig geplagt von seinem schon erwachenden schlechten Gewissen. Dafür haben ja die Großen, die Götter, gesorgt, daß er schon weiß, er darf nicht alles tun, was er möchte, wenn sie auch noch nicht dafür gesorgt haben, ihm begreiflich zu machen, was nun eigentlich erlaubt und was verboten ist. Völlig verdreckt und naß und verheult sitzt er da in der mißfarbigen Pfütze und sagt nachdenklich und weinerlich das schreckliche Wort vor sich hin: »Haue!« Und immer wieder: »Haue!«

Bis der Anlaß, warum er dieses schreckliche Wort sagt, vergessen ist. Schon ist er hoch und eilt wieder hinaus auf den Hof in den Sonnenschein. Zielbewußt eilt er auf seinen Sandhaufen zu, läßt sich selig nieder, entdeckt eine alte Schuhcremeschachtel und fängt an, Sand zu schaufeln. Mit derselben Intensität, mit der sein Vater sagt: »Ich muß doch arbeiten!«, sagt Achim: »Spielen!« und schaufelt selig Sand.

Diesen Augenblick benutzt die vielbeschäftigte Suse, um sich aus der Küchentür nach ihrem Jüngsten umzusehen. »Gottlob!« seufzt sie erleichtert auf. »Es war so still, ich dachte schon, er hätte wieder was angerichtet! Aber er sitzt ganz friedlich im Sand und spielt! Nur nicht stören, sonst werden wir ihn nicht wieder los!«

»Spielen!« sagt Achim und sieht, die Blechbüchse in der Hand, über das Land. Auf dem Acker jenseits des Zauns gehen Pferde. »Hotte-Prr!« sagt Achim und nickt selig.

Langsam kommt Brumbusch über den Hof gewandelt und legt sich in Achims Nähe. Brumbusch wartet sehnlich auf das Erscheinen des Hausherrn zum täglichen Spazier-gang, und auch ein Hund wartet lieber in Gesellschaft als allein. »Bru-a!« sagt Achim und fängt an, den Hund mit Sand zu bedecken. Eine Zeitlang läßt sich Bru-a das willig gefallen, aber als Achim anfängt, ihm die Augen mit Sand zu füllen, steht er auf und begibt sich langsam an einen an-deren Ort. Brumbusch ist ein viel zu vornehmer Hund, um sich zur Wehr zu setzen. Er geht einfach fort, wenn es ihm irgendwo nicht gefällt.

Achim geht Bru-a nach. Er schimpft leise vor sich hin. Er findet es hundsgemein von Brumbusch, sich die Augen nicht mit Sand füllen zu lassen. Sie wandeln vereint über den ganzen vorderen Hof, immer wenn Brumbusch sich grade niedergelegt hat, erscheint Achim, die Hände voller Sand.

Brumbusch entweicht auf den hinteren Hof, und Achim folgt ihm. Dabei entdeckt er, daß die Waschküchentür of-fensteht, und im gleichen Augenblick ist Brumbusch ver-gessen. Auf allen vieren nimmt Achim die hohe Stufe zur Waschküche. Hinten dampft es, da kochen die Schweinekartoffeln, aber dahin geht Achim nicht. Er kennt das vom Badeofen her. »Heiß!« sagt er vor sich hin.

Aber vorne, welche Wonne, stehen auf der Erde lauter Waschbütten mit Wasser gefüllt, in denen eingeweichte Wäsche schwimmt. Eine Zeitlang genügt es Achim vollkommen, mit den Händen darin zu spielen. Er plantscht tüchtig, und als ihn die Wäsche stört, fängt er an, sie herauszuziehen und auf den Küchenboden zu werfen. Das gelingt ihm über die Maßen gut. Er stöhnt und schwitzt dabei, manche Wäschestücke sind verdammt schwer durch das Wasser, aber er schafft es. Mit seinen dreckigen Schuhen trampelt er auf der Wäsche herum, nach fünf Minuten sieht die Waschküche reizend aus.

Aber als die Waschbalje ziemlich leer ist, hat Achim seinen glänzendsten Einfall, den glänzendsten Einfall dieses Vormittags will ich sagen. Er hebt ein Bein und versucht, in der Erinnerung an das abendliche Bad, in die Balje zu steigen. Fast will es nicht gelingen, aber dann bekommt er das Übergewicht und – bums! – sitzt er in der Balje im Einweichwasser!

Ach, Achim! Achim! Dies hättest du lieber nicht tun sollen! Anders wie bei deinem abendlichen Bad ist dieses Wasser kalt, im Augenblick hat es deinen Trainingsanzug, deine übrige Kledage durchtränkt. Du möchtest heraus, aber du kommst nicht heraus, und so stimmst du ein wütendes Gebrüll über diese gemeine Falle des Schicksals an!

»Das Blöken des Zickleins lockt den Tiger an« – Suse erscheint und entdeckt den Sünder in seinem selbstgewählten Gefängnis. Es erscheint der Futtersmann und meldet die Verwüstung auf der Scheunentenne. Es erscheint Anneliese und meldet das Fehlen eines silbernen Löffels.

»Achim, wo hast du den Löffel gelassen? Achim, der Löffel! – Löffel, Achim!«

Mörderisches Gebrüll und mörderisches Strafgericht, als nun auch noch die Büxen gefüllt entdeckt werden –: »Bei einem zweijährigen Jungen, pfui!« Achim brüllt …

Aber als dann der Vater genau zehn Minuten später von der Arbeit hinunter ins Kinderzimmer kommt, findet er einen strahlenden Sohn. Das Strafgericht ist vergessen, wie Schmutz, Nässe und Kälte vergessen sind. Frisch gewaschen lächelt der Sohn dem Vater entgegen, mit unschuldvollen blauen Augen strahlend, ein wahrhaft himmlisches Englein!

Mit einem tiefen, wohligen Seufzer läßt sich der Achim dann in sein Bett legen. Er ist so wunderbar müde, und das Bett ist so schön warm!

»Leg dich auf die Seite, Achim!« sagt der Vater, und behaglich legt sich der Sohn auf die Seite. »Wo ist dein Zipfel, Achim?« fragt der Vater, und mit einem seligen, nur noch gemurmelten »Dor –!« greift Achim nach seinem Zipfel, nach diesem umkämpften und ihm doch immer wieder gewährten Bettzipfel, Achims nie versagendem Schlafmittel! Mit einem glücklichen Seufzer schließt er die Augen.

Als der Uli klein war, haben Suse und ich manche ernste Debatte über sein Daumenlutschen beim Einschlafen geführt. Der Junge war schon so groß, er mußte sich den Daumen abgewöhnen. Nichts war gräßlicher als ein Daumenlutscher –! Wir taten gehorsam alles, was Nachbarinnen und Bücher empfahlen. Wir schmierten ihm seinen Daumen mit Senf ein, bandagierten ihn, zogen ihm einen Handschuh an, was weiß ich, jedenfalls lutschte Uli immer weiter, mit und ohne Senf. Wir waren sehr verzweifelt, wir waren sehr junge, sehr unerfahrene Eltern ...

Mücke war eine leidenschaftliche Daumenlutscherin, bis in ihr hohes Alter. Bis zum fünften, sechsten Jahr sagen wir. Auch bei Mücke taten wir nach Vorschrift, aber nicht mehr mit dem früheren Elan, und genau wie Uli kümmerte sich Mücke weder um Senf noch Stoff, sie lutschte doch weiter. Sie lutschte so intensiv, daß ihr Daumen ständig durchgelutscht, wund war. Wir sprachen gelegentlich davon, daß dies nun bald aufhören müsse, aber wir waren nicht sehr verzweifelt. Wir waren nun schon ältere und erfahrenere Kinderpfleger.

Dann – genau wie bei Uli – hörte bei Mücke das Daumenlutschen plötzlich von selbst auf. Wir konnten nicht einmal genau sagen, wann es aufgehört hatte, eines Abends stellten wir fest: es war vorbei.

So nehmen wir bei Achim seine Lutscherei gar nicht mehr tragisch. All solche Erziehungsmaßregeln nach Programm haben wir längst aufgegeben. Es läuft sich schon alles zurecht, finden wir, bei gutartigen Kindern bestimmt. (Und bei bösartigen läuft es sich trotz der Erziehungsmaßregeln nicht zurecht.) Nur hat Achim uns ein neues Problem beschert: er lutscht nicht nur auf dem Daumen, sondern auf dem Daumen plus Bettzipfel. Er schützt gewissermaßen den Daumen mit dem Bettzipfel, als wolle dieser durchtriebene Knabe den wunden Daumen seiner Schwester vermeiden.

Natürlich sind die Bettzipfel solcher Beanspruchung nicht gewachsen, das Leinen ist bald entzweigelutscht, und der rote Inlettstoff zeigt sich. Mit Seufzen, aber Eifer stopfte Suse nun durchgelutschte Kinderbettzipfel. Unterdes aber hatte sich bei Achim der Geschmack gebildet und gekräftigt, er lehnte rundweg gestopfte oder heile Zipfel ab, er wollte nur noch kaputte. Ihm schmeckte rotes Inlett besser als weißes Leinen.

Wir versuchten alles, im verdunkelten Zimmer steckten wir ihm einen heilen Bettzipfel in die Hand, er erhob ein mörderisches Gebrüll. Ich redete ihm gut zu, ich empfahl ihm warm den unschuldweißen Leinenzipfel – er schüttelte energisch den Kopf und verweigerte die unschmackhafte Kost. Oder er schlief gar nicht erst ein, seines legitimen Zipfels beraubt, turnte er munter im Bett umher, und sahen wir eine halbe Stunde später nach ihm, so hatte er das Bett völlig ausgeräumt.

Im Interesse seines Schlafs mußte sich Suse in ihr Schicksal finden: sie mußte Achim zerrissene Bettbezüge überziehen.

Nur wer das Herz einer Hausfrau – und nun gar das einer aus Hamburg stammenden Hausfrau! – kennt, weiß, was sie dabei leidet! Immer wieder einmal flüstert sie: »Wenn jemand das sieht! Die denken doch, ich lasse die Kinder ganz verschlampen!«

Aber das sind nur Anfälle eines alten, beinahe schon eingeschlafenen Gewissens. Eine rechte Kindermutter mit einem großen Haushalt muß oft fünfe grade sein lassen. Achim nimmt selig seinen durchgelutschten Zipfel und schläft ein – zu seinem Mittagschlaf ...

Als er wieder erwacht ist, merkt er sofort, daß etwas nicht stimmt. Seine Mutter sieht nur einen Augenblick eilig nach ihm und läßt ihn von Anneliese füttern und anziehen. Er ist sofort argwöhnisch: sicher will die Mummi wieder verschwinden, plötzlich ist sie fort, auf lange, lange Zeit ...

Diesmal läßt er sich nicht betrügen, er wehrt sich gegen das Anziehen, er will nicht essen. Er lauscht, ob er seine Mutter hört. Und hört er sie, stimmt er ein durchdringendes Gebrüll an. So dauert alles dreimal länger als sonst ... Anneliese versucht ja wohl, dem Achim begreiflich zu machen, was gleich geschehen wird, aber er versteht es nicht ...

Schließlich erscheint der Vater, den Spuren des Gebrülls nachwandelnd. Er ist heute ein milder Vater, er spricht das magische Wort: »Achim, Hotte-Prr! Will Achim mit Hotte-Prr fahren?«

Die Tränen versiegen, Achims Gesicht ist tief nachdenklich. Ohne Mühe kann Anneliese jetzt Bissen auf Bissen in seinen Mund stecken. Achim merkt gar nicht, daß er ißt. Natürlich versteht er nicht, was der Papa gesagt hat, Ausfahren ist ihm noch kein Begriff, er ist noch nie ausgefahren. Aber etwas war in Papas Worten, ein Zusammenhang zwischen Achim und Pferden. Achim sieht seinen Vater sehr fragend und erwartungsvoll an.

»Achim«, sage ich auf diesen Blick hin wieder. »Achim!

Hotte-Prr! Mummi! Hotte-Prr! Achim und Mummi – Hotte-Prr!«

Wie das kleine Gesicht aufleuchtet! Er hat verstanden, wahrhaftigen Gotts, er hat verstanden! Er quetscht sich von seinem Stuhl, er stürzt auf mich zu, er umklammert mit seinen beiden Armen meine beiden Beine und preßt sein Gesicht fest gegen meinen Schoß. Wie er sich freut! Er kann diese väterlichen Beine gar nicht fest genug drücken! Er sackt dabei immer mehr in sich zusammen, bis er auf dem Fußboden hockt. Dann hebt er das strahlende Gesicht zu mir hoch, faßt mich an der Hand und will mich aus dem Zimmer zerren. Er sagt mit tiefer Begeisterung: »Hotte-Prr!«

»Noch nicht!« bremse ich ihn. »Erst happa machen, Achim! Erst happa – dann Hotte-Prr –!«

»Jau!« sagt Achim mit einem tiefen glücklichen Seufzer und läßt sich wieder was in den Mund stopfen.

(Achim spricht bereits zwei Sprachen: hochdeutsch und plattdeutsch. Doch in den seligsten Momenten seines Daseins spricht er Platt. »Jau« kommt immer aus dem tiefsten Herzen. »Ja« sagt er auch, wenn er sich bloß fügt. »Dor!« gilt den jungen Kaninchen. »Da« bloß einem wiedergebrachten Serviettenring.)

Dann sitzt Achim zwischen seiner Mutter und dem Kutscher Jochen auf dem hohen Stuhlwagen und sieht auf die riesigen Pferde herab. Wie wahnsinnig rast Brumbusch um die beiden Gäule, wild bellend. Auch für Brumbusch sind Ausfahrten mit Pferden das Schönste auf der Welt! Sein Gebell soll sie ermuntern, nun doch endlich loszulaufen!

»Ruhe!« brülle ich. »Halt doch endlich die Schnauze, Brumbusch! Ziehen Sie dem elenden Köter eins mit der Peitsche über, Jochen, man versteht sein eigen Wort nicht! Also, Suse, vergiß den Glaser nicht. Und sag dem Töpper, er muß unbedingt noch diese Woche kommen, sonst fällt der Ofen zusammen! Und denke daran, beim Elektriker nach Birnen zu fragen. In Brumbuschs Leine muß ein neuer

Karabinerhaken – warte lieber gleich darauf! Ruhe doch, Brumbusch!«

Es ist der Tag der großen Besorgungsfuhre, alle vier Wochen fällig. Frau Fallada begibt sich nach Bergfeld, um für vier Wochen einzukaufen. (Die kleinen wöchentlichen Besorgungsfuhren erledige ich mit dem Rade.)

»Ich vergesse schon nichts!« sagt Suse beruhigend. »Los, Jochen!«

»Auf Wiedersehen, Suse! Winke-Winke, Achim!« schreie ich.

Aber Achim hat jetzt kein Auge für seinen Vater. Mit strahlendem Gesicht sieht er auf die Pferde, die endlich anziehen. Brumbusch rast voraus, hält ein, macht kehrt, stürzt den Pferden entgegen, bellt sie auffordernd an. Die Pferde traben los, der Wagen verschwindet über die Höhe bei der Erbschmiede. Ich mache das Tor zu.

»So!« sage ich zu Anneliese. »Ich gehe dann wieder rauf zu meiner Arbeit. Heute werde ich ja wohl endlich einmal einen ganz ruhigen Nachmittag kriegen!«

Für Achim wird es ein sehr erregender Nachmittag. Nicht die Stadt, nicht die Eisenbahn, nicht die Läden, nicht die vielen Menschen, denen er allen guten Tag sagen muß, sind's, die ihn erregen. Nicht einmal die Pferde sind's. Sondern wieder einmal ist der Brumbusch die Sensation des Tages!

Den ganzen Weg hält Brumbusch die Pferde munter. Er jagt ihnen voraus, zu ihnen zurück, bellt sie auffordernd an, dieser Hund, der sonst kaum je bellt! Und die alten abgetriebenen Ackerpferde traben so eifrig wie sonst nie, auch sie kennen schon die Fahrten mit diesem Hund. Er kann direkt auf ihre Beine zustürzen, sie tun ihm nichts. Sie werfen ihre Köpfe, wenn Brumbusch sie gar zu wild anbellt, sie legen noch einen Schritt zu. Jochen braucht die Peitsche nicht einmal anzurühren.

Aber dann kommen sie durch ein Dorf, Althof heißt es, und auch im Dorf ist diese Fuhre bekannt, und vor allem ist der Brumbusch bekannt. Der Brumbusch macht sich mit Dorfhunden nicht gemein, und die Althöfer Dorfhunde gemischter Rasse haben das an sich, daß sie alles Fremde hassen. Kommt Brumbusch mit seinem Herrn spazierwandelnd durch Althof, so halten sich die Dorfhunde zwar empört kläffend, doch respektvoll in geziemender Entfernung. Nur von ferne beschimpfen sie den Brumbusch, der aber reagiert nicht.

Nun aber rollt der Wagen in munterem Trabe heran, Brumbusch eilt neben ihm einher, ganz seiner Aufgabe hingegeben, die Pferde in Trab zu halten. Schon hat der erste Dorfköter seine Chance gesehen: wütend schießt er wie eine Kanonenkugel aus dem Hinterhalt und zwickt den Brumbusch ins Hinterbein!

Brumbusch heult auf. »Bru-a!« ruft Achim schmerzvoll.

Brumbusch hat kehrtgemacht, sein Gegner weicht knurrend, knurrend geht Brumbusch vor ... Doch der Wagen rollt weiter, eilig weiter ... Brumbusch hat keine Zeit für persönliche Auseinandersetzungen, seine Pflicht ruft ihn zum Wagen, er wendet und stürzt dem Gefährt nach. Ihm folgt sein feiger Gegner, und zum zweitenmal wird Brumbusch gezwickt ...

Wieder ein Aufjaulen, wieder ein schmerzliches »Bru-a!« von Achim. Wieder ein Versuch, den Gegner einzuschüchtern. Wieder der fortrollende Wagen ...

Allmählich vermehrt sich die Zahl von Brumbuschs Gegnern. Die kleinsten Fixköter, die Brumbusch mit einem Haps hinunterschlucken könnte, stürzen giftig, ihre platten Bäuche auf der Erde schleifend, auf Brumbusch und versetzen ihm ihre heimtückischen Zwicker.

»Halten Sie an, Jochen!« ruft Suse, als es gar zu schlimm wird, als Achims »Bru-a« gar zu schmerzlich klingt.

Jochen hält an. Der Wagen steht, Brumbusch steht, seine Gegner stehen, zwei Meter vor ihm. Verblüfft, verlegen stehen sie da, mit hängenden Köpfen und hängenden Schwänzen. Und der große tiefschwarze Hund steht vor ihnen, seinen Peinigern, und sieht sie an.

Was wird er tun? Wird er jetzt zurückgehen und Fleischsalat aus ihnen machen? Brumbusch sieht sie an, er wedelt sachte mit dem Schwanz, dann legt er sich bäuchlings in den Staub der Dorfstraße und will mit ihnen spielen –! Verstecken spielen –!

»Ach, Brumbusch –!« ruft Suse enttäuscht. »Du bist auch gar zu gutmütig, na warte, bis dich mal einer richtig beißt! Dann sollen sie mir nur kommen und sagen, du hast ihren Hund umgebracht!«

Suse sieht kriegerisch die Dorfstraße an. Aber die Dorfstraße liegt still und friedlich. Die feindlichen Hunde haben sich weiter von Brumbusch zurückgezogen. »Los, Jochen!« sagt Suse.

Und dasselbe Spiel beginnt von neuem, bis kurz vor Bergfeld gibt dem Brumbusch die feige Rotte seiner Feinde johlend und zwickend das Geleit. Was Wunder, daß die prachtvolle Stadt Bergfeld mit ihren eintausenddreihundert oder eintausendvierhundert Einwohnern auf Achim kaum einen Eindruck macht. Er ist ganz erfüllt von Brumbusch, immer wieder sieht er ihn an, streichelt ihn, sagt klagend zu seiner Mutter: »Bru-a-Haue!« – Die einzige Art, wie er seine Gefühle ausdrücken kann. Jawohl, Bru-a hat Haue bekommen, von dem anderen bösen Hunde, und ganz unberechtigt, das hat sein kleines weiches Herz wohl verstanden.

Ganz aufgeregt kommt Achim am Abend zu mir heim. Nicht nur, daß sich auf dem Rückweg in Althof diese Attacken wiederholt haben, nein, beinahe schon zu Haus, ist Brumbusch in Mahlendorf von einem Hund ernstlich angefallen worden. Es ist ein Hund, der Brumbusch haßt, ein in vielen Beißereien erfahrener älterer Hund. Wüßte Brumbusch seine Kräfte und Zähne zu gebrauchen, würde er leicht mit dem Gegner fertig. Aber Brumbusch ist noch jung und unerfahren, er weiß es noch nicht, daß es auch

böse Hunde gibt auf dieser Welt. Er hat sich nur ungeschickt verteidigt; Suse hat vom Wagen herunter und den
anderen Hund mit der Peitsche fortjagen müssen!

Nun muß ich Achim beruhigen, der immer wieder klagend sagt: »Bru-a – aua! Mummi – hauhau! Bru-a aua!«

Ich nehme also Achim an der Hand, drücke ihm ein Butterbrot in die andere, und zuerst gehen wir auf den Hof.
Wir streicheln Brumbusch, der ziemlich erschöpft von all
seinen Abenteuern halb schlafend auf Achims Sandhaufen
liegt. Dann gehen Achim und ich weiter. Es ist Abend,
noch ziemlich warm, aber sachte fängt es schon an zu däm-
mern. Ich gehe mit Achim zum Bienenhaus, und eine Weile
sehen wir zu, wie die letzten Bienen mit von Pollen gelben
und rötlichen Höschen heimkehren. Wir treten ein ins Bienenhaus, ich lasse eine Klappe herunter, nehme das Kissen
heraus, und hinter dem Glase sieht er die Hunderte von
Bienen, die aufgeregt umherkrabbeln, aufgeregt von dem
plötzlichen Lichteinfall in das Dunkel ihres Stocks.

Dann wandern Achim und ich gemeinsam in den Stall. Wir
sehen die Kuh fressen und die Schweinchen. Aufgeregt hop-
sen die Ziegenlämmer umher und warten auf ihr Abendfut-
ter. Grade bekommen die Kaninchen Heu. Immer häufiger
sagt Achim: »Da! – Da au!«, immer seltener: »Bru-a aua!«

Wir gehen zurück ins Haus. Achim hat sein Brot aufge-
gessen, ich überantworte ihn Suse zum abendlichen Bad.
Nun ist der Zwischenfall schon fast vergessen. Wie regelmäßig versucht Achim, vom Badewasser zu trinken, und
bekommt dafür einen Klaps, den er mit einem kurzen Heu-
lerchen quittiert. Wie regelmäßig brüllt er stärker los, wenn
die kalte Dusche kommt. Und wie regelmäßig läßt er sich,
vor Freude strahlend, in sein Bettchen legen.

»Achim, lege dich auf die Seite!« sage ich. Und behaglich
legt er sich auf die Seite. Ich stopfe die Decke um seine
Schulter fest. »Achim, wo ist denn dein Zipfel?« frage ich.

»Dor!« strahlt er.

Dunkel wird's. »Schlaf recht, recht gut, Achim!« sagen wir. »Das war ein schöner Tag, was?«

Er stöhnt nur vor Behagen.

Jawohl, es war ein schöner Tag, einer von vielen, ein richtiger, glückseliger Kindertag!

2. Die in der Mitte

So geschwind der Achim ist, so langsam ist die Mücke. Tatsächlich hält Mücke längst den Kinderrekord in Langsamkeit im Lande Mecklenburg, und ich habe es ihr schon viele Male vorausgesagt, daß sie noch das langsamste Kind von Deutschland werden wird. Mücke rühren solche Bemerkungen ihres Vaters gar nicht, sie sagt bloß in edler Gelassenheit: »Red bloß nicht solchen Quatsch, Papa!«

Unvergessen im Hause Fallada werden für alle Zeiten Mückes Mittagsmahlzeiten sein. Noch heute bekommt Suse einen leichten Schüttelfrost, wenn sie daran denkt. Mücke startete etwa gleichzeitig mit uns, sie nahm den Löffel in die Hand und ermittelte schon durch die Berührung des Löffels, daß die Suppe zu heiß sei. Ihr wurde versichert, die Suppe sei grade richtig, sie solle nur losessen. Also tunkte Mücke den Löffel in die Suppe, als Suse entdeckte, daß Mücke ihr Lätzchen noch nicht umgebunden hatte. Also wurde Mücke aufgefordert, ihr Lätzchen umzubinden. Sie tat es – und als sie damit fertig war, da waren wir mit der Suppe fertig.

Sie hatte noch nicht die erste Kartoffel angepiekst, da waren wir beim Kompott, und wenn wir uns vom Tisch erhoben, saß Mücke vor ihrem gehäuften Teller, vor ihrem rettungslos kalt gewordenen Essen. Es ereignete sich, daß ich nach meinem Nachmittagsschlaf herunterkam: Mücke saß noch beim Essen! Bleich vor Verzweiflung, saß Suse bei ihr und rief: »Mücke, Mücke, iß doch endlich!«

»Ich eß immerzu«, sprach Mücke mit unerschütterlicher Gelassenheit. »Bloß –: ich kau nicht …«

Zum zweiten aber ist Mücke der einzige Mensch in meinem Haus, der richtig Konversation zu machen wagt, will sagen, sie redet nur um des Redens willen, damit die Rederei nie einschläft. Suse und ich, wir sind beide eher schweigsame Menschen, wir sitzen einen ganzen Abend zusammen, jeder mit seinem Pusselkram beschäftigt, und reden keine zehn Worte.

Mücke schlachtet weder nach Vater noch nach Mutter. Mücke redet. Mücke kann ohne Reden nicht leben.

»Papa, hör mal –!«

»Ja, Mücke –?«

»Hast du die Anemonen aus dem Bullerbusch mitgebracht?«

»Ja, Mücke.«

»Gibt's im Bullerbusch jetzt Anemonen?«

»Ich glaube, ich hab' dir's schon gesagt.«

»Aber immer gibt's dort keine Anemonen?«

»Nein.«

»Dann gibt's aber andere Blumen. Wenn's keine Anemonen gibt, gibt's andere Blumen, nicht wahr, Mummi?«

(Ein anderer Gesprächspartner ist gewählt wegen des Vaters drohendem Gesichtsausdruck.)

Mücke ißt eine Gabel voll. Dann: »Ich gehe auch Anemonen pflücken – wenn ich mit Essen fertig bin.«

»Du kannst doch nicht in der Nacht Anemonen pflücken, Mücke!«

»Red bloß keinen Quatsch, Papa. Ich werd schon noch fertig mit Essen. Ich geh mit Susi und Gising und Anni Becker Anemonen pflücken. Ich nehm einen Korb mit. Anemonen pflückt man doch am besten in einen Korb?«

»Wie du siehst, habe ich nur ein Sträußchen gepflückt, Mücke. Es gibt gar nicht mehr viel Anemonen im Bullerbusch. Die meisten sind schon verblüht.«

»Dann pflück ich eben die andern Blumen. Wenn man Blumen pflückt, muß man einen Korb mitnehmen, sagt Herr Lange. (Herr Lange ist Mückchens Lehrer.) Sonst werden die Blumen welk. Papa, sind deine Anemonen eigentlich auch welk geworden?«

»Wie es aussieht, nein. Und nun fordere ich dich zum letztenmal auf, Mücke, den Mund zu halten. Jetzt kommt der Nachrichtendienst. Stell mal einer das Radio lauter!«

Eine Stimme ertönt: »Das Oberkommando der Wehrmacht gibt bekannt ...«

Wir essen lauschend. Da, ein durchdringendes Geflüster: »Wenn es keine Anemonen gibt ...«

»Zum Donnerwetter, Ruhe, Mücke!«

»... und keine andern Blumen ...«

»Mückchen, wenn du jetzt nicht still bist, gehst du ins Bett!«

Ein anklagender, tränenerfüllter Blick. Schweigen. Nachrichtendienst. Dann: »Wir geben jetzt den Bericht zur Lage ...«

»Stellt mal das Radio ab! Nun, Mückchen, was hattest du eben noch so dringend zu erzählen?«

Strahlendes Lächeln. »Aber gar nichts, Papa! Siehst du, nun hast du wieder zuerst gesprochen, und du sagst immer, ich kann den Mund nicht halten!«

Würden es Suses ältere Schwestern mir nicht auf das ernsteste versichern, Mücke sei ein höchst naturgetreu gelungener Nachdruck Suses im neunten Lebensjahr, ich würde Mücke nie für unser Kind halten. Freilich kann ich mir in meiner kühnsten Phantasie nicht ausmalen, wie sich so etwas zu einer Suse entwickeln kann. Aber das verspricht ja immerhin noch einige angenehme Überraschungen.

Die eben wiedergegebene Unterhaltung (die ich wegen der Ungeduld meiner Leser stark kürzen mußte) enthüllt noch eine dritte Eigenschaft Mückes: sie ist der schärfste Bohrer des Weltalls. Sie durchbohrt mühelos Holz, Stahl,

Zement, sie bringt ihren Vater zum Rasen, sie ermüdet sogar die unendliche Geduld meiner Frau – in etwa vier Minuten.

Manchmal, wenn Suse die Mücke einen Vormittag lang in Reinkultur genossen hat, fühle ich mich bewogen, meine Gute eine Weile von ihr zu erlösen. »Mücke«, sage ich. »Zieh dich an. Du wirst jetzt mit mir und Brumbusch spazierengehen.«

Mücke zieht einen Flunsch. Sie hat die Abneigung aller gesunden Kinder gegen das Spazierengehen der Erwachsenen. Außerdem geht ihr Vater ziemlich schnell, über Berg und Tal, meist ohne Wege, was ihr lästig ist. Mücke versteht auch ohne weiteres die Zusammenhänge, sie beteuert: »Ich geh jetzt auch bestimmt auf den Hof spielen.«

»Das sagst du seit drei Stunden«, erklärt Suse. »Tu jetzt, was der Papa sagt, und zieh dich an!«

»Aber ich hab so Schmerzen in meinem Fuß!«

»Für Schmerzen im Fuß ist Spazierengehen ausgezeichnet! Los, Mücke, oder ich bringe dich auf den Trab!« Aber dann tun mir ihre großen, sich langsam mit Tränen füllenden Augen doch leid. »Wenn du mitkommst und schnell gehst, machen wir heute auch was ganz Feines!«

»Oh, Papa, wirklich? Was machen wir denn?«

Ich beuge mich zu ihr und flüstere in ihr Ohr: »Wir kokeln –!« Einen Augenblick sieht sie mich verständnislos an. Dann kommt ihr die Erinnerung an das vorige Jahr. Dies wird also einer der ganz großen ländlichen Festtage: wir kokeln! Einmal im Jahr kokelt Papa mit ihr, er kokelt ganze Berge an!

Bewegung kommt in Mücke, es kommt sogar so etwas wie Tempo in sie. »Oh, Papa, darf ich Susi mitnehmen?«

(Mücke hat solch ein Herz: wenn sie etwas Schönes hat, immer sucht sie jemanden, mit dem sie es teilen kann.)

»Los, lauf voraus! Hol die Susi! Wartet auf mich am Spritzenhaus!«

In ihren Wintermäntelchen stehen beide dann wirklich schon im Windschutz des Spritzenhauses, als ich mit Brumbusch komme, die große, stämmige, langsame, blonde Mücke und die einen Kopf kleinere, zierliche rothaarige Susi, die so leicht ist wie eine Feder. Den ganzen Weg tanzt sie vor uns hin, wirbelt um ihre Achse, scheint ohne Schwere ...

Sie sind die besten Freundinnen, unzertrennlich; durchschnittlich einmal täglich verzanken sie sich, reißen sich die Haarschleifen von den Köpfen, kleben sich eine – und treffen sich am nächsten Morgen wieder auf dem Schulweg.

»Mücke! Susi!« spreche ich mahnend, ehe wir losgehen. »Es wird aber nicht geschnüffelt! Hat jede von euch auch ein Taschentuch mit? Gut! Also los! Und nicht schnüffeln!«

Es gibt Moden, auf dem Lande wie in der Stadt, bei den Kindern wie bei den Großen. Zeitweise verbreitet sich die Mode im Dorf, mit mir spazierenzugehen. Mit einem halben, einem dreiviertel Dutzend Kinder ziehe ich dann los, sie lauern auf meine Spaziergänge wie der Hund. Das kann sehr amüsant sein, bestimmt ist es ziemlich anstrengend, dieses Gezappel im Zug zu halten, dieses Gerede anzuhören. Denn es sind alles kleine Mädchen zwischen sieben und zehn, die gerne viel über nichts reden.

Wie dem auch sei, in der schlechten Jahreszeit ist es eine rechte Nervenprobe. Alle haben den Schnupfen, und so schnüffeln sie alle. Ich gehe in einer Gesellschaft von Schnüfflern, immer schnüffelt eines. Tritt wirklich einmal Stille ein, so warte ich mit angstvoller Spannung, wie lange das Glück dauert. Schon schnüffelt eine, schon schnüffeln drei, sie holen's kräftig nach. »Kinder!« schreie ich in meiner Qual. »Hört endlich auf mit Schnüffeln, oder ich laufe euch weg!«

Ich bin ein Zivilisationsträger im Dorfe Mahlendorf: mit der Zeit gewöhne ich den Kindern das Schnüffeln ab. Ich setze Prämien aus für Nicht-Schnüffeln, Prämien in Bonbons, auf der Stelle zahlbar, wenn fünf Minuten nicht geschnüffelt wird. Oh, ich erziele Erfolge! Ich kann auf mein Gewinnkonto fast schnüffelfreie Spaziergänge buchen!

Aber dann kommt ein eiskalter Tag mit schneidendem Ostwind. Lieber Leser, ich muß es gestehen, auch mir drippt die Nase. Ich kann gar nicht schnell genug das Taschentuch zu fassen kriegen, und plötzlich schreit Susi grell auf: »Wer hat nun geschnüffelt? Herr Fallada hat geschnüffelt!«

Und sie tanzt um mich, und die anderen tanzen um mich: »Schnüffler! Schnüffler!« Beschämt stehe ich in ihrer Runde und muß es gestehen: auch ich habe geschnüffelt!

Aber ich wollte nicht vom Schnüffeln, ich wollte vom Kokeln erzählen, und ich möchte meinem Leser gleich sagen, um einem unmutigen Runzeln der Stirn über diesen unpädagogischen Fallada vorzubeugen, daß ich nicht leichtfertig meine Kinder zu Brandstiftern erziehe. Es gibt drei große Feste auf dem Lande bei uns, zu denen das Feuer gehört. Das erste ist das Abbrennen des trockenen Wintergrases auf dem Unland, den König-Lear-Heiden, damit das junge Gras im Frühjahr um so freier wachse. Das nächste Fest sind die großen Sonnenwendfeuer, die auf allen Kuppen unseres Landes aufflammen. Und zum drittenmal brennen die Feuer im trüben, grauen Herbst, wenn das Kartoffelkraut verbrannt wird.

Es wäre ein Unding, wollte ich meine Kinder von diesen Feuern fernhalten. Es ist nie zweckmäßig, Verbote zu erlassen, bei denen nur eine sehr geringe Wahrscheinlichkeit besteht, daß sie befolgt werden. Also gehe ich lieber selbst mit meinen Kindern kokeln, ehe ich riskiere, daß sie eine Schachtel Streichhölzer klauen und allein ihre Brände anlegen.

Ich habe ein bestimmtes Ziel im Auge, einen langen Hang zum See hinunter, ab und an mit Ginster, Dornbusch und Brombeeren bestanden, aber sonst im allgemeinen nur mit Thymian, einem kleinen kriechenden Moos und saurem, hartem Gras bewachsen. Es ist der jämmerlichste Boden von der Welt, steinig, nicht einmal fliegender Sand, sondern, was viel schlimmer ist, »klingender Sand«. Man hört die winzigen Steinchen, aus denen dieser Sand besteht, hell aneinanderklingen, läßt man den Sand am Ohr vorüberrieseln! Der

Besitzer dieses schönen Hanges läßt ein paar Tage im Jahr seine Kühe dort weiden, was man eben auf solchem Boden weiden nennt: das Vieh frißt sich hungrig.

Ich hoffe, auf diesem abgelegenen, stillen Hang hat noch keiner gekokelt. Auf unserem Wege dorthin finden wir überall weite Flächen, die schon schwarz gebrannt sind. Die Kinder, Susi und Mücke, sind voller Besorgnis, wir könnten keine Stelle mehr für uns finden. Sie halten es gar nicht mehr aus vor gespannter Erwartung. »Hier, Papa!« rufen sie. »Hier geht's bestimmt!«

Ich bin voller Verachtung. »Nein, so ein kleiner Fleck! Und überall dazwischen blanker Sand, wo das Feuer nicht weiter kann! Nein, wenn wir kokeln, wollen wir richtig kokeln, dann soll es bis in den Himmel hinein brennen!«

»Kann's wirklich bis in den Himmel hinein brennen, Papa?«

»Nein, das sage ich nur so. Aber ein gewaltiges Feuer wollen wir haben! Sieh mal, Mückchen, das sind ja alles hier nur ganz kleine Stellen, kaum größer als meine Stube! Eben angebrannt, ist es schon wieder alle!«

»Na ja, Papa«, sagt Mücke weise. »Das haben ja auch nur Jungens angekokelt. Jungens können's eben nicht besser. Du bist ja auch kein Junge mehr, Papa, du bist ein Herr. Na, laß sie, Papa, Jungens wollen ja auch ihren Spaß haben, ein kleines Feuer macht denen eben auch Spaß ...«

Dieses Thema wird von Mücke variiert, bis wir an meinem Hang angelangt sind. Meine Ahnung hat mich nicht betrogen: hier ist uns noch keiner zuvorgekommen! Etwa einen Kilometer weit erstreckt sich der Hang am Seeufer entlang, bis zu achtzig Meter Höhe emporsteigend. Unten ist der See, an den Seiten und oben liegen weit die sandigen Äcker, die von den Bauern nur mit Seufzen bestellt werden. Irgendeine Gefahr, daß das Feuer weiterlaufen kann, besteht nirgends.

Wir gehen den ganzen langen Hang ab, die Kinder sind schon sehr ungeduldig. »Sieh nur, Papa, das schöne trockene

Gras, laß uns doch hier anfangen! Warum fangen wir noch nicht an?«

»Der Wind, Mücke, der Wind! Merk doch, woher der Wind bläst. An der äußersten Ecke fangen wir an, dann jagt der Wind das Feuer über den ganzen Hang! Wenn wir's richtig machen, Mücke, müßten wir mit einem einzigen Streichholz den ganzen Abhang abbrennen können!«

»Oh, Papa, mit einem einzigen Streichholz!«

Nun kauern wir alle am Rande des Hangs, in einer fast windstillen Ecke. Hier ist es »schulig«, wie man bei uns sagt. Wir machen ein kleines Nest aus trockenem Gras, aus alten verdorrten Kamillenstengeln, aus schwarzgefrorenen Ginsterspitzen.

»So, Kinder!« sage ich und nehme die Streichholzschachtel in die Hand.

Warum klopft auch mir das Herz, genau wie den Achtjährigen? Warum bin auch ich voller Erwartung, als stünde mir ein Glück bevor? Aus den Urzeiten muß es in jedem Menschen stecken, daß Feuer etwas Heiligendes, Reinigendes ist, daß das Entfachen der Flamme einer priesterlichen Handlung gleicht! Ein Stück Feueranbeter, Sonnenverehrer ist in jedem von uns, besonders in unserem sonnenarmen Lande!

»Oh, Papa!« sagt Mücke bedauernd. Das erste Streichholz ist mir durchgebrochen, ehe es noch zündete. Aber sofort tröstet sie mich: »Das macht gar nichts, Papa. Das Streichholz rechnet nicht mit, es hat ja nicht richtig gebrannt. Deswegen brennst du den ganzen Hang doch mit einem Streichholz ab, nicht so wie die Jungens. Das ist ja Dreck, was die Jungens machen! Ein Fleck nicht größer als deine Stube … Das ist ja schade um die schönen Streichhölzer. Streichhölzer werden jetzt auch knapp …«

Sie verstummt, sie sieht atemlos zu, wie das Streichholz das kleine Grasnest entflammt. Es brennt sofort, prasselt leise – und die Flamme sinkt zusammen, kriecht am Boden …

»Trockenes Gras, Kinder!« rufe ich voller Eifer. »Schnell, trockenes Gras drauf! Der Wind muß erst reinfassen!«

Eilig geben wir der kleinen Flamme zu fressen. Sie windet sich, kriecht hierhin, dorthin. Der Wind scheint sie eher auszublasen als anzufachen, eine kahle Sandstelle von zehn Zentimeter Breite vermag sie nicht zu überqueren.

»Los, Susi, immer auf den Ginsterbusch dort zu! Da steht soviel hohes trockenes Gras, wenn sie erst da ist, haben wir gewonnen! Ach, Mücke, was bist du langweilig! Gras, sage ich, nennst du solchen Wurzelklumpen mit Sand Gras –?! Da, da hast du es beinahe ausgemacht! Los, Susi –!«

Plötzlich halten wir inne. Die Flamme hat das hohe dürre Gras beim Ginster erreicht, mit einem Schlage flammt es auf. Die schwarzen Spitzen des erfrorenen Ginsters werden glühend rot, es prasselt und knackt – und nun heult der Wind hinein! Die Flamme biegt sich, sie springt vorwärts, zur Seite, ein heller, weißer Qualm steigt auf …

»Wir haben's geschafft, Kinder!« sage ich mit einem tiefen Aufatmen und stecke die Hände in die Tasche. »Nun brennt der Hang!«

Auch die Kinder stehen ganz still und atemlos. Sie starren auf das Feuer, das vom Wind mit unglaublicher Schnelligkeit den Hang hinaufgejagt wird, das sich ausbreitet nach rechts und nach links, Zungen bildet, Strecken überspringt – dieses kleine Feuer, das eben noch ein Kinderschuh hätte austreten können!

»Oh, Papa!« ruft Mücke. »Mir wird angst!« Und ihre Hand sucht nach der meinen.

»Siehst du!« sage ich zu Mücke und halte ihre Hand. »Du wirst so etwas nie allein machen, nicht wahr? Und du, Susi, auch nicht?«

»Nie!« sagt die Mücke. »Nie! Dafür hätte ich viel zuviel Angst. Nicht wahr, Susi? – Oh, Papa, jetzt brennt schon der ganze Berg!«

Es ist wirklich ein herrlicher Anblick. Das Feuer fliegt

mit Zauberschnelle über den Hang. Eben standen noch die kinderhohen Ginsterbüsche schwarz und tot da, nun berührt sie die Flamme, und eine mannshohe hellrote Glut schlägt knisternd auf, eine schwarze Rauchwolke verbreitend, während das brennende Gras einen weißen, beizenden Qualm aussendet.

Wir können dem Feuer fast auf dem Fuße folgen. Der Boden ist kaum warm geworden, Äste, die nicht einmal fingerdick sind, fangen nicht Feuer, sind nur schwarz berußt. Auch die Ginsterbüsche stehen nach dem Feuerbesuch wie vorher, nur ihre dünnsten, trockensten Zweige sind aufgeflammt. Es ist nicht einmal ein Strohfeuer, es ist, als sengte man den Berg ab, wie die Hausfrau ein Huhn absengt.

Aber es sieht schaurig schön aus. Man wird dieses Knisterns, dieses Aufflammens nicht müde. Man? Ich! Die Kinder haben längst eine andere Beschäftigung gefunden. Das Fortschreiten des Feuers interessiert sie kaum noch. Sie haben sich kräftige Ginsterzweige abgebrochen und schlagen jetzt das am Boden im Moose kriechende Feuer aus. Ebenso eifrig wie sie beim Anzünden waren, sind sie jetzt beim Löschen!

Und Brumbusch, unser junger Hund, wie verhält sich der Edle Herr Gregor von Mannheim bei solch einem Weltenbrand, der heiligen Flamme gegenüber? Ich muß sagen, daß Brumbusch mich enttäuscht, er benimmt sich reichlich indolent dem wütenden Element gegenüber. Er bellt es nicht einmal an, er nimmt gar keine Notiz von ihm. Er niest einmal, wenn ihm der Qualm in die Nase zieht, und dann wälzt er sich kräftig im Grase, kaum drei Meter entfernt vom heranschleichenden Feuer.

»Warte nur, Brumbusch!« sage ich verheißungsvoll. »Wenn dir das Feuer erst den Buckel brennt!«

Aber Brumbusch wartet nicht; ohne das Feuer zu beachten, kommt er doch nie mit ihm in Berührung. Nun wandelt er auf seinen dicken Pfoten gravitätisch auf mich zu, setzt sich vor mich hin und sieht mich bittend an. Zum Überfluß gibt er mir auch noch die Pfote: ich soll doch endlich mit dieser elenden Langweilerei aufhören und richtig mit ihm spazierengehen!

Keine Viertelstunde, und der ganze lange Hang ist schwarz und dunkel. Der Ostwind hat die letzte Spur von Qualm fortgejagt, klare kleine Wölkchen stehen am blaßblauen Himmel. Wir gehen nach Haus.

»Morgen kokeln wir doch wieder, Papa?« bittet Mücke.

»Ich glaube, Mücke«, sage ich, »mit dem Kokeln ist es für dieses Jahr vorbei. So eine Stelle finden wir bestimmt nicht mehr. Ich denke auch, einmal richtig schön ist genug, was?«

Worauf die Mücke mir das bestätigt, und nun wird alles wieder rekapituliert: die Jungens mit ihren kleinen Fleckchen, schade um die vielen Streichhölzer, aber wir haben nur eines gebraucht, eigentlich zwei, nein, Susi, eigentlich nur eines – und nun beginnt der Streit zwischen den beiden bis nahe zum Haarschleifenausraufen ...

Wenn dann der Sommer kommt, wenn es warm, wenn es schwül ist, wenn es ein paar kräftige Regenfälle gegeben hat, dann halte ich es nicht mehr aus, dann nehme ich mir einen halben Tag frei ...

»Du, Mücke, soll ich dich morgen früh schon um fünf wecken?«

Ihre Augen leuchten auf. Alle meine Kinder sind begeisterte Frühaufsteher, Frühwachwerder, sehr zum Leidwesen Suses.

»Warum denn, Papa?«

»Mach dein Rad schon heute abend fertig, Mücke! Um halb sechs fahren wir morgen los – in den Wald!«

»Pilze –?« fragt Mücke erwartungsvoll.

»Wir wollen wenigstens mal nachsehen, ob's schon welche gibt, nach dem Gewitterregen vorgestern müßten sie eigentlich wachsen, aber vielleicht ist's noch zu früh. Finden wir nichts, sind wir um acht schon wieder zu Haus.«

»Ach, Papa, wir werden schon welche finden! Du findest doch immer welche!«

Das ist nun freilich übertrieben, auch ich habe meine Versager. Aber so viel ist richtig, daß ich Pilze wittere. Ich schnuppere im Walde, und ich weiß, hier müßte es Pilze geben. Und dann finde ich sie auch …

Ich bin der leidenschaftlichste Pilzsucher meiner gesamten Bekanntschaft, ich, der ich mich beim Erdbeerpflücken nicht bücken kann, merke beim Pilzsuchen überhaupt nicht, daß ich mich bücke. Ich kann sechs Stunden lang Pilze gesucht haben, sehe ich auf dem Heimweg nur einen klimperkleinen: schon springe ich vom Rad und hole mir auch noch den Zwerg. Und fühle nicht das geringste Ungemach im Rücken!

Und ich, dem seine Arbeit über alles geht, der an sie gekettet ist wie ein Galeerensträfling an seine Ruderbank, ich mache mich frei für einen Vormittag, für zwei Vormittage, für fünf Vormittage, lasse die Arbeit im Stich und suche Pilze (freilich unter Vor- und Nacharbeitung des auferlegten Pensums).

Ich habe mich oft gefragt, was denn an diesem Pilzesuchen so Herrliches ist, was mich dabei so glücklich macht? Es kann nicht der Aufenthalt im Walde sein, denn um des Waldes willen ließe ich meine Arbeit nicht einen Vormittag im Stich. Und es können auch nicht die Pilze sein, die ich finde, so gerne ich Pilze auch esse, Pilze kann man schließlich kaufen.

Es kann nur das Sammeln sein, das mich so glücklich macht. Das Sammeln mit all seinem Drum und Dran, dem Herumstreifen in den weiten stillen Wäldern, dem ewig unermüdlichen, unersättlichen Suchen, dem fast gierigen Füllen von Beuteln und Körben – und immer weiter und nie genug! Wie oft hat Suse mir schon gesagt: »Aber, bitte, bring heute nicht so viele mit! Wir schaffen es einfach mit dem Putzen nicht mehr! Es ist gerade jetzt so viel mit der Einmacherei zu tun! Bring nicht mehr, als daß wir zum Abendessen ein paar Pilze haben!«

»Na ja!« sage ich und ziehe ab.

Und dann finde ich eine Stelle, und dann finde ich noch eine Stelle. Und nun müßte ich schon längst nach Haus fahren, denn das sind Pilze für drei Abendessen! Aber wie kann ich das –? Hier ganz in der Nähe ist ein Gestell, da hab ich einmal vor zwei Jahren ganz überraschend im tiefsten Moos die herrlichsten großen, festen Pfifferlinge gefunden! Seitdem bin ich nicht mehr in diesen Waldteil gekommen, ich will wenigstens mal nachsehen ...

Also sehe ich nach. Und siehe, es leuchtet gelb im grünen Moos, und wenn ich den ersten festen Pilz in der Hand habe, und ich fühle das Fleisch, und ich sehe die feinen Rippen der Lamellen unter dem krempigen Schirm, und ich rieche diesen frischen Duft aus Waldfäulnis und Moos und Wurzelwerk und feuchter Erde – dann bin ich verloren! Stehenlassen? Zum Verfaulen? Für andere? Nicht um's Verrecken! Hier wird gepflückt, noch der letzte, schäbigste Pilz wird gepflückt. Wenn Suse mit ihren jungen Mädchen nicht soviel Zeit hat, so kann sie ja Pilzextrakt kochen, der macht nicht soviel Mühe.

Und dann radle ich glücklich heim. Bis zur letzten möglichen Minute bin ich im Wald geblieben. Im Schnellzugtempo jage ich die schmalen Waldwege der Holzhauer entlang, um zur rechten Zeit das Mittagessen zu erreichen. Ich schätze mein Sammelergebnis auf gut zwanzig Pfund, entspricht einem Wert von etwa sechs Mark, macht einen Stundenlohn von einer Mark – und was verdiene ich mit sechs Stunden Schreiben? Nein, so gerechnet ist dieser Vormittag ein blanker Verlust, und wie reich komme ich mir vor!

Natürlich beschimpft mich Suse nicht, wenn ich statt mit einem Abendessen mit einem Tragkorb voller Pilze ankomme. Das ist ihre Art nicht. Mit einem kleinen Seufzer sagt sie: »Na, stell's man dort hin! Wir werden es schon irgendwie schaffen!«

Aber nicht einmal damit gebe ich mich zufrieden. Ich

verlange, daß Suse mein Ergebnis bewundert. Ich suche die schönsten Exemplare hervor, von den hervorragendsten Pilzen weiß ich genau, wo ich sie fand. Ach, jetzt, da ich diese Zeilen schreibe, denke ich an bestimmte Stellen in dem Forst. Ich sehe den Waldboden vor mir, die Sonnenflecke darauf, wieder rieche ich den Duft – da fandest du die kleinen festen Steinpilze! Dort im Ginster und Moos saß ein ganz dickes Nest Morcheln! Und dann jene Bootsfahrt eines Abends, es dämmerte schon, über den See nach einer bestimmten Koppel, nur mal nachzusehen, ob es schon Champignons gab …

Und als ich im tiefsten Dunkel heimkam, leuchtete mein Boot weiß von den Champignonbergen, und als wir's gewogen hatten, waren es ein Zentner und zwanzig Pfund herrlichster Champignons. Ein wunderbarer Champignon ohne einen Wurm, der Schaf-Champignon, den wir dem angeblich viel edleren Wiesenchampignon bei weitem vorziehen. Stücke von einem halben Pfund waren dabei, schneeweiß, fehlerfrei, zum Reinbeißen!

Aber wenn ich von Pilzen rede, verliere ich Maß und Ziel. Da gleiche ich den Jägern, die von ihren Böcken erzählen, den Anglern, die von Trockenfliege und Wurfangel und Darre schwärmen, und ich gleiche den Briefmarkensammlern, ich gleiche überhaupt jedem Menschen mit einem Steckenpferd. Und ich wollte doch nur erzählen, wie ich das Mückchen mit in den Wald zum Pilzesammeln nehme, vielleicht dreimal im Jahr.

Öfter will sie nicht … Es wird ihr ein bißchen zu anstrengend, das Tempo ihres Vaters ist beim Pilzesuchen auch gar zu schlimm …

Mückchen müßte nicht das Mückchen sein, wenn es am Morgen sein Rad in Ordnung hätte. Wahrscheinlich hat sie es mit Feuereifer geputzt und geölt, hat dann aber vergessen, die Schläuche aufzupumpen. Irgend etwas hat sie immer vergessen. So beginnen Tag und Ausflug mit einer handfesten Abreibung durch den Vater, der fluchend ihre Reifen aufpumpt. Und Mückchen hört sich diese Abreibung mit edler Gelassenheit an. Sie bekommt so viele Abreibungen von ihren Eltern wegen ihrer Tutigkeit, Susigkeit, Langweilerei, Trödelei, Vergeßlichkeit, daß sie wirklich nicht mehr viel Gefühl an die einzelnen Abreibungen wenden kann. Wir sehen das auch vollkommen ein, und ich erledige darum diese Predigten auch mit einem Maximum an Stimme und einem Minimum an Gefühlen. Nur, ein bißchen Tempo muß in das Mädchen doch zu kriegen sein –!

Dann besteigen wir die Räder. Nach erprobter Methode hat Mücke vorauszufahren, so kann ich sie beim Trödeln hetzen. Fährt sie hintennach, bleibt sie unweigerlich auf fünfhundert Meter dreihundert zurück; ich kann noch so langsam fahren, sie fährt immer noch ein bißchen langsamer. Es ist ja überhaupt ein wahres Wunder, daß sie je radeln gelernt hat, diese rapide Fortbewegung, wo Gehen eigentlich schon viel zu schnell ist!

Ohne Onkel Herbert wäre dies Wunder auch nie geschehen. Ihr Vater hätte sich lieber jede Zehe einzeln vom Fuß abgebissen, ehe er dieser Trödelantin das Radeln beigebracht hätte! Aber Onkel Herbert besaß eine unerschöpfliche Geduld. Hundertmal, dreihundertmal, dreitausendmal rief er: »Mücke, treten! Mücke, vergiß das Treten nicht!« Und schob hemdsärmelig, vor Schweiß triefend, Mücke bergauf und bergab durch's Dorf.

Nach einem unerforschlichen Ratschluß der Vorsehung machen meine Kinder alles anders wie andere Kinder. Achim saß und lag, dann lernte er gehen. Nachdem er gehen konnte, entdeckte er das Krabbeln und wurde flugs aus einem Zweifüßler wieder zum Vierfüßler, da doch jedes Elternteil weiß: ein Kind macht es umgekehrt.

Uli sollte schwimmen lernen. Er stand auf der Treppe des Badehauses, sprang mit einem Satz, die Arme ausgestreckt, in die Fluten, schoß unter Wasser dahin wie ein vollendeter

Taucher und kam acht oder zehn Meter weiter wieder zum Vorschein. Aber über Wasser schwimmen konnte er nicht. Er wollte es auch nicht lernen. Unter Wasser war es doch viel schöner!

Jeder Radler weiß, daß rasch radeln die geringste Kunst ist. Man muß nur feste treten, und das Rad kippt nicht. Langsam radeln, ganz langsam radeln, auf dem Rad gewissermaßen stehen, das ist schwierig. Mücke begann mit dem Schwierigen, nahm das Rad die Geschwindigkeit eines mäßig bewegten Kinderwagens an, so bremste sie und fuhr, die Unterlippe bedachtsam vorgeschoben, in Schlängelungen. Dann stieg sie ab, kühl bis ans Herz hinan. »Papa, was bin ich gesaust!« sagte sie.

»Ich fand's nicht sehr sausig!« sagte ich.

»Aber ich *bin* gesaust! So wie Uli sause ich natürlich nicht, aber das nutzt das Rad nur ab. Ich kann mein Rad haben, bis ich sechzehn Jahre alt bin, hat der Händler gesagt, da sause ich nicht so! Aber ich sause doch. Man muß nur nicht immer so sausen …«

Nun fahren wir also in der Sommermorgenfrühe in den Wald. Ich sehe es Mückchens Rücken an, ich merke es an ihrem Tempo, daß sie sich gewaltig Mühe gibt, ihres Vaters Zorn nicht von neuem zu erregen. Ich sehe ihr Gesicht nicht, aber ich weiß, es trägt denselben geduldig bemühten Ausdruck, wie wenn sie ihre Schularbeiten macht. Sie hat das sanfteste und geduldigste Herz von der Welt, sie hat das Herz ihrer Mutter …

»Na, Mückchen, was ist denn nun schon wieder los –?! Warum steigst du denn ab?«

»Aber, Papa, so'n Berg, da komme ich nicht hoch!«

Ich sehe mich um, weit und breit ist von einem Berg nichts zu entdecken. Nicht einmal ein Hügel ist vorhanden. Aber wie ihre Mutter, nicht wie ihr Vater, läßt Mückchen sich nicht hetzen. Für ihre Verhältnisse ist sie recht stramm geradelt, nun erholt sie sich erst einmal wieder …

Dann kommen wir in den Wald. Wir fahren auf schmalen Fußsteigen, oft an der Kante kleiner tiefer Schluchten, mal über glatten, trockenen Nadelboden, dann wieder über das leise raschelnde Laub von Buchenwäldern. Viele Meilen weit erstrecken sich diese Forsten, und wir haben sie fast immer allein für uns. Wo ich suche, sucht kein Mensch.

»Halt, Mückchen!« rufe ich, und sie hält. Wir verstecken unsere Räder im Unterholz und gehen los, unsere Körbe in der Hand. »Nun bin ich neugierig«, sage ich, »wer von uns den ersten Pilz findet!«

»Du natürlich, Papa!«

»Das ist noch gar nicht raus. Übrigens finden wir vielleicht gar nichts!«

»Du doch immer, Papa!«

»Na –! Beruf es nicht! So, Mückchen, von nun an müssen wir aufpassen. Halte dich ein bißchen links. Wir gehen hier grade durch die Kiefernstangen, immer mit der Sonne im Rücken.«

Ich gehe ganz langsam. Ich habe es schon gesehen: wir werden Pilze finden. Da und dort blitzt es gelb. Es kribbelt mir in den Fingerspitzen, ich möchte mich bücken ... Aber Mückchen ist ein wenig zu sehr geneigt zu sagen: »Das kann ich nicht!« und den Kampf aufzugeben, ehe er noch begonnen hat. Sie hat den rechten Glauben nicht an ihr Glück, darum soll sie den ersten Pilz finden!

Da steht direkt vor mir eine ganze Pfifferlingfamilie, würdige Erwachsene mit großen, breitkrempigen Hüten, die sie abenteuerlich aufgebogen haben, und viele Kinder, die ihre Füße schräg gegen den Fuß der Großen stellten. Das ist fast unüberwindlich, daran kann ich nicht vorübergehen, hole der Henker die ganze Pädagogik! Ich *muß* diese Pilze aufsammeln!

Da erreicht mich Mückchens Schrei und erlöst mich von meiner Gier!

»Papa! Papa! Ich hab den ersten! Denk mal, ich hab den ersten! Sieh doch bloß, so einen großen, festen!«

Sie stürzt auf mich zu und zeigt mir strahlend vor Glück ihren Pilz. Ihre Backen sind rot, ihre Augen leuchten; zwischen den halbgeöffneten Lippen sehe ich die breiten Zähne. Sie hat genau die schönen großen mandelförmigen Zähne ihrer Mutter!

In einem solchen Moment, den ersten Pilz in der Hand, würde mein ältester Sohn über mich triumphieren, er würde mir nicht die Mitteilung ersparen, daß er seinen Vater geschlagen hat! Mein liebes Mückchen, das Kind mit dem sanften Herzen, das zornig weint, wenn Achim mal Klapse kriegt (»So doll brauchst du ihn auch nicht zu schlagen!«), Mücke ist nur Glück. »Faß mal an, Papa, wie fest der ist! Da wird sich die Mummi aber freuen! Das ist ein richtiger fetter Mops, was, Papa?«

Sie entdeckt plötzlich die Pilzkolonie, neben der ich noch immer stehe. »Oh, Papa, hier sind ja auch eine Masse Pilze! Hast du die denn gar nicht gesehen? Aber, Papa –!« Einen Augenblick ist Verdacht in ihrem Herzen wach geworden. »Ach, Papa, du hast gewollt, daß ich den ersten finde!«

»Nee, Mücke, so edel bin ich doch nicht! Du weißt, mit Pilzen verstehe ich keinen Spaß! Hätte ich die gesehen, ich hätte sie unbedingt gepflückt!«

Mücke in ihrer Arglosigkeit glaubt mir sofort. »Na, laß man, Papa! Du hättest sie vielleicht noch gesehen. Und dann, man kann ja auch mal was übersehen, nicht wahr? Das passiert jedem. Und du trägst ja auch 'ne Brille. Leute mit 'ner Brille sehen nicht so gut wie Leute ohne Brille. Die übersehen leichter mal was. Wie ist das nun, sind das meine Pilze, oder sind es deine?«

»Natürlich deine, Mücke. Ich wäre wahrscheinlich vorbeigelatscht.«

»Dann verhafte ich sie, Papa! Sieh mal, wieviel ich schon in meinem Korb habe, und du hast noch gar keinen! Na, laß

man, du findest auch noch welche! Und zum Schluß schüt-
ten wir unsere Pilze zusammen und sagen der Mummi, wir
haben beide gleich viel gefunden. Mummi muß das gar nicht
wissen, daß du heute kein Glück gehabt hast. Man hat doch
mal kein Glück, nicht wahr, Papa? Alle Tage braucht man ja
kein Glück zu haben, dann wäre es doch gar nichts Besonderes mehr ...«

Konversation machend, verschwinden wir in der Tiefe
der Kiefernstangen.

Ich, abweichend von meiner Tochter, finde, daß, wer Kinder hat, alle Tage Glück hat, und es bleibt doch stets etwas
Besonderes.

3. Unser Erstgeborener

Kurz nachdem wir uns in Mahlendorf angekauft hatten,
aber noch nicht dort wohnten, machte ich mit meinem
Sohn Uli eine kleine Ruderfahrt auf dem Mahlendorfer See.
Ich war damals noch nicht der sichere Ruderer, der ich
heute bin, und für einen Unkundigen haben unsere Seen
mit an manchen Stellen starken Strömungen und vor allem
mit riesigen Felsblöcken dicht unter der Wasseroberfläche
einige Schwierigkeiten.

Ich war mit dem damals wohl knapp Vierjährigen über
den kleinen in den großen Mahlendorfer See gerudert, und
dort hatten wir auf einer jener kleinen, buschigen Inseln
angelegt, die das ganze Jahr hindurch fast nie eines Menschen Fuß betritt. Ich liebe solche Inseln, sie erinnern mich
immer an die Robinson-Träume meiner Knabenjahre. Wurde
damals eine Lebenskonstellation gar zu schwierig, so flüch-
tete ich als Robinson auf eine Insel und wünschte mir nicht
einmal einen Freitag!

Nun, auf solch kleiner Insel hatten Uli und ich umherge-
stöbert und Entdeckungen gemacht: reife Himbeeren, eine
lila großblütige Wickenart, wie ich sie noch nie gesehen, aus

der wir einen Strauß für die kranke Mutter banden, und unzählige ganz junge Wildentchen, die im Rohr und Felsgestein des Wassers um die Insel ein vergnügtes Leben führten.

Das Losbringen des Bootes von der Insel war schwieriger als das Landen. Herwärts war ich mit einem kräftigen Ruderschwung durchs Schilf geschossen, während der flache Boden des Bootes manchmal bedrohlich über Felsen schrammte. Hinweg mußte ich uns mühsam mit einem Ruder staken, alle Augenblicke saßen wir im Schilf oder auf einem Stein fest.

Aber endlich sah ich durch das dünner werdende Röhricht freies Wasser vor mir. Ich gab mit dem Stakeruder einen letzten Schwung, das Ruder saß fest, ich wollte es nicht lassen, kräftig rauschte der Kahn unter meinen Füßen fort – und von der eigenen Kraft hineingeworfen, zappelte ich im See, während das Boot mit meinem Sohn freies Wasser gewann.

Als ich reichlich verärgert – denn meine Sachen zum Wechseln lagen sieben Kilometer weiter in Bergfeld – aus dem Wasser tauchte, meine Hand auf den Bootsrand legte, sagte mein Sohn Uli flehend: »Bitte, Papa, noch mal! Ich hab's nicht genau gesehen. Bitte, noch mal!«

Dieser ohne alle Schadenfreude gesprochene, von einem stillen Forschertrieb diktierte Satz ist mir immer bezeichnend für meines erstgeborenen Sohnes Art gewesen. Wie oft haben später Suse und ich kopfschüttelnd beobachtet, wie unser Sohn Uli sich neue Spiele ausdachte, sie seinen Freunden aus dem Dorfe vorschlug, die Jungen spielen ließ, selber aber gar nicht mitspielte, sondern mit einem halben Lächeln beobachtend zusah. Wie oft sind wir in Ulis Zimmer gekommen und sahen ihn da sitzen, es sah aus, als lese er in einem Buch. Aber jeder Sinn von ihm war gespannt ins Nebenzimmer, wo, durch die offene Tür sichtbar, Mückchen mit ihren Freundinnen spielte …

Wenn man solche – nicht ungefährlichen – Einteilungen überhaupt machen darf, so ist Uli »mein« Sohn, wie Mückchen die Tochter ihrer Mutter ist. Ich entdeckte an ihm wie an mir den gleichen Hang, sich zu isolieren, die gleiche Leidenschaft, Menschen zu beobachten. Ich habe all mein Lebtage Menschen gefressen, ich habe sie mit ihren Bewegungen, Redensarten, Gefühlen in meinem Gehirn notiert, und da habe ich sie nun, jederzeit parat zu sofortigem Gebrauch! Nichts hat mich je so interessiert wie die Erkenntnis, warum Menschen so handeln, wie sie handeln. Mein sonst schlechtes Gedächtnis ist ausgezeichnet für jede Einzelheit, für die kleinsten Tatsachen, die ich über die Lebensgewohnheiten meiner Mitmenschen erfahre. Ich bin ein Menschenfresser, nein, ich bin ein Menschensammler, ich tue es bewußt und unbewußt. Dies hat die Natur in mich gelegt und mir dadurch die Grundlage, den Stoff für all meine Schreiberei gegeben ...

Aber es ist ein Ding, so zu sein, und es ist ein ander Ding, seinen Sohn so werden zu sehen. Der Junge, der seinen Vater bat, noch mal ins Wasser zu fallen, weil er es nicht genau gesehen hatte, und der Junge, der mit einem vagen Lächeln den Spielen seiner Freunde zusah – dieser Junge hat einen schweren Weg vor sich, das weiß ich, sein Vater.

Die Menschen lieben den kühlen Beobachter nicht, der sie anschaut wie ein Sammler seine auf Nadeln gespießten Schmetterlinge. Wer sich vereinzelt, den vereinzeln sie, und das besorgen sie gründlich! Es gab lange Zeiten, Jahre wohl, in denen sogar Suse an ihrem ältesten Sohn verzweifelte. »Es ist ja, als liebte er mich überhaupt nicht! Als haßte er mich!«

Ich habe sie trösten können, ich erkannte mich wieder in ihm. Wie ich besitzt er nicht die Gabe, sprechen zu können, schon gar nicht über Gefühlsdinge, und Zärtlichkeiten haßt er – wie ich. Er versteckt seine Gefühle, er übertreibt seine Ruppigkeit, seine Widerborstigkeit, aus Angst, der andere könne weich werden. So wird er lieber frech ...

Ich sah den einsamen Weg vor ihm, den ich gegangen war, den er würde gehen müssen, wenn er solch Einzelgänger blieb. Ich erinnerte mich der schrecklichen Szenen, die ich mit meinem gütigen Vater gehabt hatte, bloß, weil ich niemandem, auch ihm nicht, Einblick in mein Inneres gestatten wollte. Ich erinnerte mich der Zeiten, da ich keinen Menschen mehr hatte, der Wert auf mich legte, der mich lieb hatte. Ich war ja kein harter Mensch, im Gegenteil, ich war ein überempfindlicher, weicher Mensch. Aber wenn ich allein für mich bleiben wollte – und das wollte ich unbedingt –, so mußte ich alle Gefühle der anderen zurückstoßen. Jedes Gefühl, das man beim andern nur duldet, gibt ihm ein Recht auf uns. Niemand sollte je ein Recht auf mich haben!

Und ich erinnerte mich, wie in den zwanziger Jahren mich die selbstgewählte Einsamkeit wie ein glühender Schmerz plagte, wie ich Abend für Abend von einem Caféhaus ins andere lief, oft an einem Abend in zwölf, fünfzehn Stück ... Da saß ich dann und sah angstvoll in jedes Gesicht, ob es nicht endlich das Gesicht des Menschen sein würde, der mich erlöste. Jedem Eintretenden sah ich entgegen, und hinter jedem Fortgehenden hätte ich hinterdreinlaufen mögen, ihn auf der Straße um ein wenig Wärme und Gemeinschaft anzusprechen.

Mußte ich mich nur erinnern? Saßen wir nicht hier allein in Mahlendorf, oft monatelang ohne jeden Verkehr, und hatte ich nicht Suse zu derselben Einsamkeit verurteilt, die mir nur durch meine Arbeit, durch den Umgang mit erdichteten Gestalten erträglich war, Suse, eine Frau, die sich nach Aussprache sehnte, die auch einmal in ein Theater oder Konzert wollte, zur gleichen monotonen Einsamkeit verdammt war! Hatte ich nicht jeden regelmäßigen nachbarlichen Verkehr, der sich doch etwa anbahnen wollte, immer wieder vereitelt? Sagte ich nicht heute noch beim angenehmsten Besuch: »Gerne sehe ich euch kommen, lieber sehe ich euch gehen« –?

Wahrhaftig, ich kannte die tiefe Wunde, die ein Einzelgängerschicksal dem Betroffenen selbst und allen ihm An-

hängenden bereitet! Ich weiß, daß diese Wunde nie ganz
verheilt. Und ich war entschlossen, meinen Sohn nicht diesen Weg gehen zu lassen. Mochte es ihm schwerfallen,
mochte es für alle bitter sein: aus dieser Betrachterrolle
mußte er heraus, so schnell wie nur möglich.

Die Zeit half mir. Damals, als ich aufwuchs, kurz nach
der Jahrhundertwende, war der einzelne alles. Man war sehr
für Originale, das Individuum hatte ein Recht, sich aus-
zuleben, ganz für sich allein etwas zu werden. Die ganze
Gesellschaft bestand aus einer Schar Einzelmenschen. »So
bin ich nun einmal – was soll ich dabei machen? Grade
schön!«

Heute ist der einzelne nur das, was er im Dienst der Ge-
samtheit bedeutet und leistet. Die Eigenbrötler, die aus eigener Gnade und eigener Machtvollkommenheit nur dem
eigenen Piepmatz Zucker geben, bedeuten nichts. In der
Gemeinschaft soll der Mensch aufwachsen, für die Gemeinschaft wird er einst arbeiten, durch die Gemeinschaft
ist er etwas. Sie gab ihm Sprache, Boden und Nahrung, er
könnte isoliert von ihr nicht leben, nicht denken – also lebe
er, denke er für sie!

Zu meinen Jugendzeiten hatte man eine (ganz falsche)
Achtung vor Schrullen. Die Eltern sagten: »Er ist ein besonderes Kind!« Und die Lehrer meinten: »Er macht nicht
recht mit, hat aber geistige Interessen!« Beide ließen das
Kind, wie es war, sie hatten Respekt vor Eigenart (den man
auch haben soll), aber sie hatten auch Respekt vor Schrullen, vor Menschenfeindlichkeit (den man ausrotten soll).

Es ist kein leichter Entschluß, ein Kind in dem bildungs-
fähigsten Alter fortzugeben, und noch dazu ein so schwie-
riges Kind. Es kommt in die Hände anderer, andere formen
den Charakter, den man von seinen frühesten Regungen an
bewacht hat, andere geben ihm Freude, andere bereiten ihm
Schmerz. Und ich wußte auch, wie sehr mein Sohn trotz
aller Kühle nicht nur an seinen Eltern, sondern auch an

Mahlendorf hing. Haus und Hof, See und Acker, Stall und Hund, das war seine Welt ...

Langsam bereitete ich ihn auf den Wechsel vor. Er sollte erst einmal auf ein Jahr nach Berlin zu Freunden. Ich begründete es ihm damit, daß er hier nicht genug lernte, er solle ja eines Tages studieren ... Ich hätte es lieber nicht begründen sollen!

Uli war acht Jahre alt, und er erwiderte mir mit Entschlossenheit, daß er hier in Mahlendorf völlig genug lerne. Er wolle einmal Lastwagenchauffeur werden, er denke nicht daran zu studieren! Für Lastwagenchauffeur lerne er hier völlig genug!

Um Gottes willen, in was hatte ich mich da eingelassen, in was für leidenschaftliche Debatten hatte ich uns verstrickt! Natürlich war ihm mit Verstandesgründen überhaupt nicht klarzumachen, daß er in fünf Jahren, vermutlich in einem Jahr schon über seine Berufswahl wesentlich anders denken würde. »Und ich werde doch Lastwagenchauffeur und nie, nie was anderes! Ihr wollt mich bloß weghaben aus dem Hause!«

Uli war sich völlig klar darüber, daß wir uns seinetwegen Sorgen machten, und er glaubte, wir wollten diese Sorgen durch Verbannung loswerden. Auch ein Punkt, der nicht diskutierbar war.

Aber mein Sohn war es, der mit allen Diskussionen aufhörte. Plötzlich hatte er eingesehen, daß mein Wille, ihn nach Berlin zu geben, unerschütterlich war, er sprach nicht mehr darüber, er fügte sich. Was dies Sichfügen ihn gekostet, welche Schmerzen er dabei gelitten hat, ich kann es mir vorstellen, aber ich weiß nichts davon. In der letzten Zeit vor seinem Weggang war der Schweigsame fast völlig stumm (aber ohne verbockt zu sein), in den letzten Tagen wurde er seltsam, fast durchsichtig weiß, bei seinem Fortfahren erbrach er sich ständig ... Es war ein Jammer, das ansehen und hart bleiben zu müssen ...

Eines aber war sicher, unser Sohn ging als unser Feind. Er war überzeugt, wir waren seine Feinde, wir wollten ihn loswerden. Er haßte uns, mich, der ihn zum Fortgehn verbannt hatte, noch mit Maßen; seine Mutter aber, die ihn fortbrachte, unbändig. Warum sein Haß so ungerecht verteilt war, ich weiß es nicht. Wer versteht etwas von diesen Dingen –?! Von jener Zeit her datiert es bei Uli, daß fast alle seine Briefe nur die Überschrift tragen: »Lieber Papa!« Seine Mutter, die ihm seine Wäsche schickt, immer mit irgendeiner süßen Überraschung darin, wird fast nie erwähnt. Noch heute, da seine Gefühle sich völlig verändert haben, vergißt er meist, seine Mutter im Brief anzureden ...

Im ganzen genommen war dies Jahr in Berlin ein völliger Mißerfolg: Uli verstärkte eher noch seinen Einzelgängertrieb. Er kam zu Freunden von uns, sehr behutsamen, klugen Menschen, von denen die Schwierigkeit des Problems wohl eingesehen wurde. Aber er kam in ein Haus, in dem nie Kinder gewesen waren, und zu einem Ehepaar, das nie Kinder gehabt hatte. Er kam auch zu überbeschäftigten Leuten, einem Arzt, dem eine weit ausgebreitete Praxis keine ungestörte Tagesstunde ließ, dessen Frau dem Mann viel helfen mußte.

So war Uli allein in Berlin. Am ehesten schloß er sich noch an »Otti« an, das junge Mädchen, dem Kochen und Hausreinigung oblag, Otti war grade aus einer Klostererziehung gekommen, dieser Ausflug war ihr erster in die große Welt. Nur mit ihrer völligen Unerfahrenheit und einer eingelernten Demut kann ich es mir erklären, daß die Achtzehnjährige sich völlig der Tyrannis des Neunjährigen beugte. Sie gehorchte ihm mit einem fast blinden Gehorsam, der ihre Arbeitgeber in Verzweiflung brachte. Stritten sich die beiden wirklich einmal, so stritten sie völlig auf der gleichen Ebene, und Uli ging aus diesen Streitereien stets als Sieger hervor. Freilich verstand er es auch, sich bei ihr in Respekt zu setzen. Als sie ihm einmal in der Frage seiner Schulstullen nicht zu Willen sein wollte (sie weigerte sich, ihm eine letzte, ausdrücklich für den Arzt reservierte Roastbeefschnitte aufs Brot zu legen), benutzte Uli den ersten Augenblick, da die Pflegeeltern fort waren, Otti in die Küche einzuschließen und auf Entdeckungsreisen in Berlin auszugehen. Otti mußte Stunden gefangen in der Küche ausharren, erst der heimkehrende Arzt erlöste sie. Was der Arzt mit Uli bei seiner Rückkunft tat, ist mir nicht mehr erinnerlich. Leider war er als Kinderloser leidenschaftlicher Pädagoge – der Theorie und also ein Gegner des Schlagens von Kindern. Auf Uli werden seine pädagogischen Vorträge nur einen geringen Eindruck gemacht haben.

Diese Stadt Berlin, die für Otti nach dem stillen Klosterfrieden so viel Erschreckendes hatte, war für Uli das einzig Interessante während seines ersten Verbannungsjahres. Er hat sich sofort einen Plan der Stadt schenken lassen – er besitzt dieselbe Leidenschaft wie sein Vater für Karten – und ging systematisch auf Entdeckungsreisen aus. Das verwickelte Verkehrsnetz mit Schnellbahn, U-Bahn, Straßenbahn und Autobussen verstand er sofort. Mußte Otti in einem weiter entfernten Stadtteil eine Besorgung machen und war ganz verzweifelt, so sagte Uli von oben herab: »Na, laß man, Otti, ich werde dich schon richtig hinbringen. Wenn du mit mir gehst, brauchst du keine Angst zu haben.« Und er »franzte« sie durch Berlin, mindestens ebenso erfolgreich, wie sein Vater seine Mutter durch Württemberg gefranzt hatte.

Ich sah Uli in diesem Jahr verhältnismäßig oft in Berlin. Ich hatte seinetwegen ein unruhiges Gefühl, irgendwas schien mir nicht in Ordnung mit ihm, auch war ich nicht ohne dunkles Schuldbewußtsein. Jeden Vorwand, der mich nach Berlin brachte, fand ich Reiseunlustiger in diesem Jahr gut. Uli begrüßte mich immer mit der gleichen kühlen Liebenswürdigkeit, seine Antworten beschränkten sich meist auf ein bloßes Ja oder Nein. Immerhin war er klug genug, zu erkennen, daß sein Vater ihm gegenüber weich gestimmt war, und er benutzte diese Stimmung mit Gerissenheit, um von ihm Bücher, Spielzeugautos und Geld für das Kino zu erpressen.

Seine Leidenschaft waren zu dieser Zeit die kleinen wirklich hübschen Modellautos. Es fing mit solchen an, die auf dem Tisch herumfuhren, vor der Tischkante aber hielten und eine andere Richtung einschlugen. Und es hörte mit jenen raffinierten Dingern auf, in deren Verdeck man »Stop!« schrie, und sie hielten! Uli hatte ein ganzes Arsenal von diesen Autos, ich glaube, in seinen besten Zeiten an die vierzig Stück. Er spielte reizend mit ihnen, und im Eifer dieses Spiels wurde er wieder ganz der alte, mir eng befreundete Uli von früher.

Dann, bei einem späteren Besuch von mir, stellte ich fest, daß sämtliche Autos verschwunden waren. Ich habe nie erfahren können, was sich da eigentlich begeben hat. Uli ist immer äußerst zurückhaltend mit Auskünften über seine eigene Person und seine Erlebnisse gewesen. Auf mein dringlichstes Fragen bekam ich nichts anderes zu hören, als daß er sie eben verschenkt hätte.

»Aber warum denn, Uli –?! Du mochtest sie doch so gerne.«

»Och –!«

Ich bin beinahe ganz fest überzeugt, daß er sie nicht verschenkt hat. Vielleicht hat er irgend etwas neues Begehrenswerteres dafür eingetauscht, wie ich als Junge einmal die kostbaren Briefmarken meines Vaters gegen Liebigbilder eintauschte. Vielleicht hat er sich aber auch mit ihnen von irgendeinem schrecklichen Verbrechen freigekauft; ich weiß es nicht, ich ahne es nicht. Vermutlich wird es mir immer ein Rätsel bleiben.

Rätselhaft war mir Uli überhaupt in diesen Zeiten. Einmal stand ich mit ihm auf dem Balkon seiner pflegeelterlichen Wohnung, im sogenannten Hochparterre. Unten auf der Straße nahten drei Schuljungen.

»Einen Augenblick mal, Papa!« sagte Uli und verschwand.

Er tauchte wieder auf der Straße auf. Ohne irgendwelche Einleitung stürzte er sich auf einen der Jungen und fing an, ihn fürchterlich zu verdreschen. Einen Augenblick später lagen die beiden schon auf dem Pflaster. Die anderen Jungen sahen ernst, ohne irgendeinen Versuch zur Einmischung, ohne ein einziges Wort, der Drescherei zu.

Dann, als der andere heulte – er hatte Ulis stummer Sachlichkeit gegenüber nicht einen Augenblick eine Chance gehabt, trotzdem er mindestens so kräftig war wie Uli –, erhob sich mein Sohn und verschwand ebenso eilig und still wie vorher wieder im Hause. Erst nach einer ganzen Weile erschien er bei mir wieder auf dem Balkon. Er hatte sich gewaschen, gekämmt, den Anzug ausgebürstet. Ich nahm das als Anzeichen dafür, daß er den Fall für erledigt ansah. Trotzdem konnte ich mich nicht enthalten, ihn zu fragen: »Na, Uli, was war denn da los?«

»Och … nichts Besonderes!«

»Was hattest du denn mit dem Jungen?«

»Ach – gar nichts …«

»War er denn von deiner Schule, aus deiner Klasse?«

»Och …«

»Was heißt och –? War er aus deiner Klasse, oder war er nicht aus deiner Klasse?«

»Das kannst du dir doch denken, Papa!«

»Bei dir kann man sich vielerlei denken, mein Sohn! Hat er dich geärgert?«

»Och, Papa, das sind so Schulsachen. Das geht nur uns Jungens was an. – Papa, ich habe heute 'ne Zwei im Diktat gehabt – gehst du nun mit mir in den Zoo?«

Auch die Auskünfte, die ich von seinem Lehrer bekam, befriedigten mich nicht recht. O ja, Uli würde es schon schaffen. Aber er beteilige sich nicht recht am Unterricht, mache bei nichts mit. Ob er nicht wolle oder ob er nicht könne, sei nicht feststellbar. Es sei wenig aus ihm herauszubekommen …

Meine eigenen Klagen aus anderm Munde! Meine eigenen Sorgen – auch von seinem Lehrer geteilt –!

Dabei war ich nicht einmal sicher, ob Uli die Aufnahmeprüfung für ein Gymnasium schaffen würde, ob er sie würde schaffen wollen. Ich traute es meinem Sohn zu, daß er mit aller Dickköpfigkeit seines Vaters am Lastwagenchauffeur festhielt und daß er vielleicht hoffte, bei nicht bestandener Prüfung nach Mahlendorf auf die Landschule zurückkehren zu können!

Dann kam der große Tag, da ich mit Uli zur Prüfung in das märkische Städtchen fuhr. Das kleine Hotel war überfüllt mit sorgenvollen Eltern, meist Müttern, die ihre Söhne nun für acht oder neun Jahre, ihre weichsten Jahre, lassen wollten. Am Frühstückstisch sah ich Mütter, die mit ihren Söhnen noch eifrig aus der Grammatik übten. Meist freilich waren die Mütter eifriger als die Söhne, die recht verdrossene Gesichter machten und manchmal scheu-prüfende Blicke auf ihre zukünftigen Klassengenossen warfen.

Ich ging sehr zeitig mit Uli los. Wir mußten ein ganzes Stück aus der Stadt hinauswandern, immer mehr kamen wir in Wald. Dann lag das Gymnasium breit gelagert mit hellen freundlichen Häusern vor uns. Es trägt einen alten berühmten Namen und ist heute fast nur Internat. Die Schüler hausen in sechs verschiedenen Häusern, alle Jahrgänge gemischt, unter einem Inspektor und einer Hausdame. Sie teilen ihr ganzes Leben miteinander, Sichisolieren ist schwierig.

Im Frühlingssonnenschein lagen die Gebäude stattlich genug da. Wir beide gingen über den Ehrenhof zwischen den villenartigen Schulhäusern hindurch. »In einem dieser Häuser wirst du hoffentlich bald wohnen, Uli. Was meinst du zu ›Fehrbellin‹? Oder ›Kurbrandenburg‹?« Dann kamen wir durch ein Tor in einen großen parkartigen Wald. Wir gingen immer bergab, wie in Mahlendorf lärmten die Vögel. Wir traten an das Ufer eines langgestreckten Sees.

»Fast wie unser Mahlendorfer See«, sagte Uli.

Ich sagte nichts.

Wir untersuchten noch das Bootshaus, das viel mehr und viel schönere Boote als unseres daheim aufwies, sahen die Badeanstalt und mußten zurück ins Gymnasium, zur Prüfung. Mit den anderen Eltern, mit den anderen Jungen wartete ich vor der Tür der Aula auf den Anfang. Ach, dieser alte Schulgeruch, in allen Schulen gleich, wie mich das wieder überfiel! Wie ich ihn geliebt und gehaßt habe! Freilich, in ein so gepflegtes, sauberes Gymnasium bin ich mein Lebtag nicht gegangen, sogar die Gipsbüsten der alten Griechen und Römer sahen weiß und sauber aus, nicht grau verstaubt und von Fliegen gesprenkelt wie zu meinen Zeiten!

Dann kam der Direktor mit einigen Lehrern, die nachher prüfen würden. Neben meinem Sohn saß ich auf einer Bank in der Aula, lauschte der kleinen Ansprache des Direktors und sah besorgt in die Gesichter der Lehrer, ob sie meinem Sohn auch wohl nicht ungünstig geneigt sein würden. Ich muß gestehen, diese Gesichter machten mir Mut; es waren nicht mehr so vertrocknete närrische Schulkäuze wie zu meinen Zeiten, fast alle sahen jung aus.

Mit Besorgnis wartete ich auf den Namensaufruf meines Sohnes. Würde der »Träumer« ihn nicht verpassen? Heute saß ich noch hier, ihn durch einen Stoß zu wecken – wer würde ihn später wecken?

Und plötzlich überkam es mich, daß ich nun wirklich ein Vater geworden war, genau wie mein Vater – mein Vater gewesen war! Ich hatte richtige Vatersorgen – aus einem Jungen, aus einem jungen Mann, aus einem Mann überhaupt war ich mit den Jahren ein richtiger Vater geworden! Es half nichts, jetzt konnte ich nicht mehr die Augen verschließen und sagen, bei mir sei alles ganz anders. Ich sei eigentlich ein Kamerad und Freund meiner Kinder. Nein, ich war ein Vater. Ich hatte dieselben Sorgen, wie sie mein Vater meinetwegen gehabt hatte, wie sie alle Väter ihrer Söhne wegen haben.

Es fing erst an, darüber war ich mir klar. Heute war es die Sorge um eine bestandene Aufnahmeprüfung, dann würden die Sorgen um die jährliche Versetzung kommen und die Sorgen, daß er auch nichts gar zu Schlimmes ausfresse. Halt, wollte ich sagen, das stimmt aber nicht: ich bin nicht ehrgeizig für meinen Sohn. Wenn er mal kleben bleibt, immer los, wenn es ihm Spaß macht, ein oder zwei Jahre länger zur Schule zu gehen, von mir aus! Aber es stimmte doch wieder nicht, denn wenn ich nicht ehrgeizig für ihn war, so war ich seinetwegen besorgt. Ich wünschte, daß er seinen Lebensweg glatt, ohne allzuviel Hindernisse ging, und die Erfüllung dieses Wunsches würde mir ebensoviel Sorgen bereiten wie einem Ehrgeizigen die Erfüllung seiner Träume ...

So, jetzt hatte *ich* den Namensaufruf meines Sohnes verpaßt, aber Uli war zur Zeit aus der Bank hochgefahren und hatte sein »Hier!« gerufen. Nein, wahrscheinlich war es Unsinn, sich seinetwegen Sorgen zu machen, er würde schon für sich selbst sorgen! Nein, Uli würde sich schon Mühe geben, die Prüfung zu bestehen! Er hatte heute dies Gymnasium gesehen, die schönen Häuser, den parkartigen Wald, den See und das Bootshaus – er mußte ja begriffen haben, daß es eine Vergünstigung war, hierher zu gehen, daß er ausgezeichnet wurde vor Tausenden! Daß seine Eltern ihn nicht in die Verbannung schicken wollten!

Dann verschwand Uli mit anderen Jungen in einem Klassenzimmer. Es waren alles sehr große Jungen, stellte ich mit Besorgnis fest, Uli war fast der Kleinste. In Mahlendorf war er in seinem Jahrgang bei weitem der Größte und Kräftigste gewesen. Er würde schwere Konkurrenz haben, soundso viel Plätze waren nur frei. Vor allem war da ein großer Pastorensohn ...

Wir Eltern wurden für drei Stunden fortgeschickt, drei Stunden sollten wir in schrecklicher Prüfungsangst allein sein! So lächelten wir uns auf dem Rückweg ins Hotel zage und freundlich an, und dort angekommen, setzten wir uns alle um einen großen Tisch und fingen an, von unseren Jungen zu erzählen. Jeder war sehr bereit zu erzählen und sehr wenig bereit zuzuhören. Jeder hatte so viel Sorgen ... Und jeder Junge war besonders schwierig, wir konnten es uns gar nicht vorstellen, *wie* schwierig der Junge war ...

Ich war fest überzeugt davon, daß ich bei weitem den allerschwierigsten Jungen hatte, aber ich hörte mit Staunen, daß alle anderen Eltern das gleiche von ihren Jungen behaupteten. Wenn ich freilich hörte, mit was für Problemen die sich herumzuschlagen hatten, war ich mir klar, daß ich mit *diesen* Problemen spielend fertig geworden wäre. Die Eltern hätten erst mal meine Probleme haben sollen, das nannte ich schwierige Probleme –!

Aber sie waren nicht geneigt, sehr intensiv über meine Probleme nachzudenken, sie hatten an ihren genug. Jedenfalls halfen wir einander, die Wartezeit zu verkürzen. Es war eigentlich noch früher Vormittag, aber ich muß gestehen, diese schreckliche Prüfung hatte uns alle völlig aus dem Gleis geworfen. Wir aßen viele belegte Brote, und nicht nur ich, nein, sogar Damen, gesetzte Mütter, tranken schon Alkohol!

Dann wanderten wir, aber nun alle gemeinsam, wieder dem Gymnasium zu. Die Mütter sprachen von der Ausrüstung ihrer Söhne, von Hemden, Unterhosen, Wäschezeichen. Ich dachte darüber nach, was ich mit Uli anfangen würde, wenn er die Prüfung nicht bestanden hätte. Für eine Prüfung auf einem anderen Gymnasium war es jetzt zu spät. Also ...?

Wieder steigen wir die Stufen zur Aula empor. In den Gängen ist es noch still und leer. Die Prüfung ist noch nicht zu Ende, wie mir der bärtige Pastor mitteilt, der unverdrossen vor der Tür des Klassenzimmers ausgeharrt hat, in dem unsere Jungen geprüft werden. Drei Stunden steht er hier schon. Er scheint noch mehr Examensangst als ich auszustehen. Es ist nicht möglich, sich mit ihm zu unterhalten, er behält gespannt die Klinke der Klassentür im Auge und scheint durchs Holz zu horchen. Ich mußte mich doch wundern, bei einem so großen, kräftigen Bengel –!

Ich ging die Gänge auf und ab und sah die Bilder all jener berühmt gewordenen Schüler an, die einst in diesem Gymnasium ihr erstes Wissen erworben hatten. Wenn ich eine der Mütter traf, mit denen ich eben erst um den runden Tisch gesessen hatte, lächelten wir uns nur zaghaft an. Keiner hatte noch Lust zu sprechen.

Nun faßte ich einen großen Entschluß: ich ging auf das Büro hinunter und zahlte Schul- und Hausgeld für das erste Vierteljahr ein. Es wurde anstandslos angenommen. »Juristisch«, sagte ich mir spitzfindig, »ist mein Sohn jetzt Schüler dieses Gymnasiums. Da sie das Geld für ihn genommen haben, müssen sie ihn nehmen, auch wenn er die Prüfung nicht besteht!«

Oben kam ich grade zurecht, die Klassentür öffnete sich, und die Jungen kamen heraus! Manche sehr blaß, manche wieder rotgesichtig. Die einen stürzten aufgeregt, kindlich, sofort losschwatzend auf ihre Mütter zu. Andere schritten gemessen, eiskalte Männer, auch in der Stunde der Gefahr.

Als letzter kam natürlich Uli. Uli war ein wenig blaß, aber mit demselben kühlen, ein bißchen spöttischen Lächeln, mit dem er stets Gefühle zu verstecken trachtet. Nein, Uli war doch nicht der letzte, nach ihm erschien der große Pastorensohn ...

»Na, Uli?« fragte ich aufgeregt. »Nun sag schon! Wie ist es gegangen.«

»Der ist durchgefallen!« sprach Uli und zeigte völlig ungeniert auf den großen Jungen hinter sich, der jetzt von seinem bleichen, aufgeregten Vater bestürmt wurde. »Wir anderen sind alle durchgekommen.«

»Du hast die Prüfung also bestanden, Uli –?!« rief ich.

Der Pastor mit seinem großen Sohn tat mir herzlich leid. Aber ich hatte jetzt keine Zeit für andere Gefühle als die unaussprechlicher Erleichterung und großer Freude.

»Das habe ich doch schon gesagt, Papa«, meinte Uli. »Hätt' ich gewußt, die Prüfung ist so einfach, hätte ich mir in Berlin nie solche Mühe gegeben!«

Ach, mein Sohn Uli – manchmal läßt du deinen Vater also doch ein bißchen in dein Inneres sehen! Du hast also selbst den Wunsch gehabt, die Prüfung zu bestehen? Du wolltest gerne hierherkommen? Du weißt also, wir schickten dich nicht fort, nur um dich loszuwerden?

Oh, mein Sohn Uli, es wäre recht nett gewesen, du hättest uns Eltern ein bißchen von deinen veränderten Gefühlen merken lassen! Vor allem deine Mutter –! Ach, mein Sohn, hoffentlich bist du nun in diesen Ferien ein bißchen aufgeschlossener und umgänglicher!

Aber das sprach ich nur innerlich zu mir. Ich habe eben doch einiges von meinem Sohn abbekommen, zum Beispiel die Neigung, über Gefühle lieber zu schweigen ...

Seit jenem Vorostertag, da ich mit meinem Sohn stolz und glücklich von seiner Prüfung heimmarschierte, sind nun über zwei Jahre vergangen. In seinen Zeugnissen steht noch immer: »Ist verspielt, träumt zuviel, beteiligt sich nicht«, aber seine Zeugnisse verbessern sich, seine Leistungen nehmen zu. Er wird nicht mehr blaß, wenn er aus den Ferien wieder fortmuß, er kommt begeistert, aber er geht nicht ungern. Noch wechseln seine Freunde ein wenig überraschend, und noch scheint die Neigung, zu beobachten statt mitzutun, stark.

Aber er ist in diesen zwei Jahren schon ein anderer Junge geworden. Er ist lebhaft, er prügelt sich mit seiner Schwester Mücke, spielt mit ihr, und er ist der reizendste, unermüdlichste Gefährte seines kleinen Bruders Achim. Er redet auch mal mit seinem Vater ein anderes Wort als »Och«, er erzählt auch mal aus seinem Leben in der Welt draußen.

Doch vor allem ist er ganz anders zu seiner Mutter als früher. Seit ich gemerkt habe, daß mein Sohn Ulrich auf seine Mutter mindestens ebenso stolz ist wie sein Vater –

seitdem bin ich geneigt, die Probleme nicht mehr so problematisch anzusehen, gewissermaßen nehme ich Uli jetzt auf die leichte Achsel. Wer andere so lieben kann, im egoistischen dreizehnten Jahr, der ist zum Einzelgänger verdorben, auf Lebenszeit! Der wird immer lieben wollen ...

Abschied von Mahlendorf

All die Tage, in denen ich an diesem Buch schrieb, in denen ich unser Leben in Mahlendorf schilderte, in diesem so unbesonnen erworbenen Haus, das dann wider alles Erwarten unser aller Heimat wurde – all diese Tage habe ich beim Schreiben gedacht: »Es stimmt ja alles nicht, was du da erzählst, es stimmt nicht ganz. So war es einmal, aber so ist es schon lange nicht mehr. Ist das noch eine Heimat, von der man weiß, man wird sie aufgeben, man wird sie verlassen – auf Nimmerwiedersehen?! Müssen nicht deine Leser denken, dort leben die Falladas, dort haben sie sich verwurzelt – wenn ich in Zukunft ein Buch von diesem Manne lese, so denke ich ihn mir in Mahlendorf, von der Arbeit zu seinen Bienen gehend und zur Olsch. Vielleicht hat er jetzt auch wieder einen Gärtner – aber welcher Gärtner kann je Onkel Herbert erreichen –?!«

So müssen meine Leser denken, und so denken sie ganz falsch. Wenn ich zu meinen Bienen gehe und höre ihr fröhliches, geschäftiges Brausen, wenn ich wie eben jetzt über die Seite fort in den Obstgarten sehe, dessen Blüten heute, am 12. Mai 1942, immer noch weit vom Aufbrechen sind, wenn ich dann nachher dem Brumbusch pfeife und wieder über König Lears Heide wandere, die ich mit Mücke und Susi so schön verbrannt habe und deren schwarze Flecken nun schon wieder grün geworden sind – bei alledem und allem anderen noch denke ich: wie lange noch?

Und wenn Suse jetzt in der eiligsten Bestellzeit von einer Arbeit zur anderen hetzt und doch nie fertig wird, wenn ich mich über den Futtersmann geärgert habe, der richtiges Füttern und wirkliche Sauberkeit nie lernen wird, wenn ich mich betrübe, daß die Schwalben in diesem Jahr aus unerforschlichen Gründen nicht in meinem Stall nisten wollen und daß der Storch das so einladend auf das Scheunendach gepackte Wagenrad noch immer verschmäht, dann tröste ich Suse wie mich damit: »Über ein kleines, und wir werden nicht mehr hier sein. Dann wird Mahlendorf nichts anderes für uns bedeuten wie Altholm, ein ferner Ort, an dem wir einst glücklich waren und uns sorgten – lange vorbei! Die Schwalben und der Futtersmann ärgern uns dann nicht mehr; die blühenden Obstbäume und die brausenden Bienen freuen uns dann nicht mehr – wir sind weitergezogen, zu anderen Freuden und Sorgen. Mahlendorf ade – gutes altes Dorf an fünf Seen, umrauscht von Wäldern, Trösteinsamkeit, ade!«

Ja, mein lieber Leser, weiblich und männlich, während ich all diese Seiten schrieb, mußte ich immerzu daran denken, daß wir ja von Mahlendorf fortwollen, daß Suse und ich fest entschlossen sind, dies alles hier aufzugeben. Und dies sobald wie möglich, sobald es die Zeitverhältnisse erlauben, wie man so sagt, jedenfalls spätestens mit Kriegsende. Innerlich weilen wir schon nicht mehr ganz hier, jeden Tag löst sich ein anderes Würzelchen, das uns an dieses Land festgehängt hatte …

Ich habe es erzählt, wie der Acker aussah, als wir ihn übernahmen: Steine und Unkraut. Als wir Kohl auf ihm bauen wollten, lachten die Dorfleute und sagten: »Die werden was erleben! In Mahlendorf ist noch nie Kohl gewachsen!« Dann bauten wir den besten Kohl im Lande, wir bauten so viel davon, daß wir das Hellapferdchen vor einen Ackerwagen spannten, wir hausierten auf den Dörfern mit Kohl. Wir hatten eine schöne Einnahme aus dem Kohl. Da sagten die Leute: »Ja, der kann aber auch hexen!«

Aber wir hatten nicht gehext, wir hatten gearbeitet, mit dem Kopf und mit den Händen. Unermüdlich waren wir dem Unkraut zu Leibe gegangen, nie war ein Stück Land umgegraben, ohne daß ein Eimer neben dem Umgrabenden stand, in den jeder Stein, jede Unkrautwurzel geworfen wurde. Die größten Steine aber hatten wir mit Pferden in den See geschleppt oder vom Sprengmeister sprengen lassen. Wir hatten unermüdlich Mist eingebracht, gekalkt, Komposterde geschaffen, Torfmull untergegraben – und die Folge war gewesen, daß nicht nur alles bei uns gedieh, sondern daß auch das Finanzamt unseren Boden als einzigen im Dorf aus der fünften in die erste Bodenklasse versetzte, was nicht nur ehrenvoll, sondern auch steuerlich belastend ist. Aber dies Geld hatten wir gerne bezahlt. Die Ehre überwog.

Wir haben Obstbäume gepflanzt und das Moos und den falschen Schierling auf den Wiesen ausgerottet, wir haben Spargelanlagen und Erdbeerkulturen und Frühbeete angelegt. Wir haben Wege verbessert, Zäune gesetzt und für den Garten eine Sprenganlage geschaffen. Wir haben nachgedacht, in Büchern gelesen, gearbeitet, Fehlschläge gehabt, Fehler gemacht, und wir haben es besser gelernt ...

Und ich habe es auch erzählt, was ich für eine Bruchbude kaufte. Im Winter wehte der Wind in die Zimmer, so daß die Gardinen in einem sanften Pendeln blieben, am Ofen schmorte man, am Fenster erfror man. Wir hatten das Paradies der Ratten und Mäuse erworben, keine Diele war heil gewesen, kein Dach dicht. Auf dem Hof war ein Jauchenteich, und durch ebendiese Jauche marschierte man zu einem Herzhäuschen, um sich den Pöx zu erkälten ...

Heute aber ist dieses Haus ein gemütliches, behäbiges Landhaus, in dem noch jeder gerne gewohnt hat. Es ist behaglich, auch im Winter. Der Ostwind findet durch die Fenster keinen Einlaß mehr, durch die Dächer dringt kein Regen, und wenn wir mal anderswohin wollen, brauchen wir nicht über den Hof durch Jauche zu waten und Edles zu verkühlen. Wenn aber wirklich einmal die Ratten wieder vom Seeufer heraufkommen (was bei jeder Wasserlage unvermeidlich ist), so setzen wir ihnen hart zu und vertreiben sie über kurz oder lang – meist aber über kurz.

Es gibt eine verdammte Redensart, die ich nicht hören kann: Für Geld kann man den Teufel tanzen sehen! Und wenn mich meine Dörfler ärgern wollen, so sagen sie: »Ja, freilich sieht es bei dem Fallada ganz anders aus als vor zehn Jahren. Der Mann hat aber auch Geld – mit Geld kann man alles machen!«

Meine lieben Dörfler, mit Geld kann man gar nichts machen! Geld ohne Kopf und Geld ohne Arbeit ist dumm, leistet nichts, erhält nichts. Gewiß habe ich Geld hineingesteckt, man baut ja auch eine Fabrik nicht ohne Geld auf, aber vor allem habe ich Arbeit hineingesteckt, Arbeit und Kopf. Ich –? Wir, Suse und ich! Wir haben unermüdlich geschuftet, und wenn wir uns mal einen Sonntagnachmittag ganz »frei« nahmen, haben wir uns fast verlegen angeschaut: du lieber Himmel, wir haben ja gar nichts zu tun! Was fangen wir bloß mit all der freien Zeit an?! Wir waren zehn Jahre jünger, als wir dies anfingen. Mit all unserer Kraft haben wir uns an die Lösung der Aufgabe gemacht, die wir uns gestellt hatten. Was wir an Hoffnung, Glauben, Zuversicht, Kraft hatten, in diesen Boden haben wir's gesteckt. Wir dachten ja auch, es würde für unser Leben sein. Wir würden noch die Früchte pflücken von den Bäumen, die wir gepflanzt, wir hofften, unsere Enkelkinder würden dermaleinst über die gleichen Stufen in den Garten laufen wie unsere Kinder.

Und nun hat sich alles gewandelt. Wir wollen fort von hier. Über ein kurzes wird in einer Zeitung stehen: »Landhaus in Süd-Mecklenburg, mit sechseinhalb Morgen Gartenland, Vieh, direkt am Wasser gelegen ... zu verkaufen ...«

Warum? Ja, warum nur? Warum ist heute bei uns zu Haus morgen nicht mehr unser Zuhause?

Sind wir der vielen Arbeit überdrüssig geworden? Sehnen wir uns, älter geworden, nach einem geruhigeren Leben?

Ach nein, wer einmal die Landarbeit recht lieben gelernt hat, wird ihrer nie überdrüssig werden. Im Winter vielleicht, wenn man in der Stube sitzt, und draußen starrt alles von Schnee und Eis, und der Wind heult, da denkt man vielleicht: »Und dann im Februar, März geht wieder die Hetzerei los, daß man vor Dezember nicht richtig Atem holen kann! Wie soll man das nur wieder alles bewältigen?!«

Wenn dann aber der Februar kommt und bringt den ersten schönen Sonnentag, und die Bienen halten ihren Reinigungsausflug, und die erste Fuhre heißer Pferdedung kommt und wird in das Frühbeet gepackt und verspricht grünes Leben im weißen Schnee – dann fängt der immer wechselreiche, nie eintönige Teppich der Landarbeit von neuem an: Man hört schon das trockene Heu rascheln unterm Rechen, man riecht es, die Sense rauscht im Korn – nein, so wunderbare Runkeln wie in diesem Jahre haben wir noch nie gehabt!

Das ist es nicht, wir sind noch lange nicht ruhebedürftig, wir haben vor, noch sehr viel zu arbeiten. Der behagliche Sessel lockt noch nicht.

Oder ist es, daß wir entmutigt sind? Wirkt auch bei uns der böse Winter 1939 auf 40 nach, dem zwei fast ebenso schlimme Brüder folgten? Hundertzehn Obstbäume erfroren uns, und die nachgepflanzten Obstbäume erfroren wieder. Auch in diesem Frühjahr wird wieder mindestens ein Dutzend ausfallen. Alle Rosen erfroren, und die Erdbeerkulturen gingen dahin. Der echte Wein, der grade die Haus- und Scheunenwände bedeckte, ging dahin, fünfzigjähriger Taxus erfror – ach, in so vielem müssen wir wieder ganz von vorn anfangen und lange Jahre auf Erträge hoffen, die wir doch schon hatten.

Aber nein, auch das hat uns nicht entmutigt, wir fangen gerne wieder von vorn an, wir freuen uns, wenn unsere Enkel ernten, wo wir gepflanzt haben, gäbe es nur Erfolge im Leben, was würde Erfolg noch wert sein? Dies ist eine der besten Eigenschaften des Menschen, daß er hartköpfig ist. Du bist erfroren und du bist erfroren? Nun gut, so werden wir noch einmal pflanzen und wiederum und ein drittes Mal! Wir werden andere Sorten pflanzen, und wenn auch die zu frostempfindlich sind, so wollen wir uns neue Apfelsorten holen, meinethalben vom Nordpol! Aber Äpfel sollen hier wachsen, dafür sorge ich! Nicht nachgeben! Nie nachgeben! Nie den goldenen Mittelweg gehen. Nie die Straße des geringsten Widerstandes marschieren. Nun grade! – das ist der Wahlspruch aller Menschen, die etwas ausgerichtet haben!

Ach nein, das ist es also auch nicht. Wir sind nicht entmutigt. Wir sind keine Achtzehn mehr, Suse und ich, wir wissen es schon, daß nicht alle Blütenträume reifen. Und wir finden es sogar ganz richtig, daß sie es nicht tun, nein, auch das ist es nicht.

Aber was ist es denn in aller Welt, das uns aus unserem selbstgeschaffenen Garten in Mahlendorf forttreibt?

Es sind die Kinder, meine Lieben, die Kinder sind es. Dieselben Kinder, denen Mahlendorf die wahre Heimat bedeutet, deren Gesicht einen ganz verschlossenen Ausdruck bekommt, wenn wir nur davon sprechen, dies hier einmal zu verlassen.

Um der Kinder willen geben wir wieder auf, was wir erarbeitet, lösen wir uns vom Boden, der uns so festhält. Jetzt ist der Uli schon drei Jahre aus dem Haus, und in ein paar Wochen wird uns die Mücke verlassen. Dann haben wir nur noch ein Kind: den kleinen Achim.

War ich nicht der Mann, der ein Dutzend Kinder haben wollte? Und ich soll mit einem einzigen dasitzen, das ich dann auch in ein paar Jahren fortgeben muß? Dann sind Suse und ich wirklich alte Leute, Leute ohne Kind. Wir können die Hände in den Schoß legen und davon träumen, wie schön wir es einmal hatten, als das Haus vom fröhlichen Kinderlärm widerhallte. Dann wird es für Suse kein

Problem mehr sein, mir die nötige Arbeitsruhe zu verschaffen – aber vielleicht werde ich dann gar keine Lust mehr haben zu arbeiten, so alt, so ohne alle Kinder?!

Manchmal leben wir dann noch auf, erwachen aus unserem trödligen Leben, wenn die Kinder in die Ferien kommen, drei- oder viermal im Jahr. Aber ehe sie noch recht warm geworden sind, kehren sie in ihre Schulen zurück, zu den Freunden, die wir kaum dem Namen nach kennen, zu den Lehrern, die ihnen Wissen vermitteln dürfen, zu den Kämpfen, an denen wir nicht Anteil nehmen können, zu ihren Siegen, von denen wir nie ein Wort erfahren, zu ihren Niederlagen, in denen wir ihnen keinen neuen Mut geben können ...

Alte Leute, alte Leute ...! Das ist ja die Eiszeit, es friert uns schon, wenn wir nur daran denken!

»Höre, Suse, ich denke, irgendein Vorort bei einer Großstadt. Es muß nicht Berlin sein; vielleicht sollte man wirklich ein milderes Klima suchen, wo nicht immerzu Wind ist und wo man nicht acht Monate im Jahr friert.«

»Ja, und etwas ganz Kleines muß es sein. Ich will es allein beschaffen können, nicht immer auf fremde Hilfe angewiesen sein. Höchstens ein Morgen Garten, möglichst am Wasser. Wo es auch sei, Wasser muß natürlich in der Nähe sein!«

»Ja, und das Haus – wie denkst du über das Haus, Suse?«

»Natürlich kleiner – so gemütlich wie hier unser Haus wird es natürlich nie sein. In der Umgebung von Städten gibt es nur Villen. Nun, ich will schon sehen, daß ich es uns gemütlich einrichte!«

»An wieviel Zimmer hast du etwa gedacht?«

»Ja, wieviel Zimmer –?« Suse sieht mich nachdenklich an.

»Jedenfalls muß jedes der Kinder ein Zimmer für sich haben. Gemeinsame Zimmer führen immer zu Streitereien«, so fange ich an. »Das wären drei Zimmer.«

»Und du und ich, jeder ein Zimmer. Macht fünf.«

»Und ein Eß- und ein Wohnzimmer, macht sieben.«

»Ein Gästezimmer müssen wir aber auch haben! Ohne Gästezimmer taugt ein Haus nichts.«

»Einverstanden, macht acht.« Jetzt sehe ich Suse nachdenklich an. »Du, Suse, ich glaube, das schaffst du nicht.«

»Was schaffe ich nicht?«

»Ich meine, acht Zimmer besorgen und drei Kinder und Kochen und ein Morgen Garten und Einholen, und ein Auto wollen wir doch auch wieder nach dem Kriege haben – das schaffst du aber bestimmt nicht allein!«

»Nun gut«, gibt Suse zögernd zu. »Vielleicht ist es wirklich ein bißchen viel. Aber nur eine Haustochter, eine einzige, mehr nicht, verstehst du?!«

»Natürlich nicht. Das weißt du am besten. Nur, ich möchte ganz gerne, daß du auch mal ein bißchen Zeit für dich hättest. Du solltest am Nachmittag zwei, drei Stunden für dich haben. Und abends solltest du auch mal ins Theater können.«

»Ja, danach sehne ich mich oft sehr«, gibt Suse zu, ist aber nicht ganz bei der Sache.

»Woran denkst du jetzt, Suse?«

»Ich –? Ach, nichts, ich denke bloß an den Garten. Ein Morgen ist wirklich ein bißchen wenig. Die Kinder müssen doch einen ordentlichen Spielplatz haben, wo sie sich austoben können. Und einen richtigen Blumengarten will ich auch haben, ohne Blumen ist ein Garten gar nichts. Und Obstbäume müssen auch da wachsen. Und ein bißchen Gemüse will ich mir selbst ziehen. Ein Morgen Garten, das ist nicht Fisch und nicht Fleisch. Zwei Morgen müßten es mindestens sein!«

»Zwei Morgen sind ein bißchen viel, neben all der Hausarbeit«, gebe ich zu bedenken. »Aber natürlich hast du recht, so ein Garten, über den der Nachbar rechts und der Nachbar links wegspucken können, ist nichts wert. In so 'nen Garten kriegst du mich nie in meinem Leben rein. Zwei bis drei Morgen müssen es schon sein.«

»Vielleicht kriegt man einen Gärtner, der uns im Garten so nebenbei hilft, der hauptberuflich was anderes ist?«

»Ach, Suse, das ist doch nichts! Der kommt immer grade dann nicht, wenn er am nötigsten gebraucht wird. Nein, ich habe eine andere Idee. Wir müssen doch auch jemand haben, der das Auto putzt und instand hält, und alle Fahrten willst du doch auch nicht selbst machen: einen Sack Frühkartoffeln von der Bahn holen oder jeden Besucher wegfahren. Nein, wir müssen wieder so was bekommen wie den Onkel Herbert, so eine Kreuzung von Gärtner, Chauffeur, Diener. Die Zentralheizung könnte er auch besorgen ...«

»Das ist das Richtige«, meint Suse. Und setzt nachdenklich hinzu: »Dann müssen wir noch ein Zimmer für den haben!«

»Auf ein Zimmer kommt es nun wirklich nicht mehr an!« rufe ich großzügig. »Das wären dann also mit Mädchen- und Gärtnerzimmer zehn Räume ...«

»Ein Zimmer mehr als hier in Mahlendorf ...«, sagt Suse nachdenklich.

Wir sehen uns an, und dann platzen wir los.

»Ganz klein!« ruft Suse lachend.

»Damit du es ohne alle Hilfe schaffen kannst!«

Wir finden sie sehr lustig, unsere bescheidenen Zukunftspläne, auf daß wir mehr Ruhe bekommen ...

»Aber jedenfalls haben wir dann unsere Kinder bei uns«, sagt Suse.

»Das ist die Hauptsache! Wir tun es doch bloß um der Kinder willen.«

»Um unser selbst willen, damit wir die Kinder noch eine Weile behalten, darum geben wir unser schönes Mahlendorf auf.«

»Na, schließlich auch um der Kinder willen. Ich glaube eben doch, eine bessere Mutter als dich finden sie nie!«

»Ganz schlimm bist du als Vater auch nicht!«

»Ach, ich bin bloß ein oller Teekessel, ich koch immer

gleich über. Ich höre mich schon schreien: Gottverdammich, wird endlich Ruhe –?! In welche Lärmhölle bin ich hier gezogen?!«

»Schrei du nur!« sagt Suse. »Das nimmt doch keiner tragisch. Wir wissen alle, wie es gemeint ist.«

Eine Weile schweigen wir nachdenklich. Dann frage ich: »Sage mal, Suse, glaubst du eigentlich, daß wir uns je noch ändern werden?«

»Wieso ändern werden –?«

»Ich meine, ich mit meinem Arbeitshetzfimmel und du mit deiner viel zu vielen Arbeit?«

»Wie wir es uns eben ausgerechnet haben«, sagte Suse, »wird's, bis die Kinder groß sind, kaum anders bei uns werden.«

»Aber wir wollten doch ein bißchen mehr Ruhe kriegen, Suse!«

»Zu was denn eigentlich Ruhe? Ruhe zum Glücklichsein haben wir immer gehabt. Oder nicht?«

»Doch, du hast ganz recht, Suse. Wir sind verdammt glücklich gewesen, hier zu Haus in Mahlendorf. Und ich denke, wir werden es auf unsere elende, gehetzte Art auch weiter sein. So die Art behagliches Glück, wie es unsere Großeltern hatten, das sind ja alles olle Kamellen. Das möchten wir gar nicht. – Also los, Suse, jetzt ist genug geschwatzt. Mach du dich an die Spargelbeete, und ich will sehen, daß ich mit meinem Schmöker endlich fertig werde. Der hängt einem schon zum Halse raus! Jetzt will ich mal wieder einen richtigen handfesten Roman schreiben. Tjüs, Olle, mach's gut!«

»Tjüs, Oller. Heute mittag gibt's Stangenspargel und Hühnchen aus dem Glas. Du darfst dich schon darauf freuen!«

»Großartig! Ich war schon völlig in Verlegenheit wegen Freuen. Hau ab! Tu endlich was!«

»Tu du bloß nicht zuviel! Auf Wiedersehen, Junge!«

»Auf Wiedersehen, Suse!«